Valorisation des savoir-faire productifs
et stratégies de développement territorial :
patrimoine, mise en tourisme
et innovation sociale

Maison des Sciences de l'Homme
4, rue Ledru – 63057 Clermont-Ferrand Cedex 1
Tel. 04 73 34 68 09
hhttp://pubp.univ-bpclermont.fr
Diffusion en librairie : CiD – en ligne : www.lcdpu.fr

Collection CERAMAC

Graphisme et maquette de couverture : Gilles Philippe
Illustration de la couverture : « Les Gorgones », création Brigitte Dépalle, bas-relief en feutre en toison de blanche du Massif Central
Réalisation de la couverture : Frédérique Van Celst

Sous la direction de Jean-Baptiste Grison
et Laurent Rieutort

Valorisation des savoir-faire productifs et stratégies de développement territorial : patrimoine, mise en tourisme et innovation sociale

Les textes réunis dans cet ouvrage ont été présentés dans le cadre d'un appel à contributions diffusé en 2015. Certains d'entre eux reprennent des communications réalisées lors d'un colloque tenu à Saugues (Haute-Loire) les 25 et 26 septembre 2014.
Ce travail prolonge une phase de recherche-action engagée depuis 2012 avec les acteurs du Pôle Laine de Saugues et le soutien du Conseil régional d'Auvergne.

La publication a été réalisée sous la responsabilité scientifique de Jean-Baptiste Grison, docteur en Géographie et de Laurent Rieutort, professeur de Géographie à l'Université Clermont Auvergne (UMR Territoires).

Nous remercions très sincèrement celles et ceux qui ont accordé un peu de leur temps pour contribuer à l'expertise scientifique des textes :
- *Mauricette Fournier, Université Clermont Auvergne*
- *Gilles Fumey, Université Paris-Sorbonne*
- *Pierre-Mathieu Le Bel, Université Clermont Auvergne*
- *Jean-François Luneau, Université Clermont Auvergne*
- *Philippe Moustier, UMR TELEMMe, Aix-en-Provence*
- *Daniel Ricard, Université Clermont Auvergne*
- *Vincent Veschambre, ENSAL – Ecole Nationale Supérieure d'Architecture de Lyon*
- *Mathilde Woillez, Université de Corse*

Introduction

Des savoir-faire productifs
Acteurs, projets et processus d'une valorisation patrimoniale et territoriale

Jean-Baptiste GRISON*, Laurent RIEUTORT*

Les notions de patrimoine et de patrimonialisation sont revisitées par les chercheurs en sciences humaines, et notamment en sciences régionales, depuis plusieurs décennies. Les processus consistant, pour un territoire, à faire du patrimoine une ressource pour le développement ne sont plus à démontrer. De nombreuses recherches ont ainsi souligné comment des stratégies de développement tentent de mobiliser les acteurs autour de projets d'identification, valorisation et spécification de « ressources territoriales » associées directement au patrimoine local (Gumuchian et Pecqueur, 2007). Dans cette conception, la force d'un territoire réside dans sa capacité à être compétitif grâce à une différenciation de son offre de produits et services, mais surtout du fait d'une spécification de son tissu productif et d'une appropriation collective d'activités fortement ancrées dans le territoire considéré. Dans de tels processus, la présence d'éléments entrant en synergie les uns avec les autres permet d'intégrer dans la valeur du produit ou du service une rente de qualité territoriale. L'existence d'un patrimoine partagé[1] et d'une base sociale commune apparaît essentielle dans l'émergence et la solidité d'un système économique qui permet de discriminer favorablement les territoires concernés et leur trajectoire d'évolution. Enfin, dans cette construction sociale faite d'interactions, le rôle intercesseur du tourisme est fondamental : non seulement, il intervient

---

1 – Selon la définition de Lévy et Lussault (2003), le patrimoine est « ce qui est censé mériter d'être transmis du passé, pour trouver une valeur dans le présent ». C'est « un ensemble d'attributs, de représentations et de pratiques fixés sur un objet non contemporain […] dont est décrété collectivement l'importance présente, intrinsèque (ce en quoi cet objet est représentatif d'une histoire des objets de société) et extrinsèque (ce en quoi cet objet recèle des valeurs supports d'une mémoire collective), qui exige qu'on le conserve et le transmette ».

*Université Clermont Auvergne, AgroParisTech, INRA, Irstea, VetAgro Sup, Territoires, F-63000 Clermont-Ferrand, France.

sur la réputation du territoire, mais surtout il amène sur les marchés locaux bon nombre de consommateurs à la recherche de produits et services spécifiques. De même, la multiplication de fêtes locales, qui accompagnent la relance des productions, participe de ce processus d'exposition de la ressource.

Pour autant, et de façon plus spécifique, les liens entre des savoir-faire productifs[2] encore vivants (artisanaux, industriels ou agricoles) et ces démarches de patrimonialisation et de développement territorial demandent à être explicités. Le patrimoine considéré s'appuie ainsi sur des savoir-faire productifs et peut répondre, en ce sens, à des objectifs de développement économique (favorisant la création d'emplois et de revenus), sociaux (permettant la coordination des acteurs) et identitaires (renforçant l'identification d'un groupe à un territoire). En retour, la mise en tourisme d'activités de production contemporaines, ainsi que des techniques qui leur sont associées, témoigne d'un mouvement de patrimonialisation construit, y compris sur des activités émergentes. On peut aussi questionner la patrimonialisation sous l'angle d'un changement de signification culturelle de pratiques et d'objets qui, d'usuels, deviennent mémoriels, voire cultuels (on pense à Jeudy, 2001). Cette mise en tourisme procède aussi d'une mise en scène et peut alors alimenter le désir de voir, l'attrait pour le visiteur (au sens des écrits de Urbain, 2011, qui parle aussi, à propos de ces formes de tourisme mémoriel, d'une pratique d'implication et non plus seulement contemplative...). Par ailleurs, la reconnaissance patrimoniale de ces outils et techniques de production conduit à des initiatives de valorisation culturelle, venant renforcer le développement économique du territoire considéré. Enfin, l'articulation entre cette valorisation et les activités de production est au cœur des processus que nous étudions et relève, souvent, d'une démarche d'innovation sociale[3] au sens d'une réponse nouvelle mise en place pour résoudre un questionnement autour d'un besoin social, non ou mal satisfait. En effet, dans les cas étudiés, l'innovation n'est pas seulement un processus technique ou économique, mais relève aussi du champ culturel ou organisationnel (procédures, organisations, pratiques alternatives, gouvernance...). Elle est donc complexe, à l'image de la « mise en réseau » et des actions collectives pour mobiliser une diversité de connaissances et de compétences comme pour favoriser une appropriation commune et la collaboration, ce qui s'avère souvent décisif dans la trajectoire de diffusion des innovations. Ces processus révèlent aussi des logiques d'acteurs sociaux, de porteurs sociaux (au sens de De Sardan, 1995) qui œuvrent au développement de nouvelles activités, de nouveaux usages des territoires et de leurs ressources revisitées.

Dans la continuité d'un colloque organisé à Saugues en septembre 2014 sur ces thématiques, nous avons souhaité, à travers cet ouvrage, rendre compte des problématiques territoriales que révèlent ces savoir-faire productifs et leur valorisation. Les douze études de cas que nous présentons, dont certaines avaient été

---

2 – Pour Laurent Carroué (2013), le système productif est « l'ensemble des facteurs et des acteurs concourant à la production, à la circulation et à la consommation de richesses ».

3 – L'innovation sociale concerne « toute approche, pratique, intervention ou encore tout produit ou service novateur ayant trouvé preneur au niveau des institutions, des organisations ou des communautés/collectifs et dont la mise en œuvre résout un problème, répond à un besoin ou à une aspiration » (Centre de Recherche sur les Innovations SocialES – CRISES – de Montréal)

présentées oralement lors du colloque, brossent un tableau assez large des stades et formes de reconnaissance, mise en valeur et développement des ressources que ces savoir-faire représentent.

La première partie de cet ouvrage présente des exemples, tous localisés en Afrique du Nord (Algérie et Tunisie), dans lesquels les savoir-faire productifs sont encore en phase d'identification et en recherche de différenciation. Face à une modernisation rapide des systèmes de production, des savoir-faire traditionnels qui ont représenté une norme jusqu'à une période récente ont perdu leur compétitivité et se trouvent menacés par le développement de filières de plus en plus banalisées et déterritorialisées. Apparaît alors, comme une prise de conscience, l'intérêt d'identifier ces savoir-faire comme éléments d'un patrimoine immatériel à considérer comme une ressource potentielle de valorisation territoriale. La vannerie et la confection traditionnelles en Kabylie, le tissage dans le M'Zab (Algérie), ainsi que la construction d'ouvrages hydrauliques traditionnels en Tunisie constituent des exemples caractéristiques de cette dynamique d'identification.

Dans une deuxième partie, les exemples développés, qui concernent tous des productions agroalimentaires, décrivent des processus de valorisation des savoir-faire productifs, pour lesquels la phase d'identification a d'ores et déjà laissé place à un processus de valorisation économique et de spécification. Nous illustrons ici le développement des visites d'entreprises, de l'artisanat d'art, des produits de terroir, des rencontres entre producteurs et consommateurs dans des cadres de plus en plus variés. Ces initiatives se déclinent en processus de patrimonialisation, de mise en tourisme et d'innovation sociale. Si l'essor touristique peut-être le moteur principal de la mise en valeur des savoir-faire (Kieffer), il peut aussi être couplé à la recherche de nouveaux marchés pour les produits (Durrande, Brechat). Le renforcement de l'ancrage territorial du savoir-faire est parfois déterminant pour sa valorisation (Ricard).

Enfin, la troisième partie s'intéresse à des exemples dans lesquels la valorisation des savoir-faire productifs a pu être associée à un projet de territoire plus global. Il s'agit de territoires dans lesquels la ressource que représentent ces savoir-faire a déjà généré une structuration solide des acteurs et entraîné un processus de construction territoriale. Il s'agit ici de montrer que la valorisation des savoir-faire productifs peut être le support de stratégies collectives réussies de développement territorial, dans lesquelles les dynamiques de patrimonialisation, de mise en tourisme et d'innovation sociale sont parfois conduites à prendre une large place.

Références bibliographiques

Carroue L., 2013 – *La France – Les mutations des systèmes productifs*, A. Colin, Coll.U, 235 p.
Gumuchian H., Pecqueur B., 2007 – *La ressource territoriale*, Economica, Anthropos, Paris, 248 p.
Jeudy H.-P., 2001 – *La machinerie patrimoniale*, Sens & Tonka éd., 127 p.

Lévy J., Lussault M. (dir.), 2003 – *Dictionnaire de la Géographie et de l'espace des sociétés*, Belin, 1032 p.
De Sardan J.-P. O., 1995 – *Anthropologie et développement. Essai en socio-anthropologie du changement social*, Karthala, 221 p.
Urbain J.-D., 2011 – *L'envie du monde*, Bréal, 267 p.

Identifier et préserver
les savoir-faire productifs

Première partie

Chapitre 1

Le développement de l'artisanat par la valorisation des savoir-faire locaux : illustration par la vannerie d'Ain Meziab en Kabylie

Development of craft industry with know-how valorization – the case of basketwork in Ain Meziab, Kabylia

Kahina CHERIFI*, Samir ARHAB*, Sonia BOUADI*

Résumé : L'objet de cet article porte sur l'analyse de l'agglomération géographique d'unités artisanales d'Ain Meziab afin de montrer dans quelle mesure l'activité de la vannerie contribue à sa dynamique territoriale. À partir des résultats de notre enquête, nous pouvons dire que notre territoire constitue un modèle d'un village site d'un métier traditionnel, où l'activité contribue à la création d'une certaine dynamique locale à travers son rôle socioéconomique. Nous montrons que ce rôle prendrait une plus grande importance dans la dynamique de développement local du territoire en présence d'une forte organisation en amont et en aval sous l'investigation de l'État.

Abstract: *This research aims to analyze the system and dynamics of targeted production units. This study relies on a real and concrete case of a district of artifact micro enterprises situated in Bouzeguène Center. These micro enterprises work in the field of traditional confection which is a typically feminine activity. The main aim is to check whether this district fits the criteria and definition of an emerging Local Productive System.*

Le savoir-faire artisanal, en tant que patrimoine culturel immatériel, constitue à la fois un élément d'identité, un levier de conception de projets touristiques et un vecteur de développement territorial, dont la mise en valeur doit être intégrée dans une stratégie globale. Il est étroitement associé aux lieux et aux groupes sociaux au

---

* Université Mouloud MAMMERI de Tizi-Ouzou, Algérie

sein desquels il est pratiqué, de sorte que des formes d'agglomération géographique d'entreprises se développent au niveau de certaines filières.

Cet article s'intéresse plus particulièrement aux filières artisanales présentes en Kabylie (Algérie), dont il essaie de saisir les principaux enjeux. Il s'appuie pour cela sur une étude de cas spécifique, celle de la vannerie dans le village d'Ain Meziab. Ce village recèle, en effet, un véritable savoir-faire sous la forme d'une concentration d'unités artisanales spécialisées dans la production de la vannerie en osier, d'où son appellation *Thadarth ikechwalen*, ce qui signifie « le village des paniers ». Dans ce cadre, nous nous attacherons à identifier et à comprendre l'organisation et les évolutions de cette filière, afin de répondre à la question centrale de notre problématique : dans quelle mesure l'activité de la vannerie contribue-t-elle à sa dynamique territoriale ?

Dans un premier temps, il nous paraît important de faire l'état de la revue de la littérature en matière de relation entre patrimoine immatériel et territoire et du rapport qui peut lier les deux éléments. Ensuite, à partir d'une grille de lecture déroulant le concept de Système Productif Local (SPL), un bref diagnostic a été effectué sur le cas du territoire choisi. Nous tenterons de vérifier l'applicabilité des aspects théoriques et les définitions des concepts qui permettront une lecture des phénomènes de développement local. Pour atteindre notre objectif, nous avons rencontré de nombreux acteurs ou professionnels du secteur de l'artisanat.

Patrimoine artisanal kabyle : quel rapport au territoire ?

Le patrimoine est actuellement considéré comme élément structurant le territoire. C'est un moyen de créer la spécificité. Pour Hugues *et al.* (2006), le patrimoine est passé du symbole de l'unité nationale à un véritable objet mobilisé par les différents outils de l'aménagement et du développement territoriaux. Dans ce sens, le patrimoine est considéré comme une ressource qui révèle la personnalité d'un territoire.

Patrimoine culturel immatériel : les spécificités kabyles

Dans les acceptations les plus communes, le patrimoine se définit par deux formes principales : patrimoine matériel et patrimoine immatériel. Le premier correspond au patrimoine archéologique, artistique, mobilier, architectural et paysager. Le patrimoine matériel ne trouve sa signification qu'en s'appuyant sur les savoirs et les valeurs qui sont à la base de sa production. Le patrimoine immatériel, quant à lui, est la capacité d'inventer des formes culturelles particulières et spécifiques. C'est une manière de penser, d'être et de répéter symboliquement des faits historiques ou de se fixer des règles morales ou éthiques. L'immatériel est donc un capital culturel, qui est multiforme et qu'il faut préserver, d'autant plus qu'il est encore plus vulnérable que le patrimoine matériel, parce qu'il disparaît avec les hommes qui en sont les détenteurs.

Les différentes civilisations qui ont occupé le territoire de la Kabylie ont laissé la trace de nombreux patrimoines. L'originalité des Kabyles s'exprime dans la ma-

Fig. 1 - Carte de localisation

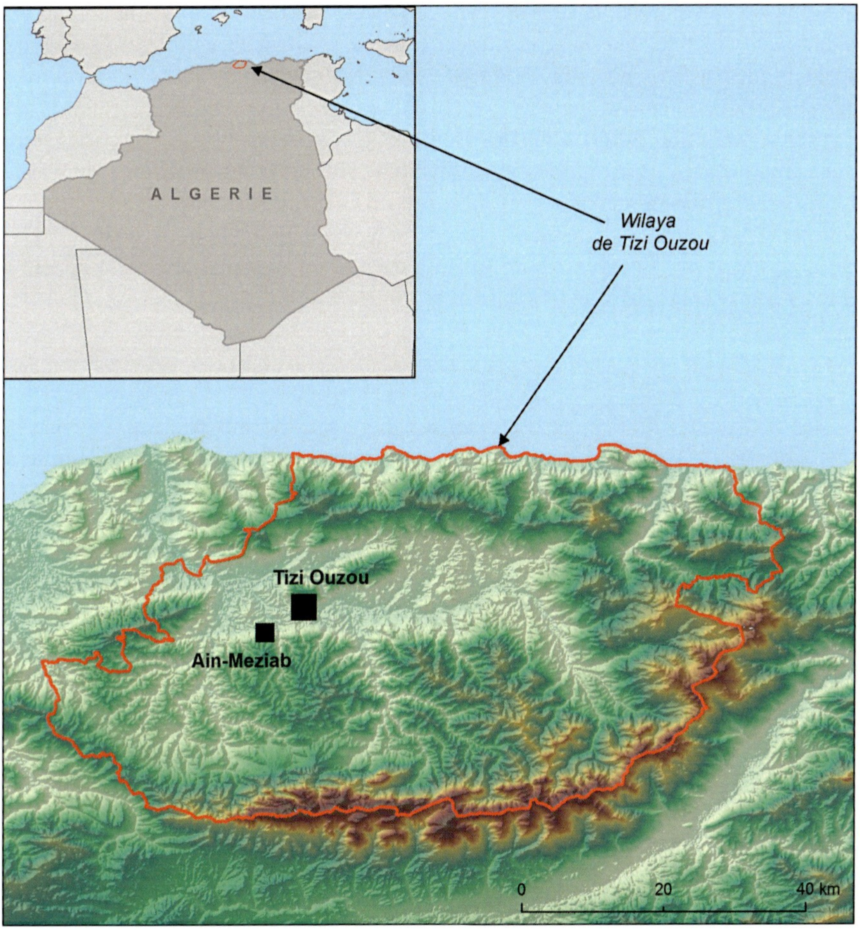

Source : SRTM 90, E. Langlois, UMR Territoires, 2017.

nière d'appréhender et d'aménager leur territoire, d'organiser l'habitat, d'utiliser les ressources naturelles et de réguler les rapports humains et la vie en communauté. Le patrimoine artisanal lie la problématique de l'immatériel dans le matériel, dans un territoire comblé de spécificités. La Kabylie recèle de nombreux vestiges témoignant du mode de vie et de subsistance de son peuple. Doumane (2004) qualifie l'économie kabyle traditionnelle d'absurde, en raison d'un déséquilibre flagrant : une rareté des ressources naturelles et une importante densité humaine dans un espace restreint et montagneux à 90 %.

Doumane (2004) fait l'inventaire des principales activités économiques traditionnelles. La terre et les activités agricoles pratiquées à travers l'entraide familiale, le commerce et les échanges, la manufacture et l'artisanat servaient à répondre aux besoins essentiels de la population. Les activités artisanales sont principalement le travail de transformation du fer et des métaux, du bois et de la menuiserie, les moulins et pressoirs à huile, le tissage et le travail de la laine, ainsi que les activités liées à la poterie, la vannerie, la sellerie, etc. Ait Chebib (2012) dénombre, au total, cinquante-deux métiers dans la production artisanale. On peut ainsi dire que la Kabylie se distingue par la richesse de l'héritage séculaire d'une vieille civilisation, valorisé par une production artistique et artisanale en perpétuel mouvement.

Selon Akkache (2008), l'art des Berbères est proprement un art abstrait, une pure création de l'esprit guidé par un instinct profond et des traditions sans âge. L'art berbère se rapproche de l'art dit « primitif » où l'artiste fabriquait tout pour lui-même, tout en restant chasseur, éleveur ou agriculteur. La richesse de la Kabylie est complétée par un savoir-faire qui a perpétué un artisanat ancestral. Ceci, à travers son ancrage dans ce territoire avec lequel il possède un lien étroit.

Le patrimoine artisanal : un ancrage territorial fort

La recherche du rapport entre territoire et activité artisanale passe par la révélation de la ressource territoriale. Le patrimoine artisanal peut être abordé à travers la notion de ressource, au sens où il fait le lien entre un objet et un système par le processus de patrimonialisation. Selon Guerin (2001), cette dynamique étant fondamentalement liée à la dynamique territoriale, les ressources constituent une forme de patrimoine, dont la vocation ne sera pas uniquement marchande ; différentes dimensions sont sous-jacentes au processus de construction du territoire. La ressource spécifique, telle que posée par Pecqueur (2002) prend alors tout son sens. Elle identifie et distingue le territoire.

Le patrimoine est ainsi une ressource qui se révèle dans les synergies créées à l'échelle territoriale. La réflexion se porte alors sur la nature de cette ressource : le problème ne réside plus dans son allocation, mais plutôt dans sa valorisation : « Les ressources ne sont pas également réparties dans l'espace, mais (…) tous les espaces ont « potentiellement » des ressources… à condition de les faire émerger et de les valoriser au mieux » (Pecqueur, 2002). La ressource-patrimoine comporte une dimension non seulement économique, mais aussi morale en relation avec l'éthique, la culture et l'histoire collective.

Riegl (1984) attribue au patrimoine des monuments trois dimensions que nous pouvons transposer au patrimoine artisanal :
- Source d'histoire : un objet patrimonial enseignera aux hommes leur passé d'une manière générale plus authentique que des connaissances livresques auxquelles il sert de matière première.
- Source artistique : le patrimoine va au-delà de l'émotion esthétique. Il permet d'identifier une histoire de l'art, montrer comment des enchaînements dans le temps peuvent conduire au progrès des formes, des couleurs, des matériaux.
- Manifestation du temps qui s'écoule, il vaut en tant que remémoration, laquelle met en évidence un cheminement commun, une osmose entre des aspirations variées, l'élaboration d'une conscience commune susceptible d'aider à la solution de problèmes contemporains.

Les artisans participent ainsi à l'identité culturelle des territoires et aux dynamiques touristiques, qui s'appuient sur la valorisation des savoir-faire et des produits locaux. Le lien au territoire passe par les services rendus aux consommateurs à travers l'offre de liens de proximités, puisque sa production était destinée à répondre aux besoins de la communauté. L'analyse du rapport entre le territoire et les activités artisanales révèle que les métiers des artisans reposent sur des savoir-faire spécifiques. Ces activités s'appuient sur un approvisionnement en matières premières produites localement. De plus, les activités artisanales constituent un véritable commerce de proximité pour la population. Ainsi, les produits locaux fabriqués participent à la caractérisation d'un patrimoine local, qui peut aussi devenir source d'attractivité touristique.

Les Systèmes Productifs Locaux (SPL) : une forme d'articulation entre territoire et entreprise

Pour Courlet (2006), « le SPL peut être défini comme un ensemble caractérisé par la proximité d'unités productives au sens large du terme qui entretiennent entre elles des rapports d'intensité plus au moins forte ».

Les SPL se distinguent du district industriel par le fait que les entreprises ne sont pas nécessairement concentrées dans une seule branche, ni spécialisées dans la production des composants d'un seul produit. De plus, dans le SPL, il peut s'agir des relations territorialisées entre PME, aussi entre grande entreprise et PME et même entre grandes entreprises.

Le SPL est caractérisé par un ensemble d'entreprises évoluant dans une ou plusieurs branches et situées dans un même territoire avec l'existence d'une interdépendance forte entre les entreprises ; par la flexibilité des unités de production ; l'existence d'une identité régionale ou locale forte favorisant la coopération et la réciprocité entre les entreprises et les divers intervenants ; la présence d'institutions locales, susceptibles d'assurer une gouvernance locale et donc d'assurer une articulation entre intérêts privés et bien public, entre aspects économiques et sociaux ; par l'existence d'un bassin local de main-d'œuvre ; un soutien institutionnel favorisant l'innovation et l'émergence d'entreprises nouvelles et par la présence de règles et de conventions favorisant la coordination industrielle.

Les SPL améliorent la compétitivité des entreprises en procurant des gains de productivité grâce à des accès plus faciles à la formation et à l'information, en stimulant l'innovation grâce à des liens forts avec les organismes de recherche, les centres de ressources techniques, les universités ; en développant de nouvelles opportunités de marché ; en suscitant une ambiance entrepreneuriale (avec effets sur les investissements exogènes, l'essaimage, etc.) ; en facilitant la satisfaction des normes de qualité et environnementales.

La vannerie d'Ain Meziab en Kabylie : un potentiel en question

Pour approfondir la problématique du lien entre le patrimoine culturel et les systèmes productifs locaux, nous proposons de développer l'exemple de la vannerie dans le village d'Ain Meziab, qui nous est apparu caractéristique de ce que l'on peut observer en Kabylie.

Le village d'Ain Meziab est distant du chef-lieu de la commune de Tizi-Ouzou de huit kilomètres, s'étend sur une superficie de 120 hectares[1] et compte près de 2 580 habitants[2]. Il est situé à la limite de la commune de Maâtkas.

Selon les villageois, Ain Meziab tire son nom d'une fontaine située dans la propriété de la famille Mezyab[3]. Le village dispose de peu d'infrastructures ; on y trouve, cependant, une maison de jeunes (transformée en cafeteria), quatre boutiques d'alimentation générale (informelles), une école primaire, un collège en cours de construction, deux mosquées.

Selon Benyaou (1990), ce village est réputé pour la production de la vannerie en osier prenant appui sur une tradition lointaine. L'origine de la vannerie en osier remonte aux années 1860-1880, quand un prisonnier de Cayenne, qui a appris le métier en prison, l'a importé dans son village à sa libération.

Démarche méthodologique

Dans le but de comprendre le comportement et les problématiques des artisans vanniers, nous avons réalisé une enquête en retenant, comme population mère, l'ensemble des artisans de l'activité de la vannerie. Pour en connaître le nombre, nous avons eu recours aux statistiques fournies par la Chambre des Métiers et de l'Artisanat de Tizi-Ouzou, qui nous a renseigné sur l'existence de 59 artisans vanniers[4] dans le village d'Ain Meziab.

Compte tenu des contraintes auxquelles nous avons été soumis (difficulté de convaincre les artisans de se soumettre au questionnaire), nous avons choisi de limiter la taille de notre échantillon à trente artisans chefs d'entreprises[5], ce qui correspond à une bonne moitié du total. Vingt-deux réponses valides ont pu être traitées.

Analyse et traitement des données recueillies

L'enquête réalisée fournit des données quantitatives et qualitatives sur l'artisan vannier, à propos des structures de production, des résultats économiques, de ses relations avec son environnement professionnel et de sa perception de l'avenir.

La recherche a permis de constater que la majorité des artisans vanniers interrogés se présente sous la forme d'artisan individuel œuvrant au sein d'entreprises artisanales. Les coopératives ne sont pas représentées.

Si quatre artisans vanniers enquêtés exercent d'autres activités, les dix-huit autres en font leur unique source de revenu. Parmi eux, une dizaine ont la carte d'artisan. L'activité relève donc du secteur informel pour l'essentiel. Dix également déclarent être inscrits auprès de la CASNOS[6] et par conséquent être bénéficiaires d'une couverture sociale.

---

1 – Donnée recueillie auprès du bureau de l'expert foncier Betrouni Ismail, rue Mohamed Khemisti, cité 65, logements cage H N° 50, « bâtiments bleu », Tizi-Ouzou.
2 – Selon le comité du village d'Ain Meziab.
3 – *Meziav* signifie aussi « gouttière, canal, source d'eau ».
4 – Nombre des artisans vanniers inscrits au 31/12/2012.
5 – Après une période de trois mois (du 28 février au 02 juin).
6 – CASNOS : Caisse d'assurance des non salariés.

La majorité des artisans vanniers interrogés sont des hommes, il se dégage donc que l'activité est essentiellement masculine.

Tab. 1 – Répartition des artisans (chef d'entreprise) selon la tranche d'âge

Tranche d'âge	Effectif (Homme / Femme)	%
Moins de 25 ans	1 F	4,54
De 25 à 34 ans	8H 1F	40,91
De 35 à 44 ans	6H 1F	31,82
De 45 à 54 ans	4H	18,18
De 55 à 64 ans	1H	4,54
Total	22 (19H 3F)	100

Source : établi par nos soins à partir des résultats de l'enquête.

Tab. 2 – Répartition des artisans par niveau d'instruction

Tranche d'âge	Niveau d'instruction					
	Sans	Primaire	Moyen	Secondaire	Bac et plus	Total artisan
Moins de 25 ans	-	-	01	-	-	01
De 25 à 34 ans	-	01	02	04	02	09
De 35 à 44 ans	01	02	04	-	01	08
De 45 à 54 ans	01	02	01	-	-	04
De 55 à 64 ans	-	-	-	-	-	-
Total	02	05	08	04	03	22
%	9,09	22,73	36,36	18,18	13,63	100

Source : établi par nos soins à partir des résultats de l'enquête.

Dix-huit artisans vanniers enquêtés ont entre 25 et 44 ans. Le niveau d'instruction est faible, quinze artisans ne dépassent pas le niveau moyen qui réunit huit d'entre eux, suivi du primaire (5) puis du cycle secondaire (4 artisans). La part des universitaires reste très insignifiante avec seulement trois artisans interrogés. L'enquête fait également ressortir que les artisans âgés de 25 à 34 ans semblent légèrement plus instruits que les autres.

À la question relative à l'origine de l'acquisition du savoir-faire exercé par l'artisan vannier, il semble que l'apprentissage auprès d'une personne de la famille exerçant le même métier constitue la forme la plus fréquente, devançant légèrement l'autre forme la plus sollicitée, à savoir l'apprentissage chez un artisan voisin. L'apprentissage de l'activité vannière se fait ainsi par transmission familiale de façon informelle. Familiarisés dès leur plus jeune âge avec l'usage et la présence des vanneries qui les entourent dans leur vie quotidienne, les enfants apprennent à tresser en observant les adultes et en écoutant leurs commentaires, à la maison, à toute heure de la journée. La formation professionnelle dans un centre spécialisé est inexistante.

L'enquête révèle que vingt artisans sur vingt-deux sont propriétaires du local (local familial) dans lequel ils exercent leur activité, contre deux qui sont locataires. Ceci s'explique par le fait que ces activités ne nécessitent pas de locaux spacieux. Selon l'enquête, les artisans vanniers ne disposent pas d'un atelier confortable ; souvent l'artisan occupe un « garage » sommaire au rez-de-chaussée d'une bâtisse d'habitation donnant sur une ruelle ou un chemin vicinal.

Presque tous les artisans emploient des salariés ou des aides familiaux (une seule exception constatée). En termes de création d'emplois, ces artisans ont contribué à la création de soixante-quinze emplois directs dont quarante-quatre salariés permanents et quinze non permanents ; seize aides-familiaux. En plus de ces effectifs employés, il est nécessaire d'évoquer les emplois indirects créés en amont et en aval de cette activité, notamment l'approvisionnement en matières premières (importateurs ou fournisseurs de Jijel et de Bejaia...), en fournitures (menuisiers pour les contreplaqués par exemple), la commercialisation des produits artisanaux, la location de moyens de transport pour l'acheminement des matières premières et des produits finis.

Le bassin local de travailleurs facilite le recrutement d'une main-d'œuvre peu scolarisée, mais jouissant de compétences techniques et d'une grande mobilité en fonction de la proximité des entreprises à l'intérieur du territoire. Les entreprises bénéficient ainsi d'un environnement favorable et n'éprouvent pas le besoin d'investir dans des politiques de formation de leur personnel. La présence de cette main-d'œuvre locale constitue un véritable atout pour l'activité.

Les entreprises privilégient l'usage de techniques basées sur l'utilisation de main-d'œuvre intensive, l'activité étant principalement manuelle, au détriment de l'innovation. Le secteur informel est caractérisé par la petite taille des unités et la faiblesse du capital productif, la précarité de l'installation, la quasi-absence de la comptabilité et le non-respect des règles professionnelles, juridiques, fiscales et sociales.

L'enquête de terrain nous montre que la plupart des artisans vanniers pensent avoir une connaissance suffisante de leurs entreprises. À peine cinq artisans déclarent établir une comptabilité pour leurs activités, ce qui suppose, pour les autres, l'absence totale de séparation des fonds de leur entreprise du budget familial. Les bénéfices sont dépensés à des fins autres que celles du développement de leur entreprise.

Les artisans ont affirmé, au cours de l'enquête, qu'ils ne comprennent pas bien le concept de « partenariat ». On note, de ce fait, un manque de vision d'ensemble et de lignes d'orientation des groupements. Les artisans n'ont même pas créé une association ; la dernière réunion pour la créer remonte à 2008, mais l'association n'a toujours pas vu le jour.

Les artisans nous ont révélé avoir une coopération informelle (on parle plutôt d'entraide) pour faire face à une commande importante ou pour la revente de matières premières aux artisans qui ne peuvent pas en importer. On constate que, dans le métier de la vannerie, les relations passent beaucoup plus par la sous-traitance de capacité que par la sous-traitance de spécialité.

La difficulté d'émergence de la coopération est ramenée au manque d'esprit coopératif chez les artisans. De fait, l'artisan, attaché à son indépendance et jaloux des secrets de son métier, n'arrive pas à travailler dans un cadre coopératif et a beaucoup de mal à connaître les logiques du système et à y inscrire ses pratiques, comme cela s'observe généralement dans tout SPL. De nombreux artisans rencontrés restent renfermés sur eux-mêmes.

Quant aux rapports avec les pouvoirs publics, ils ne sont pas très significatifs ; les entreprises artisanales ont plutôt une vision négative d'un État perçu comme responsable de toute une série d'entraves (fiscales, administratives) à l'exercice de leur activité. Enfin, la présence d'un État encore très centralisé impose de nombreuses limites aux institutions publiques locales (chambre des métiers, direction des impôts, direction des petites et moyennes entreprises, centre de formation…). Les initiatives locales restent encore dépendantes de l'État.

Pour ce qui est de la concurrence, la majorité des artisans interrogés reconnaissent l'existence des produits de concurrence (surtout des produits asiatiques) sur le marché. Le rapport qualité/prix est généralement défavorable aux produits locaux des artisans. Cela s'explique par le fait que les produits de concurrence sont mieux organisés pour l'approvisionnement et la commercialisation.

L'osier est importé de Chine et d'Espagne par cinq artisans importateurs, car la quantité disponible à Jijel et à Bejaia est insuffisante.

À la question : « Les artisans envisagent-ils de réaliser des investissements », dix-huit artisans ont déclaré ne pas en programmer, car cette activité ne le nécessite pas et n'utilise qu'un petit outillage. Pour ces artisans, le manque de visibilité sur l'environnement économique ainsi que le contexte économique peu favorable sont les raisons majeures de cette frilosité. Le reste des artisans évoque des investissements ; il s'agit quasiment de remplacement ou d'achat de véhicules pour la livraison des produits artisanaux.

La vente se fait soit directement aux consommateurs, soit par l'intermédiaire des commerçants. Les enquêtés travaillent avec des commerçants de Bordj Menael (Boumerdes) et avec des commerçants de Kolea (Tipaza) et ces derniers revendent les produits artisanaux pour d'autres commerçants qui se trouvent au centre, à l'est, à l'ouest et au sud. La production se fait sur commande mais aussi pour les stocks.

Conclusion

Le savoir-faire artisanal en Kabylie constitue une ressource spécifique. Il s'agit bien d'un élément du patrimoine culturel immatériel révélant l'identité et le mode de vie d'une population d'un territoire. Il répond à des problèmes actuels d'emploi et de revenus. S'il est aussi un héritage familial, il est toujours d'actualité. Il résulte d'une transmission générationnelle, ce qui rend intéressante la réflexion sur le développement territorial. Dans sa projection actuelle, il est souvent assimilé à des éléments de préservation et de valorisation, représentant un défi pour les générations contemporaines.

En reprenant les critères d'identification du SPL, on peut dire que la vannerie du village d'Ain Meziab est l'illustration pertinente d'une agglomération géographique originale d'unités artisanales. Celle-ci relève de plus en plus d'initiatives locales. Les relations entre les fournisseurs, les artisans et les commerçants restent surtout informelles ; le rôle des institutions d'animation est marginal, sinon inexistant ; néanmoins, les conditions d'un développement accéléré existent (capitaux locaux, assiette foncière, héritage culturel, savoir-faire…), mais nous n'avons pas perçu l'existence d'une vision stratégique d'avenir chez les acteurs.

L'enquête sur la vannerie nous renseigne aussi sur les insuffisances de compétences des unités artisanales en matière d'organisation et d'approvisionnement ; les relations entre artisans vanniers ne font pas preuve d'une grande solidarité. Les ateliers artisanaux ne favorisent plus les rencontres et les rapprochements entre artisans. Ils n'incitent pas les occasions de se réunir. La concurrence exacerbée entre unités artisanales s'avère dominante en l'absence de solidarité ; les produits ne bénéficient d'aucune promotion nationale ou internationale (la recherche des partenaires locaux et internationaux donnera la possibilité aux artisans de s'ouvrir aux marchés extérieurs).

Tout ceci fait que le système productif local, contrairement à ce qui peut être vu à l'étranger et notamment en France (Campagne et Pecqueur, 2014), offre l'image d'un village de métier traditionnel où le territoire se voit freiné dans son mouvement, dans sa trajectoire, par des comportements issus d'une culture ancestrale. En même temps, cette activité contribue à la création d'une certaine dynamique locale à travers son rôle socioéconomique ; en effet, la vannerie constitue la principale activité et la principale ressource pour les villageois d'Ain Meziab.

Le rôle des unités artisanales enquêtées aurait été plus important dans la dynamique de développement local du territoire d'Ain Meziab s'il y avait un véritable encadrement de l'activité par l'État. On pense notamment à la nécessaire résolution du problème de l'approvisionnement en matières premières, dans la mesure où une règlementation plus rigoureuse pourrait faciliter les démarches de labellisation. Outre cette intervention des pouvoirs publics, la capacité des artisans concernés à se structurer en association est déterminante, comme cela a pu être observé, par exemple, lors de notre visite du « pôle laine » de Saugues (Auvergne, France)[7] où, dans l'objectif de réguler les relations socioprofessionnelles entre les différents acteurs de la filière laine et de mettre en valeur les productions et le territoire, les acteurs se sont organisés en association. Dans cette perspective, on pourrait imaginer, par exemple, la création d'une fête locale de la vannerie, la mise en place des structures de formation et d'information, en y associant, si possible, les acteurs de la recherche universitaire qui peuvent aussi avoir un rôle important.

---

7 – Observations effectuées lors de la participation du doctorant Samir Arhab au colloque interdisciplinaire *Valorisation des savoir-faire productifs et stratégies territoriales : patrimoine, mise en tourisme et innovation sociale*, Saugues (Haute-Loire), 25-26 septembre 2014.

Références bibliographiques

Ait Chebib B., 2012 – *Quelle économie pour la Kabylie ?*, Extrait de Tamurt.info – Votre lien avec la Kabylie. http://www.tamurt.info/quelle-economie-pour-la-kabylie-4eme-partie,2863.html.

Akkache-Maacha D., 2008 – Art et artisanat traditionnels de Kabylie, *Revue Campus*, n° 12, UMMTO, p. 4-21.

Benyaou M., 1990 – *L'artisanat traditionnel dans la wilaya de Tizi-Ouzou : la vannerie*, Centre national d'études et d'analyses pour la planification – CENEAP, Atelier économie et développement, Université Mouloud Mammeri Tizi-Ouzou.

Campagne P et Pecqueur B., 2014 – *Le développement territorial : une réponse émergente à la mondialisation*, édition Charles Léopold Mayer, Paris, 268 p.

Doumane S., 2004 – Kabylie : Économie ancienne ou traditionnelle, *Judaïsme – Kabylie*, Aix-en-Provence, Edisud, 26, p. 4034-4038.

Fejjal A., Ferguene A. et Souissi M., 2006 – Artisanat de Fès : cas des filières cuir et dinanderie, *in* Courlet (dir.), *Territoire et développement économique au Maroc : le cas des systèmes productifs localisés*, Paris, L'Harmattan, p. 123-144.

Guerin J.-P., 2001 – Patrimoine, patrimonialisation, enjeux géographiques, *in* FOURNIER J.-M., *Faire la géographie sociale aujourd'hui*, Actes du colloque de géographie sociale des 18 et 19 novembre 1999, Caen, Presses universitaires, Les Documents de la Maison de la Recherche en Sciences Humaines de Caen, n° 14, p. 41-48.

Hugues F. *et al.*, 2006 – Territoire et patrimoine : la co-construction d'une dynamique et de ses ressources, *Revue d'Economie régionale et Urbaine*, n° 5, p. 683-700.

Pecqueur B., 2002 – Dans quelles conditions les objets patrimoniaux peuvent-ils être support d'activités ?, *Revue Montagnes Méditerranéennes*, n° 15, Mirabel, p. 123-129.

Riegl A., 1984 – *Le culte moderne des monuments*, Le Seuil, Paris, 122 p.

Chapitre 2

Système productif localisé émergent et savoir-faire ancestral local : l'agglomération de micro-entreprises dans le secteur de la confection traditionnelle de Bouzeguène en Kabylie

Case study: District of micro enterprises in the field of traditional confection at Bouzeguène, Kabylia

Nouara AIT-SEDDIK*, Mohamed DAHMANI*

Résumé : Se basant sur un cas concret d'agglomération de micro entreprises artisanales localisées au niveau de « Bouzeguène centre » et spécialisées dans le domaine de la confection traditionnelle, qui est une activité typiquement féminine, le présent article a pour principal objectif d'analyser le fonctionnement et le dynamisme de ces unités de production. Dans ce sens, nous tenterons de vérifier si cette agglomération correspond aux caractéristiques d'un Système Productif Local (SPL) émergent.

Abstract: This research aims to analyze the system and dynamics of targeted production units. This study relies on a real and concrete case of a district of artifact micro enterprises situated in Bouzeguène Center. These micro enterprises work in the field of traditional confection which is a typically feminine activity. The main aim is to check whether this district fits the criteria and definition of an emerging Local Productive System.

Nous avons assisté, ces dernières décennies, à l'intérêt sans cesse grandissant du concept de « développement local durable ». Ce dernier est le produit des bilans critiques des politiques de développement économique et social, à la fois dans les pays développés et les pays en voie de développement ou émergents. Cependant, les échecs dans les pays du Sud ont pour origine les limites des expériences des modèles de développement exogènes mis en place notamment dans les années 1980.

---

*Université Mouloud Mammeri de Tizi-Ouzou, Algérie.

Durant la période de l'économie planifiée et centralisée, la *wilaya* de Tizi-Ouzou a bénéficié d'un assez important programme de développement. Cependant, selon l'étude sur les entraves au développement local au sein de cette *wilaya*, réalisée par l'Atelier d'Économie Régionale (AER) de l'Institut des Sciences Économiques de l'université de Tizi-Ouzou, les investissements n'ont pas pris en compte les spécificités de la région (existence d'une tradition artisanale et industrielle sans relation avec les investissements réalisés, existence d'une main-d'œuvre expérimentée et non exploitée, etc.) (Hammache, 2009). Or, le développement local sous-entend essentiellement deux caractéristiques importantes : la valorisation maximale des ressources disponibles localement et une territorialisation de l'activité économique.

De nos jours, l'État algérien s'étant en grande partie désengagé des sphères d'activités économiques et sociales dont il avait, dans le passé, le monopole, nous assistons à l'apparition et à l'émergence, d'une part, de nouveaux acteurs du développement local (principalement les entrepreneurs du secteur privé national) et, d'autre part, à des regroupements de petites entreprises autour de savoir-faire locaux ancestraux. En effet, au-delà des ressources dites naturelles, chaque territoire habité est « riche » de sa culture, de ses héritages et de son histoire. Le patrimoine ainsi mis en valeur joue un rôle essentiel dans le développement des espaces, principalement ruraux, en redynamisant l'activité économique et en renforçant le ciment social.

En ce qui nous concerne, nous tenterons, en aval des démarches de mise en patrimoine, de vérifier l'hypothèse de l'émergence d'un Système Productif Local (SPL) autour du savoir-faire de la confection traditionnelle dans le territoire de Bouzeguène situé à l'est de la *wilaya* Tizi-Ouzou, en Algérie (Fig. 1), à travers l'étude du fonctionnement de l'agglomération de micro-entreprises ainsi que de la dynamique suscitée par cette agglomération au sein du territoire considéré. Le chef-lieu de la commune de Bouzeguène est distant du chef-lieu de la *wilaya* de Tizi-Ouzou de soixante-trois kilomètres et de celui de la *wilaya* de Béjaia d'environ soixane-dix-huit kilomètres. L'activité de confection traditionnelle étant exclusivement féminine, l'agglomération considérée représente une dynamique de production typiquement féminine.

Sur le plan méthodologique, notre recherche est principalement qualitative. Nous avons mené des entretiens avec vingt propriétaires de micro-entreprises exerçant dans le domaine de la confection traditionnelle à Bouzeguène et enquêté auprès des administrations et des associations œuvrant à la promotion de l'activité de la confection traditionnelle.

Une activité familiale enracinée localement

Au cours de la réalisation de notre enquête de terrain, nos discussions et constatations nous ont permis d'affirmer que l'activité de la confection traditionnelle est enracinée localement[1]. En effet, celle-ci jouit d'un statut unique sur le territoire du fait de la symbolique que représente le produit qui en découle : « la robe kabyle ».

---

1 – Cette activité existe aussi à Béni-Douala, aux Ouadhias et à Tizi-Ouzou.

Fig. 1 – La *wilaya* de Tizou-Ouzou

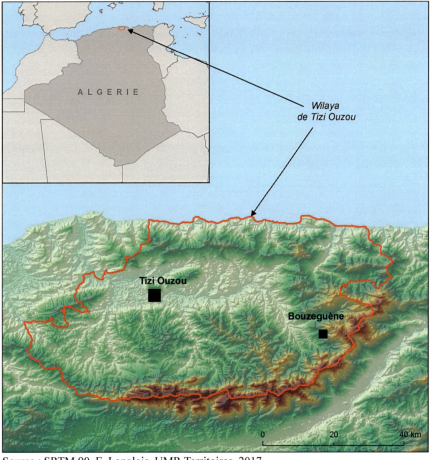

Source : SRTM 90. E. Langlois, UMR Territoires, 2017.

La confection traditionnelle constitue un dénominateur commun à pratiquement toutes les familles de ce territoire. Cette activité n'est pas récente et est pratiquée par les femmes depuis des générations. Cependant, pendant très longtemps cette confection s'est cantonnée au strict cadre d'une « économie de subsistance ». C'est dans ce sens que dix-huit femmes entrepreneures déclarent avoir reçu leur savoir-faire de leurs ancêtres : mères, grand-mères, tantes et, dans un cas, du grand-père qui était couturier et tisseur de « barnous » pendant la période coloniale. Ainsi, huit d'entre-elles ne disposent d'aucune formation ou diplôme de couture, tandis que les dix restant affirment avoir appris le métier de leurs familles et suivi des stages ou des formations de couture dans le seul but de régulariser leur activité. Enfin, seulement deux artisanes ont appris leur métier grâce à la formation qu'elles ont reçue.

La forte concentration de micro-entreprises artisanales spécialisées dans l'activité de la confection traditionnelle s'explique par la forte demande qui caractérise le marché de la tenue traditionnelle. En effet, cette demande résulte du port généralisé de la robe kabyle dans ce territoire ; elle est même mise pour se rendre au travail (y compris au niveau des administrations où, par convention, une tenue classique – occidentale – serait de rigueur). Ceci souligne le fort enracinement de ce savoir-faire artisanal dans notre territoire d'étude transformant ce dernier en zone de spécialisation productive.

Nous avons aussi constaté que les membres de cette communauté partagent des valeurs proches sur lesquelles sont basées, d'une part, les relations productives et, d'autre part, la régulation globale du système productif local.

Réseau et coopération

La définition de la notion de « réseau », que l'on adopte, doit prendre en considération l'importance des relations informelles dans l'artisanat. Dès lors, celle qui nous semble le mieux s'appliquer au contexte artisanal est la suivante : « les réseaux inter-organisationnels sont des accords formels ou informels, impliquant une interaction entre deux ou plusieurs entreprises juridiquement indépendantes, permettant un échange d'idées, d'informations, de ressources ou de compétences, dans un but d'efficacité et/ou d'efficience » (Thevenard-Puthod et Picard, 2009).

Les micro-entreprises artisanales agglomérées dans le territoire de Bouzeguène entretiennent des relations de coopération entre elles. Cependant, il est important de signaler que ces coopérations sont sous-tendues dans le cadre d'une solidarité poussée. Au niveau de ces « réseaux d'entraides », les membres d'un même réseau se soutiennent les uns les autres en se fournissant mutuellement toute une gamme de services variant selon le réseau considéré : prêt de matériel, aides en matière de maintenance, échanges d'informations relatives à la création de nouveaux modèles ou l'utilisation d'une technique de production nouvelle, coup de main, prêts de fournitures, etc.

Ces réseaux productifs sont formés sur la base de relations sociales. Dans la plupart des cas, ils regroupent des artisanes appartenant à une même famille élargie, avec des degrés de parenté plus ou moins éloignés, ou des amies de longue date.

Ces « réseaux d'entraides » reposent principalement sur le principe fondamental de réciprocité. Cette dernière implique un comportement allant dans le sens de la loyauté, de la fidélité et d'un sentiment de gratitude envers le partenaire dans la plupart des cas hérité du fonctionnement de la société traditionnelle kabyle.

D'un point de vue horizontal, la sous-traitance occasionnelle est la seule coopération constatée entre les différentes artisanes. Celle-ci est plus accentuée en été en raison de la croissance de la demande au cours de cette période de l'année. Cette croissance résulte de la demande des émigrés en vacances et voulant emporter des souvenirs avec eux, mais aussi de l'accroissement du nombre de mariages durant cette période. En effet, les artisanes nous ont affirmé que la tradition veut que la nouvelle mariée, au sein de cette région, confectionne, dans le cadre de la préparation de son « trousseau », au moins une trentaine de robes kabyles.

Pendant les périodes de fortes demandes, si les capacités de production intra-firme ne suffisent pas, les artisanes contactent leurs collègues qui exercent principalement à domicile, pour combler cette insuffisance ; elles leur fournissent, pour ce faire, les matières premières ainsi que les informations techniques concernant le modèle à produire. De plus, ces artisanes exerçant à domicile constituent, pour ces ateliers, une précieuse capacité de production, mobilisable rapidement et permettant, de ce fait, une grande « flexibilité productive » et une grande faculté d'adaptation aux changements quantitatifs et qualitatifs intervenant sur le marché de la confection traditionnelle.

La puissance économique d'une petite entreprise isolée étant faible, le regroupement de plusieurs entreprises au sein ou autour d'une structure d'achat unique constitue souvent un moyen efficace d'accroître sa capacité de négociation et d'obtenir des avantages tarifaires variables selon la puissance d'achat de la centrale. Cependant, nous avons constaté que la notion de « coopérative » avait une faible signifcation dans l'imaginaire des femmes questionnées et, dans la plupart des cas, une méconnaissance totale des avantages qui y sont liés. Cet état de fait explique la non-adhésion des artisanes à un groupe d'achat ou de vente. Cependant, treize d'entre elles, après leur avoir expliqué les avantages que pourrait avoir cette notion, nous ont affirmé souhaiter y adhérer si un tel système était mis en place ; sans qu'aucune d'entre elles n'ait l'intention d'en prendre l'initiative.

Économies d'agglomération et processus d'innovation

Pour les différentes artisanes qui évoluent à Bouzeguène, l'agglomération de micro entreprises offre des avantages certains. Nous retenons, en particulier, l'existence d'un marché du travail performant, les économies d'agglomération et la flexibilité permise par le système productif.

S'agissant du marché du travail, nous pouvons noter qu'il n'a cessé de se développer et de s'enrichir. La main-d'œuvre locale est de plus en plus compétente. Ainsi, nous assistons à la transformation du travail domestique en travail d'atelier.

L'inscription de ces micro-entreprises dans un même espace leur permet de capter des économies d'agglomération non négligeables, liées principalement à la formation de la main-d'œuvre et à la circulation des informations relatives aux savoir-faire et à l'innovation. Force est de constater que ce type d'information circule tout aussi gratuitement entre les différentes unités de production, ce qui fait que les secrets de fabrication et les nouveaux modèles ne restent que très peu de temps la propriété exclusive de leur inventrice originelle.

L'innovation est un terme polysémique et ses définitions sont nombreuses (Perrin, 2001). De nombreux travaux privilégient la dimension technologique, la vision entrepreneuriale et la sanction du produit nouveau par le marché. Pour définir l'innovation, les artisans préfèrent évoquer la qualité du produit liée à leur expertise professionnelle, la singularité et la personnalisation de leur prestation et leur proximité géographique et relationnelle avec le client (Boutiller *et al.*, 2011).

Les artisans fondent leur identité sur la tradition et sur la maîtrise d'un savoir-faire. L'activité routinière est la plus représentative de l'entreprise artisanale. Elle mobilise les compétences disponibles et s'appuie sur les pratiques courantes. Elle n'est toutefois pas statique car l'artisan fait régulièrement évoluer son offre pour s'adapter aux demandes des clients.

Pour ne parler que du secteur de l'habillement au sein des autres communes composant la *wilaya* de Tizi-Ouzou, force est de reconnaître que le jean, le tailleur, le pantalon occidental, le costume-cravate ou encore le *hidjab* (habit typiquement oriental) ont détrôné les *gandouras, burnous, sarouals* et autres robes traditionnelles. Dans ce sens, le problème n'est pas tant de maintenir l'usage de ces habits traditionnels mais de trouver les voies et les moyens en vue de leur modernisation, sans pour autant qu'ils perdent de leur authenticité. En somme, une innovation qui permettra de perpétuer le métier d'artisan à l'ère moderne. Les artisanes de Bouzeguène, contrairement à celles des autres communes, ayant compris cet enjeu, ont intégré à leur activité le concept d'innovation.

L'agglomération d'entreprises au service du développement local

L'articulation globale de la filière de « confection traditionnelle » au sein de Bouzeguène est résumée dans la figure 2.

Fig. 2 – Articulation de la filière de la confection traditionnelle de Bouzeguène

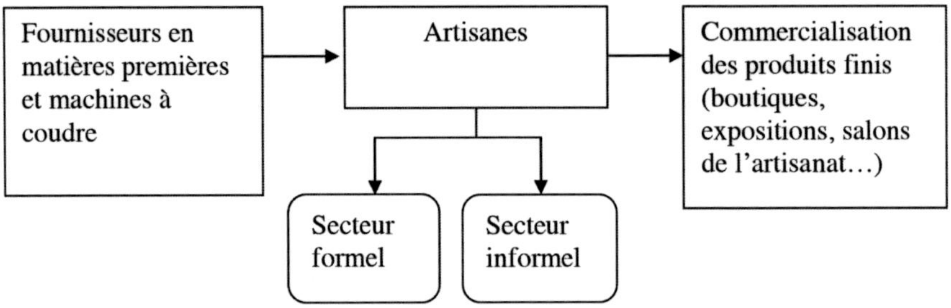

```
┌─────────────────┐      ┌──────────┐      ┌──────────────────┐
│ Fournisseurs en │      │ Artisanes│      │ Commercialisation│
│ matières premières├───►│          ├───►  │ des produits finis│
│ et machines à   │      │          │      │ (boutiques,      │
│ coudre          │      │          │      │ expositions, salons│
└─────────────────┘      └────┬─────┘      │ de l'artisanat…) │
                              │            └──────────────────┘
                      ┌───────┴───────┐
                      ▼               ▼
                ┌──────────┐    ┌──────────┐
                │ Secteur  │    │ Secteur  │
                │ formel   │    │ informel │
                └──────────┘    └──────────┘
```

Source: Schéma élaboré par l'auteur.

- En amont, se situent les fournisseurs en matières premières et en machines. Ainsi, le chef-lieu de la commune de Bouzeguène compte plusieurs locaux spécialisés dans la vente du tissu, de la dentelle (zigzag) et autres matières qui entrent dans la confection de robes kabyles. Ces fournisseurs s'approvisionnent, pour la plupart, chez les grossistes se situant au chef-lieu de la *wilaya* de Tizi-Ouzou. Avec l'expansion du marché de la confection traditionnelle, des artisans se sont installés dans le secteur informel, dans certaines zones rurales de la *wilaya* de Tizi-Ouzou. Cependant, il n'existe aucune étude sur la question.
- Au cœur du métier, nous trouvons les artisanes travaillant de manière formelle ou informelle et qui se spécialisent dans le secteur de la confection traditionnelle.

- En aval, nous trouvons les boutiques de vente des produits finis (robes kabyles), ainsi que les expositions et les salons de l'artisanat...

De la configuration topographique du territoire, caractérisé par un relief montagneux très accidenté, résultent de faibles potentialités agricoles et un caractère répulsif quant à l'implantation d'activités industrielles au niveau de la localité. En somme, le constat qui se dégage est la faiblesse des activités économiques, à laquelle vient s'ajouter le facteur démographique qui, malgré l'atout potentiel qu'il représente en termes de ressources humaines, se transforme en une contrainte du fait de la faiblesse et de la qualité des emplois offerts. Ainsi, la région souffre d'un taux de chômage élevé. L'importance des migrations alternantes liées au travail ainsi que l'importance de l'émigration interne et externe au pays en raison de l'incapacité du territoire à maintenir la population, en sont les meilleures preuves. En effet, le taux de croissance de la population de la commune relatif à la période s'étalant de 1998 à 2008 est négatif (-0,7 %).

Concernant le secteur artisanal qui nous intéresse, la commune de Bouzeguène, fin 2010, comptait un total de vingt-cinq artisanes spécialisées dans la confection d'habits traditionnels d'après la Chambre de l'Artisanat et des Métiers. Cependant, ce secteur se caractérise par l'existence d'un nombre important d'artisans exerçant de manière informelle et domestique. De ce fait, ce chiffre doit être revu à la hausse.

L'agglomération de micro-entreprises se situant au cœur de la filière a engendré une vraie dynamique territoriale sur les plans économique, social et culturel. Ainsi, nous assistons à l'apparition de nouveaux commerces en amont et en aval de l'activité de la confection traditionnelle. S'ensuit, sur le plan économique, de nouveaux postes d'emplois dans les secteurs de l'artisanat (nous avons recensé un total de 79 postes d'emploi sur les vingt ateliers de notre étude), du commerce (ouverture de locaux spécialisés dans la commercialisation de matières premières en amont et de l'habit traditionnel féminin en aval) et services (location des locaux destinés à ces nouvelles activités et apparition de nouveaux modes de distribution des matières premières (livraison).

Sur le plan social, en raison de l'inégalité des statuts hommes/femmes, ces dernières ont plus de difficultés à s'intégrer sur le marché du travail. En ce sens, l'activité de la confection traditionnelle représente, pour ces femmes, un moyen de gagner en autonomie et en estime. L'accès au marché national et international est présenté par l'Organisation des Nations Unies (ONU) comme la voie nécessaire pour permettre aux femmes d'être « intégrées économiquement » et d'atteindre « un bien-être familial et social ».

Enfin, sur le plan culturel, ces artisanes, de par leurs activités, contribuent à la valorisation et à la renaissance d'un patrimoine local et de savoir-faire ancestraux. La tenue traditionnelle féminine, dite « kabyle », en plus de sa valeur esthétique, a un fort contenu symbolique lié à l'identité berbère de la région distincte de la culture arabe. L'identité étant « un ensemble de référents matériels, sociaux et subjectifs choisis pour permettre une définition appropriée d'un acteur social » (Mucchielli, 1986).

Conclusion

Nous pouvons définir l'agglomération de micro-entreprises localisées dans le territoire de Bouzeguène comme « un ensemble de micro-entreprises, généralement familiales, caractérisées par une proximité géographique. Ces unités de production, insérées dans le milieu socio-économique, sont en perpétuelles relations avec leur environnement, engendrant un fort caractère d'enracinement à leur territoire. Elles entretiennent des relations non lucratives, desquelles découlent des « réseaux d'entraides », des relations de sous-traitance occasionnelles (permettant une flexibilité productive) et des économies d'agglomération » (Ait Seddik, 2013). De cette définition, nous pouvons conclure que l'activité étudiée s'inscrit dans le cadre d'un Système Productif Local (SPL) émergent.

En résumé, compte tenu du rôle de la confection traditionnelle au sein de notre terrain d'étude en tant que facteur de stabilité économique et sociale pouvant engendrer un processus de développement local, il est important de promouvoir et de valoriser cette activité. La mise en place de politiques publiques de soutien et de création d'un environnement porteur favorisant la création d'entreprises, notamment par les femmes pour qui l'accès à une profession indépendante représente une des meilleures chances d'insertion sur le marché du travail, est plus que nécessaire. Ces politiques publiques devraient, si l'on veut qu'elles réussissent, intégrer le rapport de genre, considérant, de ce fait, la femme comme actrice du développement et non pas comme bénéficiaire de celui-ci.

Références bibliographiques

Ait Seddik N., 2013 – *Genre et développement local illustrés par le secteur de la confection traditionnelle de Bouzeguène*, Mémoire de master 2 sous la direction de M. Dahmni, Tizi-Ouzou, UMMTO, Département des Sciences économiques, 93 p.

Annuaire statistique de la *wilaya* de Tizi-Ouzou relatif à l'année 2012.

Bureau d'études techniques Abdelwahab Reghis, 1996 – *PDAU intercommunal Bouzeguène, Idjeur et Beni Zekki*, approuvé le 18 septembre 1996.

Mucchielli A., 1986 – *L'identité*, Paris, PUF, Coll. Que sais-je ?, n° 2288, 127 p.

Boldrini J.-C. et al., 2011 – L'innovation et la conception : les dynamiques au cœur de l'entreprise artisanale, in Boutillier S. (dir.), *L'artisanat et la dynamique de réseaux*, édition l'Harmattan, Paris, p. 183-206.

Courlet C., 2008 – *L'économie territoriale*, Presses Universitaires de Grenoble, 135 p.

Courlet C. (dir.), 2006 – *Territoire et développement économique au Maroc : le cas des systèmes productifs localisés*, Paris, L'Harmattan, 161 p.

Hammache M., 2009 – *Les villages et le développement local en Kabylie, cas de Zoubga et Agraradj*, mémoire préparé en vue de l'obtention du diplôme de magister, Tizi-Ouzou, UMMTO, 140 p.

Thevenard-Puthod C. et Picard C., 2011 – Le réseau dans l'artisanat : origines, structures et modalités de pilotage, in Boutillier S., *L'artisanat et la dynamique de réseaux*, Paris, L'Harmattan, p. 73-98.

Chapitre 3

Les techniques de conservation des eaux et du sol autour de l'olivier, un savoir-faire productif à valoriser : cas du cordon littoral Centre-Sud Tunisien

Techniques of water and soil conservation around the olive tree, a productive know-how to be valued: case of the coastal headlands south-central Tunisian

Tahar JAOUACHI*

Résumé : En Tunisie, les ressources en eau se caractérisent par l'irrégularité de leur répartition dans l'espace et dans le temps. Le Sud et le Centre tunisiens, deux régions spécialisées dans l'oléiculture, connaissent une aridité visible et une irrégularité des pluies. Cette situation climatique a incité les agriculteurs à adapter leurs productions et leurs pratiques culturales et à développer des systèmes ingénieux permettant l'épandage et la rétention des eaux de surface. Cependant, les dynamiques spatiales actuelles font que ces ouvrages, symboles d'un savoir-faire productif, se fondent dans des espaces de plus en plus urbanisés. Dans un contexte économique dominé par la mondialisation des échanges (accords de l'Organisation Mondiale du Commerce – OMC), et une demande croissante en olives (notamment de l'Europe voisine), ces techniques ancestrales, adaptées au climat et concurrencées par d'autres méthodes plus modernes, commencent à s'effacer du paysage rural et agricole. Pour une meilleure gestion des activités et des ressources, il est donc essentiel de considérer ce savoir-faire productif comme un objet d'admiration et un vecteur de développement territorial. La reconnaissance agro-écologique de ces techniques et leur valorisation touristique permettent de dynamiser les espaces défavorisés et de répondre à des objectifs de développement économiques et territoriaux. Cette valorisation peut alimenter le désir de voir et attirer un nouveau mode : le tourisme rural.

Abstract: *The water resources in Tunisia are characterized by the irregularity of their distribution in space and in time. The south and the center of the country, two areas specialized in*

---

*Université Clermont Auvergne, AgroParisTech, INRA, Irstea, Vetagro Sup, UMR Territoires, F-63000, Clermont-Ferrand, France. UR Horticulture, Paysage et Environnement, ISA Chott-Mariam Sousse, Tunisie.

oil production, are characterized by an aridity and an irregularity of the rains. This climatic situation incited the farmers to adapt their productions and their cultivation methods to develop clever systems allowing the spreading and the retention of surface water. Following the geographical transformations and space dynamics, techniques are seen disappearing and being melted in increasing urban spaces. Moreover, in an economic context dominated by the globalization of the exchanges (agreements WTO) and an increasing demand of olive (particularly the UE), these ancestral techniques – which showed their mettle (adapted to the climate) – but competed with other modern methods, start to delete rural and agricultural landscapes. For a better management of the activities and resources, it is essential to regard this productive knowledge as an object of admiration and a vector of territorial development. The agro-ecological recognition of these techniques and their tourist valorization makes it possible to instigate under privileged spaces and to meet economic and territorial development objectives. This valorization can enrich the desire to see and attract a new form: the rural tourism.

En Tunisie, les ressources en eau se caractérisent par l'irrégularité de leur répartition dans l'espace et dans le temps. Le Sud et le Centre tunisiens, deux régions spécialisées dans l'oléiculture, connaissent une aridité visible qui se définit par la rareté des pluies (pluviométrie moyenne entre 200 et 500 mm par an), l'irrégularité des averses et une longue sécheresse estivale. Ces ressources faibles et largement limitées pour répondre aux besoins des cultures, ont incité les agriculteurs à expérimenter des solutions pour améliorer l'efficacité des rares pluies et à inventer des systèmes ingénieux pour préserver leurs cultures. « Ces eaux, récoltées par une multitude d'ouvrages hydrauliques, jouent un rôle important dans le fonctionnement des systèmes de production agricoles non irrigués, majoritaires dans la région » (Sghaier et *al.*, 2002).

Ces techniques permettent la conservation des eaux et des sols, ainsi que l'amélioration de la fertilité des terres. Cependant, suite aux dynamiques territoriales, à la modernisation de l'agriculture et à la demande croissante en huile d'olive[1], les exploitants s'orientent de plus en plus vers des techniques plus modernes et plus productives afin de répondre à la demande du marché. Parallèlement, les ouvrages traditionnels tendent à disparaître dans un paysage agricole de plus en plus menacé.

Dans les espaces ruraux les plus marginalisés, les politiques publiques et les stratégies à mettre en œuvre devraient prendre en considération les spécificités et surtout le caractère vulnérable de ces territoires par rapport à ceux qui sont les plus avantagés. Bien que peu dotées en facteurs de productions traditionnels (foncier, main-d'œuvre, ressources naturelles, etc.), les zones défavorisées sont bien placées pour l'activation et la mise en valeur de certaines ressources locales. Ces zones « sont même mieux placées que les zones « favorables » pour inventer et mobiliser » (Campagne et Pecqueur, 2009). Peyrache-Gadeau souligne également que « la vulnérabilité peut être considérée comme une source possible d'innovation

---

1 – L'oliveraie tunisienne est répartie sur environ un tiers des superficies cultivées du pays, soit 1,5 million d'hectares, dont 88,4 % dans le Centre et le Sud tunisiens. La Tunisie exporte près de 70 % de sa production, soit en moyenne 165 000 tonnes par an, ce qui lui confère le rang de quatrième exportateur mondial (Institut National de la Statistique, 2014).

au sens où elle révèle une capacité relative des acteurs à anticiper les évolutions, à prendre en compte les incertitudes et à s'organiser » (Peyrache-Gadeau, 2007).

Dans ce contexte, quand l'agriculture se révèle incapable de satisfaire, seule, les besoins de la population, il est indispensable que les exploitants s'orientent vers des activités extra-agricoles capables de leur assurer des compléments de revenus, d'où l'obligation d'adapter les pratiques culturales, de changer le mode de travail et la gestion des exploitations. Mais cette solution est-elle économiquement viable ?

Cet article a pour objectif de mettre en évidence les liens pouvant exister entre pratiques agricoles traditionnelles et mise en valeur touristique dans une perspective de patrimonialisation et de développement territorial. Notre travail s'appuie sur une approche pluridisciplinaire globale des paysages oléicoles, une grille de lecture des conflits entre le développement touristique et les territoires ruraux, associée à une démarche empirique menée sur le terrain sous forme de questionnaires et d'entretiens auprès d'une vingtaine d'acteurs locaux et d'une dizaine de touristes.

Pour ce faire, nous entendons, en premier lieu, définir les différentes techniques de Conservation des Eaux et des Sols (CES) autour de l'olivier. Ensuite sera traitée la question du maintien de ces pratiques ancestrales, adaptées aux conditions locales mais concurrencées par des méthodes plus modernes et plus sophistiquées. Une deuxième partie sera consacrée à l'exemple de l'île de Djerba, qui illustre une mise en tourisme des espaces ruraux et la valorisation, bien que timide, d'un savoir-faire productif. Il s'agira de tenter de mettre en lumière l'importance du rôle de ces ouvrages dans le développement des espaces défavorisés.

Les ouvrages de conservation des eaux et des sols autour de l'olivier, un savoir-faire menacé

Les pratiques ancestrales obéissent à une logique de suppression ou de réduction des contraintes de production végétale liées au potentiel des terres agricoles. Kriegl et Mabrouk (1997) signalent une connaissance approfondie des facteurs du milieu qui influencent cette production végétale (édaphique, topographique, hydrologique, etc.). Ces aménagements permettent l'amélioration de la production agricole, la recharge des nappes souterraines et le contrôle de l'érosion éolienne, de manière à obtenir des récoltes satisfaisantes avec une pluviométrie limitée.

Les *jessour*, un système traditionnel d'exploitation des eaux de ruissellement

Les *jessour* constituent la forme la plus ancienne et la plus connue des systèmes de collecte et de valorisation des eaux de ruissellement. On les rencontre surtout, aujourd'hui, dans les montagnes de la chaîne des Matmata (Sud-est tunisien). Cette forme très ancienne et efficace de terrassement de pentes est utilisée spécialement pour la culture des oliviers et de certains autres arbres fruitiers tolérant le climat aride (figuiers et amandiers). Les *jessour* consistent en une digue de terre parfois consolidée avec des pierres dans les talwegs et les dépressions, afin de retenir les eaux de ruissellement et les matériaux de charriage (Fig. 1). Cependant, malgré le rôle important qu'ils ont joué, ces ouvrages ont été progressivement délaissés au cours des dernières années, principalement en raison de l'exode rural et de l'abandon des terres au profit d'autres activités plus rémunératrices.

Fig. 1 – Les *jessour* dans les chaînes des Matmatas

Source : Jaouachi, 2015.

Fig. 2 – La technique de la cuvette individuelle à Mareth

Source : Jaouachi, 2015.

Fig. 3 – Une *tabia* nouvellement aménagée dans le Sud tunisien

Source : Jaouachi, 2014.

La cuvette individuelle

C'est un ouvrage construit en pierre et/ou en terre en forme circulaire autour de l'arbre (Fig. 2). Cet aménagement se rencontre souvent sur des terrains accidentés ou en pente. Son rôle est de retenir les eaux de ruissellement et d'empêcher l'érosion dans le Sud tunisien.

La *tabia*, un système typique de retenue des eaux de ruissellement

Inspirée de la technique des *jessour*, la *tabia* est un système de retenue des eaux de ruissellement en terrain plat et dans les plaines à pente légère (inférieure à 3 %). Construite en terre, elle se trouve généralement sur les bordures et les zones de piémonts. Elle est formée d'une longue banquette principale en courbe de niveau avec, à chaque extrémité, une banquette latérale. Le bassin de retenue d'eau est fermé sur trois côtés et ouvert sur le côté amont pour capter les eaux de ruissellement. « Sa largeur est généralement de 30 m sur une longueur de 50 à 150 m. Elle est plantée en 3 à 4 rangées d'arbres (10 x 10 m). Les banquettes ont une hauteur d'environ 1 à 1,5 m » (Ouessar, 2010).

La *meskat*, un système d'exploitation des eaux très répandu dans le centre tunisien

La *meskat* est l'aménagement antiérosif le plus répandu et le plus efficace dans le Centre tunisien. Il s'agit d'une technique traditionnelle constituée par deux surfaces : une surface amont (*impluvium*) non cultivée et une seconde en aval (*mankâa* ou casier), souvent plantée d'oliviers (Fig. 4). Ce type d'aménagement, présent depuis l'époque romaine, permet de réduire l'érosion au niveau des *mankâas* et favorise l'infiltration. L'excès d'eau passe vers les parcelles en aval par un déversoir (*menfess* ou *masref*). Plusieurs *meskats* encore existantes dans les oliveraies du sahel tunisien (cordon littoral centre) ont tendance à disparaître suite à la modernisation de l'agriculture et à l'intensification des cultures.

La *faskiya* (ou *majel*), un système de collecte des eaux pluviales

La *faskiya* est un genre de citerne construite dans le but d'approvisionner la communauté rurale en eau pour différents usages domestiques et agricoles. Pour stocker les eaux de pluies, cette technique consiste à creuser une fosse d'un volume de 10 à 100 m^3 et à la bâtir avec des pierres et du gypse pour les citernes traditionnelles (des pierres et du ciment pour les citernes plus modernes). Le principe de la collecte des eaux est similaire à celui des lacs collinaires mais à échelle réduite. Les citernes sont enterrées pour réduire les pertes par évaporation. Le système est composé de deux parties : un bassin permettant la décantation des déchets solides et une fosse cubique ou circulaire d'une capacité de quatre mètres cube creusée dans le sol (Fig 5).

Fig. 4 – Photo d'une *meskat* (à gauche) et d'un *masref* (à droite)

Source : Jaouachi, 2013.

**Fig. 5 – La *faskiya* (*majel*), un aménagement
pour collecter les eaux pluviales**

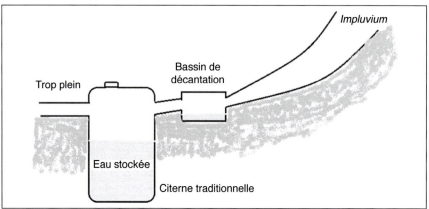

Source : Jaouachi, 2014.

Toutes ces techniques ont été développées et améliorées par les exploitants pour répondre à des contraintes de productions agricoles qu'ils connaissent bien. L'encouragement des agriculteurs pour entretenir ces ouvrages existe (suivi, vulgarisation, renforcement de l'infrastructure, etc.), mais il serait nécessaire de l'amplifier à travers l'instauration de modalités législatives et financières.

La mondialisation est à l'origine de la déperdition des ouvrages de Conservation des Eaux et des Sols (CES)

Depuis une trentaine d'années, de nombreuses mutations affectent les espaces ruraux et conduisent à y reconsidérer la place et les fonctions de l'agriculture. Entre l'exode rural impulsé par la mondialisation et accéléré par la modernisation de l'agriculture, d'une part, et l'avènement de nouveaux « modes d'habiter » d'autre part, les exploitants et les habitants de l'espace rural sont devenus minoritaires au sein d'espaces de plus en plus grignotés par l'urbanisation. Cette artificialisation touche, « en particulier, les campagnes marginalisées par le productivisme agricole, celles qui n'ont pas été insérées dans les échanges marchands internationaux, faute d'avantages comparatifs à faire valoir, [et qui] ont d'autant plus de mal à résister à l'étalement du résidentiel et des infrastructures touristiques et urbaines » (Tafani, 2010). De plus, l'ouverture prématurée des marchés agricoles à la concurrence internationale et aux échanges commerciaux a affaibli le secteur agricole et entraîné une dégradation environnementale.

Certains exploitants ont été obligés d'abandonner leurs terres, leurs habitudes et leurs savoir-faire productifs, qui incarnent des modes de vie favorables à la conservation de la biodiversité et au développement rural durable. De même, la hausse de la demande en huile d'olive et l'introduction de variétés étrangères plus productives met en péril les variétés locales qui ont fait leurs preuves (adaptation aux aléas biologiques et climatiques). *A contrario*, ces variétés étrangères exigent davantage d'eau et sont plus sensibles aux maladies. De ce point de vue, la mondialisation ne paraît pas forcément compatible avec les objectifs du développement durable.

Enfin, la dualité entre agriculture « productive » et agriculture « sociale » se renforce. La tendance à la déprise rurale et à l'abandon des systèmes de production et du savoir-faire productif explique la déperdition des techniques de conservation des eaux et des sols autour de l'olivier dans le centre et le sud tunisiens.

L'exemple de Djerba, une initiative des opérateurs touristiques encore timide…

L'île de Djerba appartenant au gouvernorat[2] de Médenine, au sud du pays (Fig. 6), constitue un exemple typique d'une démarche de mise en tourisme des systèmes de production traditionnels et d'un savoir-faire productif. L'île, d'une superficie de 514 km^2, rassemble 158 941 habitants en milieu urbain et périurbain, alors que l'espace rural a presque disparu (INS, 2012). En effet, le développement du tourisme de masse a engendré une modification de l'organisation spatiale de l'île, une consommation massive des terres et un abandon des systèmes de production et des pratiques agricoles. La disparition de certains ouvrages de CES traduit cet abandon. Ces aménagements, symboles d'un savoir-faire productif, présentent des caractéristiques remarquables dont l'origine réside dans leur nature de départ, dans les conditions de leur usage ou dans leur processus de valorisation.

La mise en tourisme des pratiques agricoles et du savoir-faire productif est une initiative des complexes touristiques et des agences de voyage. L'organisation des circuits touristiques et des promenades dans les espaces périurbains et ruraux voisins demeure une première initiative importante mais qui reste consacrée aux institutions touristiques. Elle a du succès auprès de certains touristes (enquêtes person-

---

2 – La Tunisie est découpée en vingt-quatre gouvernorats dont celui de Médenine, lui-même découpé en neuf délégations dont trois composant l'île de Djerba qui se subdivisent en *imadas* (secteurs). Le secteur est la plus petite unité administrative du pays.

Fig. 6 – Urbanisation et consommation de l'espace à Djerba

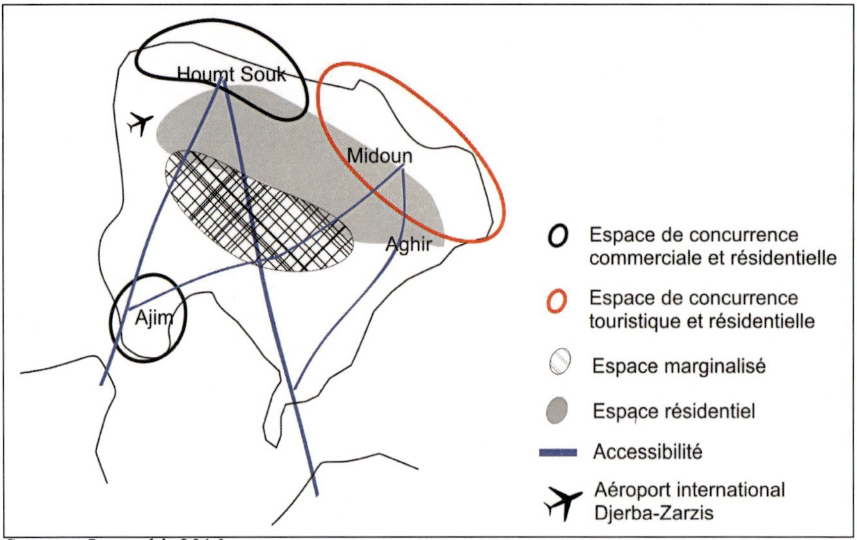

Source : Jaouachi, 2016.

Fig. 7 – Sorties organisées par des opérateurs touristiques dans les espaces ruraux de Djerba

Source : Site djerbatourisme.com

nelles), mais n'apporte pas de véritables revenus supplémentaires aux exploitants. Hormis la vente de quelques articles de poterie mal emballés (généralement avec des journaux), la vente de l'huile d'olive aux touristes reste négligeable et souffre d'un manque de moyens de conditionnement (Fig. 7). Lors d'un achat auprès d'un exploitant, par exemple, l'huile d'olive est conditionnée dans des bouteilles en plastique. Cet emballage n'est ni pratique ni hygiénique pour les touristes.

L'histoire récente de cette première expérience de mise en tourisme semble particulièrement pertinente et en même temps insuffisante. Elle nécessite une démarche participative spécifique et bien étudiée de la part des collectivités territoriales et des pouvoirs publics.

Sans prétendre apporter une caractérisation exhaustive ou dresser une description détaillée de la réussite de cette initiative, notre préoccupation est simplement d'avancer un ensemble de caractéristiques qui attestent, à notre sens, du succès partiel de cette démarche de mise en tourisme. Ces caractéristiques sont liées à la demande des touristes, à leur satisfaction, mais aussi aux efforts des collectivités et des acteurs locaux pour sauvegarder ce patrimoine culturel. Ceci peut s'observer à travers le nombre croissant de circuits touristiques (promenades dans les espaces ruraux avoisinants les zones touristiques) et à travers les efforts déployés sur le terrain (nombre des chemins agricoles aménagés, débroussaillement, entretien, etc.) (Fig. 8). Nous l'avons également relevé à l'occasion d'une enquête qualitative liée, entre autres, aux techniques d'aménagements et aux enjeux de cette valorisation. Cette enquête est basée sur des entretiens semi-directifs auprès d'une vingtaine d'acteurs publics et privés, interrogés de façon individuelle sur une durée moyenne de quarante minutes.

Fig. 8 – Un *majel* ou *sénia* encore opérationnel et bien entretenu malgré l'urbanisation à Djerba

Source : Site djerbatourisme.com

Notre ambition est de mettre en évidence le caractère spécifique de cette mise en tourisme de l'espace périurbain et rural de Djerba. La spécificité réside à la fois dans la nature de l'offre et dans celle de la demande et se traduit aussi par le nombre de circuits touristiques effectués. Selon les organisateurs, les circuits varient entre cinq et dix par semaine, avec un taux de satisfaction de 47 %. Néanmoins, malgré les multiples problèmes et contraintes auxquels les exploitants sont confrontés (infrastructure, électrification, etc.), ces aménagements font partie d'une histoire de résilience et d'adaptation en l'absence d'alternatives.

L'intégration des ouvrages de conservation des eaux et des sols, symboles d'un savoir-faire productif, au patrimoine culturel local est susceptible de favoriser un produit authentique et respectueux de son environnement. Selon une dizaine de touristes interviewés, ces aménagements racontent une histoire, celle d'une culture et d'une passion que l'on porte à un endroit et le besoin de le partager pour le rentabiliser.

L'objectif de cette démarche est aussi de satisfaire les besoins de touristes de plus en plus consommateurs de ressources naturelles, mais en même temps de répondre aux critères de développement durable (lutter contre l'exode rural, inciter les populations locales à contribuer à leur propre développement socio-économique, etc.). Ceci permet, d'une part, de générer des revenus complémentaires pour les exploitants des régions défavorisées et, d'autre part, de protéger les aménagements vernaculaires afin de limiter la consommation des espaces agricoles par l'urbanisation. « Ces produits liés au terroir permettent la redécouverte du territoire par de nouvelles pratiques économiques recentrées sur le local » (Consales et Moustier, 2007).

Partant de la question de la spécificité et de l'originalité de ce savoir-faire productif, nous avons pu dresser, dans ce qui précède, une grille de lecture qui met en évidence des caractéristiques propres à ces aménagements tout en rendant compte de l'importance de leur rôle dans le développement économique du territoire. On est donc bien en présence d'un savoir-faire productif capable de renforcer le développement économique du territoire et qui relève d'une démarche d'innovation sociale.

Conclusion

Aujourd'hui, les principaux problèmes auxquels sont confrontés ces aménagements sont la surexploitation et la banalisation progressive des ressources en l'absence d'un projet porteur d'une nouvelle vision pour le territoire marginalisé. Certains savoir-faire productifs sont réellement menacés en raison des mutations socio-économiques et des nouvelles fonctions (purement économiques) auxquelles elles semblent être dorénavant destinées. Comme partout, la logique productiviste semble prendre le dessus sur les rôles écologiques et sociaux.

Malgré les nombreux atouts que recèlent ces espaces périurbains et ruraux, de nombreuses difficultés, à tous les échelons des filières, ne leur permettent pas de tirer le meilleur parti des potentialités existantes. À Djerba, les contraintes relevées touchent à la fois à l'expansion démographique et à l'étalement urbain, mais aussi à un environnement institutionnel contraignant, aux faibles moyens, aux conditions d'organisation des acteurs et des opérateurs locaux, et à leur incapacité d'inscrire leurs démarches de valorisation dans une perspective de démocratie participative qui garantirait un développement territorial.

Partant du constat de l'existence d'un savoir-faire productif capable de répondre à des objectifs de développement économique à Djerba, nous avons essayé, à travers cet article, de caractériser le rôle des aménagements de conservation des eaux et des sols dans la valorisation des espaces fragiles et leur éventuelle contribution dans le développement durable.

L'analyse nous montre que ces techniques détiennent des avantages spécifiques et une valeur ajoutée indéniable, mais que le système de gouvernance mobilisé pour sa mise en tourisme présente des lacunes et nécessite encore des efforts afin de mettre en place un système bien organisé pour protéger ce savoir-faire et en faire bénéficier les populations défavorisées.

Quelle que soit son utilité, ce savoir-faire productif constitue une alternative de survie pour les territoires défavorisés. Il permet une exploitation durable des ressources et confère à ses produits non seulement un ancrage territorial plus rigide, mais aussi un développement du territoire et une amélioration de son attractivité. Enfin, la reconnaissance patrimoniale de ces techniques conduit, certes, à des initiatives de valorisation touristique qui pourraient renforcer le développement économique de certains espaces marginalisés, mais peut-elle arrêter l'étalement urbain aux dépens de terres agricoles et des espaces ruraux ?

Références bibliographiques

Ben Fradj C., 2011 – *Oliviers et oléiculture en Tunisie, de l'Antiquité aux années 1930*, Paris, L'harmattan, 96 p.

Campagne P., 1997 – *La zone rurale comme espace de développement*, Montpellier, Ciheam-IAM, ronéo.

Consales J-N. et Moustier Ph., 2007 – Terroirs : caractérisation, développement territorial et gouvernance, *Méditerranée*, n° 109, p. 7-8. URL : http://mediterranee.revues.org/101.

Coulomb P. (dir.), 1986 – *Le tourisme contre l'agriculture ? Enjeux fonciers en pays méditerranéens*, Adef, 359 p.

Dupré G., 1991 – Introduction : Savoirs paysans et développement, in Dupré G (eds), *Savoirs paysans et développement*, KARTHALA-ORSTOM, Paris, p. 15-35.

Fourcade C., 1996 – Apport des outils de la stratégie d'entreprise à la compréhension des processus déterritorialisation, *Symposium « Recherche pour et sur le développement territorial »*, Université de Montpellier I, ERFI.

Lémery B., 2006 – Nouvelle agriculture, nouvelles formes d'exercice et nouveaux enjeux du conseil aux agriculteurs, in Rémy J., Brives H., Lémery B., *Conseiller en agriculture*, Éducagri/INRA, p. 235-252.

Mushnik J. et Lopez E., 1997 – Petites entreprises agroalimentaires : émergence et développement local, in Lopez E. et Muchnik José (ed.)., *Petites entreprises et grands enjeux : le développement agroalimentaire local*, Paris, L'Harmattan, 2 vol. (885 p.), p. 19-32.

Gumuchian H. et Pecqueur B., 2007 – *La ressource territoriale*, Paris, Economica, 252 p.

Pecqueur B., 2005 – Le développement territorial, une nouvelle approche des processus de développement pour les économies du sud, in Antheaume B. et Giraut F. (éd.), *Le territoire est mort. Vive les territoires*, Paris, IRD, p. 295-316.

Pecqueur B. et Colletis G., 2004 – Révélation de ressources spécifiques et coordination située, Colloque international sur l'économie de proximité, Marseille, 8 juin 2004, revue *Economie et Institution*, p. 17.

Pecqueur B. et Saidi A., 2009 – Les Systèmes Agroalimentaires Localisés : une approche dynamique. Le cas du système oléicole dans l'Espace Saïs-Meknès, Communication au XVIe Colloque de ASRDLF, *Entre projets locaux de développement et globalisation de l'économie : quels équilibres pour les espaces régionaux ?*, 2009, Clermont-Ferrand, 18 p.

Peyrache-Gadeau V., 2007 – Modes de développement et vulnérabilités : quels enjeux pour l'économie territoriale ?, communication orale lors du XIIIe colloque de l'ASRDLF, *Les* *dynamiques territoriales débats et enjeux entre les différentes approches pluridisciplinaire*, Grenoble-Chambéry, juillet 2007.

Requier-Desjardins M., Génin D., Guillaume H., Ouessar M., Azalez O.-B., Romagny B., Sghaier M., Roux B. et Guerraoui D., 1997 – *Les zones défavorisées méditerranéennes*, Paris et Montréal, L'Harmattan (Coll. Histoire et perspectives méditerranéennes), Casablanca, Les EditionsToufkal. 362 p.

Sghaier M., Mahdhi N., De Graaff L. et Ouessar M. 2002 – Economic evaluation of water harvesting at catchment scale: An application of the FORCES MOD model, *in* De Graaff J. et Ouessar M. (Eds.), *Water harvesting in Mediterranean zones: an impact assessment and economic evaluation,* TRMP paper num.40, Wageningen University, The Netherlands, p. 101-113.

Genin D. *et al.*, 2006 – *Entre désertification et développement, la Jeffara tunisienne*, Tunis, Cérès, IRA, IRD, 351 p.

Taâmallah H., 2002 – *Suivi de la dynamique de l'usage des terres et leur sensibilité à la désertification dans la région de la Jeffara (sud-est tunisien)*, Mémoire de DESS « Espace rural et environnement », Dijon, 2001-2002.

Tafani C., 2010 – *Analyse systémique d'une agriculture littorale sous pression touristique : L'exemple de la Balagne en Corse*, thèse de doctorat, Corte, Université de Corse Pascal Paoli, 464 p.

Chapitre 4

Tissage et production de tapis dans la région du M'Zab (Ghardaïa, Algérie) : un savoir-faire identitaire, ressource de développement territorial

Weaving and carpet production in the M'Zab region (Ghardaïa, Algeria): identity know-how, a territorial development resource

Kaouther ABDERREZEK*

Résumé : Cet article s'intéresse à la question de la patrimonialisation et de la mobilisation du patrimoine culturel dans les démarches de développement local à travers l'exemple de savoir-faire artisanaux. Notre attention s'est portée sur l'analyse d'une activité artisanale traditionnelle de la région du M'Zab (Ghardaïa, Algérie) inscrite au patrimoine mondial de l'Unesco : le tissage et la production de tapis. Plusieurs approches méthodologiques (recherche documentaire et statistique, questionnaires et entretiens avec différents acteurs : artisans, responsables administratifs, marchands, associations, etc.) ont été mobilisées dans le but de comprendre la manière dont cette activité peut contribuer à un développement local et durable et comment s'articule la relation entre tourisme et mise en valeur des savoir-faire. Au final cette recherche nous éclaire sur la manière dont la transmission et la valorisation de la culture, du patrimoine identitaire et des savoir-faire ancestraux peuvent constituer une ressource durable pour le développement territorial ; elle se propose aussi de montrer comment la stratégie de coordination entre les différents acteurs du territoire peut jouer un rôle dans la valorisation de cette ressource.

Abstract: *This article deals with the question of heritage building and the mobilization of cultural heritage in local development through the example of artisanal know-how. Our attention is focused on the analysis of a traditional and artisanal activity in the M'Zab region (Ghardaïa, Algeria), a UNESCO World Heritage Site: weaving and carpet production. Several methodological approaches have been used in order to understand how this activity can contribute to local and sustainable development, and how the relationship between tourism and the development of know-how is articulated: documentary and statistical re-*

---

*Université Clermont Auvergne, AgroParisTech, Inra, Irstea, VetAgro Sup, Territoires, F-63000 Clermont-Ferrand, France.

search, questionnaires and interviews with different stakeholders (artisans, administrators, merchants, associations, etc). Finally, this study shows us, how the transmission and the valorization of culture, identity heritage and ancestral know-how can constitute a sustainable resource for territorial development; It also proposes to show how the strategy of coordination between different territorial stakeholders can play a role in the valorization of this resource.

Cet article se propose d'examiner le rôle de la patrimonialisation et de la mobilisation du patrimoine culturel immatériel dans le processus de développement local des territoires à travers l'exemple d'une activité artisanale traditionnelle : le tissage et la production de tapis dans la région du M'Zab (Ghardaïa, Algérie). Nous partons de l'hypothèse que les traditions (patrimoniales, culturelles) constituent des ressources territoriales essentielles pour un développement local des territoires à long terme.

Dans le cadre de la mondialisation économique et de l'ouverture des marchés internationaux, le développement local endogène « à la base », défini par Santamaria (2008) comme « un processus de diversification et d'enrichissement des

Fig. 1 – Localisation des zones d'études (Ghardaïa)

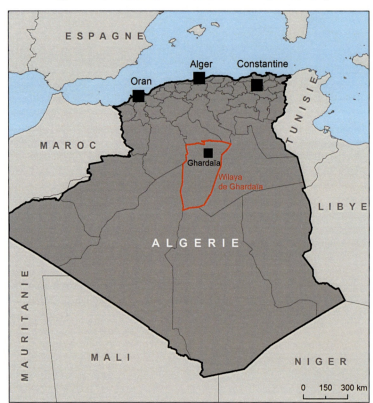

Source : E. Langlois, UMR Territoires, 2017.

activités économiques et sociales sur un territoire d'« échelle » locale à partir de la mobilisation et de la coordination de ses ressources matérielles et immatérielles », se présente comme une solution pour les territoires qui ne peuvent pas ou n'ont pas pu bénéficier du développement macro-économique.

Transversale, la notion de ressources peut s'appliquer à tous les domaines (agriculture, artisanat, culture, industrie…) ; elle peut concerner un objet matériel (terre, matière première, faune, flore…) comme immatériel (savoir-faire, culture…). Selon Colletis et Pecqueur (1993), on peut distinguer deux catégories de ressources : les ressources génériques et les ressources spécifiques. La première catégorie est transférable : sa valeur d'échange est fixée par l'offre et la demande. Les ressources spécifiques, quant à elles, impliquent un coût plus ou moins élevé de transfert (Benko et Pecqueur, 2001) et échappent, de fait, partiellement à la concurrence. Cette deuxième catégorie participe à la « singularité » du territoire, ce qui le distingue des autres (Janin et Perron, 2004). Pour Pecqueur (2002), la ressource comporte une double dimension, économique et morale. La dimension « morale » possède un caractère patrimonial. Pour les ressources territoriales, ce caractère patrimonial peut jouer un grand rôle dans le développement local. De fait, Landel et Senil (2009) observent « une forte mobilisation des objets patrimoniaux dans la construction des projets de territoire ».

Dans la lignée de ces travaux, cet article interroge directement la question du rôle que peuvent jouer les ressources dites patrimoniales et, plus spécifiquement, les savoir-faire artisanaux, dans le développement local d'un territoire. L'étude de cas a été réalisée dans la région de Ghardaïa, en Algérie, avec une focalisation sur le rôle du tissage et de la production des tapis dans le développement local. Cette activité a été analysée sur plusieurs plans. Nous avons d'abord rassemblé un ensemble de données (statistiques et informations documentaires) sur l'histoire de l'activité. Ont également été réalisés des entretiens semi-directifs avec des artisans, des commerçants et des responsables administratifs et associatifs (un total de sept entretiens semi-directifs) ainsi que des enquêtes menées auprès d'un échantillon de cent cinquante artisans et quinze commerçants, dans le but de comprendre les atouts, les faiblesses et les menaces auxquels est confrontée cette activité et de comprendre comment la stratégie de coordination entre les différents acteurs peut contribuer à la valorisation de cette ressource. A également été analysée la relation qui s'établit, dans une région inscrite au patrimoine mondial de l'UNESCO, entre le tourisme, le maintien, la transmission et l'organisation de l'activité artisanale. À l'issue de cette analyse, des solutions ont été proposées pour la valorisation de l'activité, afin qu'elle joue un rôle dans le développement de la région à différentes échelles.

Ghardaïa, région saharienne riche en ressources spécifiques : le tissage et la production de tapis

La *wilaya* de Ghardaïa occupe une situation centrale au sein de l'Algérie. Elle est située au nord du Sahara algérien, à une distance de six cents kilomètres d'Alger. Selon le dernier recensement de 2008, sa population a été estimée à 363 598 habitants.

La région dispose d'une très grande richesse en termes de ressources naturelles, architecturales et culturelles, ce qui lui a permis d'être classée, en 1982, au patrimoine mondial de l'UNESCO (« la vallée du M'Zab avec ses cinq villes fortifiées »). Elle compte également plus de cent vingt monuments historiques classés au titre du patrimoine national, en particulier le système ancestral d'irrigation, de captage et de partage des eaux, nommé *foggara* et une grande richesse naturelle (faune, flore) présente principalement dans les oasis.

La richesse en patrimoine immatériel est elle aussi importante : Ghardaïa est réputée depuis longtemps pour ses savoir-faire artisanaux traditionnels (tissage, tannerie, dinanderie, ferronnerie), pour ses chants et musiques, sa gastronomie, ses fêtes, etc. Parmi ces nombreux types de patrimoine immatériel, notre attention s'est portée sur une activité qui occupe depuis longtemps la première place des activités artisanales traditionnelles et qui reste la manifestation d'une expression identitaire : le tissage et la production des tapis.

Le tapis traditionnel mozabite, en laine « porte six couleurs reposantes et son poids dépasse les 3,5 kg » (Bourihane, 2014) ; il est décliné en différentes catégories (différentes couleurs, formes, tailles et signes), présente de nombreux intérêts car il a non seulement une valeur esthétique et un usage utile mais aussi une forte dimension culturelle et un fort contenu symbolique qui transmet un imaginaire social, « des messages reflétant une culture millénaire riche et variée »[1].

Fig. 2 – Le tapis traditionnel mozabite

Source : K. Abderrezek, 2015.

---

1 – Tapis traditionnel, L'art féminin menacé par l'industrialisation, 2011, *Le Midi libre*. Mis en ligne le 24 mars 2011, http://www.lemidi-dz.com/index.php?operation=voir_article&id_article=societe%40art2%402011-03-24. Consulté le 20 juillet 2014.

Sa production et son tissage constituent un travail dans lequel les tâches se divisent entre plusieurs petites entreprises (traditionnelle et moderne), chacune d'elles n'effectuant qu'une étape de la production. De ce fait, ce secteur peut être classé dans les organisations de type « districts », selon la terminologie proposée par l'économiste Marshall à la fin du XIXe siècle. Redécouverts par Beccatini (1990) dans les années 1980, les districts sont décrits comme « des systèmes productifs, géographiquement définis, caractérisés par un grand nombre de petites et moyennes firmes qui sont respectivement impliquées dans les différentes étapes concourant à la production d'un produit homogène » (Champagne de Labriolle, "s.d.").

Le district du tissage des tapis de Ghardaïa est un système productif traditionnel, développé par la société locale, mais qui profite aujourd'hui d'un accompagnement institutionnel (enseignement et formation). Il est très diversifié en termes de qualification de la main-d'œuvre, de taille des entreprises, de techniques de productions (certaines techniques s'inscrivent dans la production traditionnelle et d'autres dans la production moderne).

Le district du tissage des tapis de Ghardaïa entre tradition et modernité

Aujourd'hui, avec une production annuelle estimée entre 8 000 et 10 000 m²/an, le métier du tissage assure des postes d'emplois répartis selon les différentes étapes de productions comme suit :
- cent employés dans les unités de production structurées ;
- cent cinquante employés dans le commerce ;
- mille artisans.

Les différentes étapes de la production de ce savoir-faire

Dans cette partie, seront présentées les différentes étapes de la production de ce savoir-faire ; à chaque étape, l'accent sera mis, dans un premier temps, sur la production moderne et, par la suite, sera présenté ce qui reste de la production traditionnelle qui résiste encore aux mutations technologiques et au développement des techniques de production.

La production de la matière première

• Une entité de production moderne

La Filature des Oasis, située dans la zone industrielle de Bounoura, constitue l'entité la plus connue dans la région du M'Zab pour sa production de toutes sortes de filatures en laine et autres matières premières qui rentrent directement ou indirectement dans le tissage du tapis. C'est le fournisseur principal des boutiques spécialisées dans la vente de ces produits et les artisans s'approvisionnent régulièrement auprès de ce fournisseur.

Tab. 1 – Les phases de la production des tapis traditionnels

Production de la filature en laine	La Filature des Oasis : une unité de production moderne. Production traditionnelle : chantier domestique de préparation de la laine « lavage, séchage, carde, teinture, bobinage » (1 à 2 fois/ an, un foyer sur dix, 5 à 7 artisanes).
Commercialisation de la matière première	Dix magasins tenus par 2 à 3 commerçants.
Production des métiers à tisser	Métiers métalliques modernes : 10 unités de production avec 5 à 7 employés. Métiers en bois traditionnel : une seule famille à Beni Isguen
Tissage et production des tapis	1 000 artisans
Commercialisation du produit fini	50 boutiques spécialisées

Source : K. Abderrezek 2014, d'après Chambre de Commerce et d'Industrie M'Zab Ghardaïa.

• Des entités de production traditionnelle

Chaque fois que nécessaire, des « chantiers » domestiques sont organisés dans les foyers. Des regroupements de femmes prennent en charge, dans un contexte solidaire de partage, des tâches, tout le processus de préparation de la laine (lavage, séchage, cardage, teinture, bobinage) pour alimenter leurs métiers à tisser (traditionnels ou modernes) en bobines de fils de laine et démarrer la production de tapis à domicile... Ces travaux s'accompagnent de certains rituels de chants et autres pratiques culturelles. Ces ateliers – mobiles et temporaires – sont estimés à environ un atelier pour dix foyers. Ils rassemblent, une à deux fois par an, cinq à sept artisanes.

La commercialisation de la matière première

Des boutiques, reparties dans les rues commerçantes de la ville, vendent toutes les matières premières nécessaires à la production de tapis à domicile. Elles sont estimées à environ dix magasins, tenus par deux à trois personnes chacun.

La production des métiers à tisser

• Unités de production de métiers à tisser métalliques « modernes »

Des entreprises de menuiserie métallique produisent depuis les années 1990 des métiers à tisser à base d'assemblages métalliques d'un montage manuel facile. La région compte approximativement cinq à dix ateliers, qui emploient chacun cinq à sept personnes La production a généralement pour objet de répondre aux commandes de certaines associations. Ces dernières fournissent en métiers à tisser les artisanes membres de leurs associations qui fabriquent des tapis à domicile. Certains commerces liés au tapis se fournissent aussi auprès de ces ateliers de production.

- Unités de production de métiers à tisser en bois « traditionnels »

Les ateliers qui produisaient, dans les années 1970-1990, des métiers à tisser en bois sont devenus rares et presque inexistants. Un seul atelier est encore connu à Beni-Isguen pour ce type de production. Il est tenu par un artisan et les membres de sa famille.

Le tissage

Le tissage est la phase la plus importante et la plus difficile. C'est un travail quotidien. Les artisans passent six à huit heures par jour devant leur métier pour produire des tapis. Certaines œuvres de grande taille nécessitent un travail qui peut durer jusqu'à six mois. Dans la région, on compte aujourd'hui plus de mille artisanes, parmi lesquelles 10 % sont structurées dans des associations tandis que les autres travaillent à domicile.

La commercialisation du produit fini

La commercialisation du produit fini constitue le dernier maillon de la chaîne de valeur et représente la partie dominante du chiffre d'affaires de la filière « tapis ». Il existe, dans la région, environ une cinquantaine de boutiques spécialisées dans la vente de tapis qui se fait dans des sortes de salons aménagés dans ces boutiques. Chaque salon expose une large gamme de tapis souvent distingués par un ensemble de critères tels que :
- nature de la matière première ;
- dimensions (de la plus petite carpette, type descente de lit, au large tapis) ;
- motifs et couleurs.

Ces boutiques pratiquent souvent un dispositif de préfinancement avec les artisanes et leurs associations.

Une organisation traditionnelle assurée par la transmission familiale

Les différents entretiens semi-directifs menés auprès des artisans montrent que la structuration du métier se fait généralement d'une manière informelle au niveau de la famille à travers une répartition des tâches. Ce processus de structuration est assuré, dans un premier temps, par la transmission du savoir-faire, qui se fait généralement des parents aux enfants dès le plus jeune âge. En effet, 80 % de nos enquêtés ont confirmé que le rôle primordial dans l'apprentissage du métier a été joué par leur famille.

Toute une chaîne de transmission a été enregistrée lors des entretiens. Le premier stade d'implication dans cette chaîne se fait par le biais de l'observation. Les enfants observent leurs parents. Ils participent par la suite d'une manière plus active en effectuant des petites tâches. B.A (une femme de 27 ans) nous a parlé de ses souvenirs concernant les étapes de l'apprentissage du tissage : « On vivait tous ensemble dans la maison de la grande famille. Je me souviens que, à une heure précise de la journée, toutes les femmes, après avoir terminé les tâches ménagères, se dirigeaient vers une grande pièce où il y a les métiers à tisser, pour continuer le tissage des tapis. Nous les filles (on était six cousines) on adorait observer les femmes et on attendait le moment où une d'entre elles demanderait qu'on lui fasse une chose comme l'aider par exemple à passer le fils de laine ».

Par la suite, sous la surveillance des adultes, les enfants commencent à pratiquer le métier. B.A. a commencé le tissage avec l'aide de sa grande mère, cette dernière assiste les six cousines dans le tissage des tapis sur des métiers à tisser miniature (voir Fig. 3). B.A dit : « Avec les consignes et l'aide de ma grande-mère, nous avons commencé tout d'abord par le tissage des tapis avec des formes simples, dans le but de pouvoir bien maîtriser cet art. Plus elle voit qu'on s'améliore, plus elle nous complique la tâche en nous demandant de tisser des formes et des modèles plus complexes […]. Je me souviens qu'il nous a fallu presque six mois pour passer au grand modèle du métier à tisser ».

Fig. 3 – Métier à tisser en bois en miniature, utilisé pour l'apprentissage des enfants et des débutants

Source : K. Abderrezek, 2015.

Aujourd'hui, ce processus de transmission intergénérationnelle est confronté à plusieurs problèmes. En effet, les entretiens semi-directifs ont montré que les nouvelles générations ont de plus en plus tendance à abandonner ce métier d'art. À l'origine de cet abandon, les raisons fréquemment invoquées sont le taux de scolarisation avancé des nouvelles générations, ce qui donne une concentration de plus en plus accrue sur les études, la volonté de se perfectionner durant les temps libres dans des domaines plus utiles comme les langues et l'informatique et, enfin, des projets professionnels sans relation avec les activités artisanales.

Une pluralité des tutelles pour la valorisation du tissage

Face à cette situation, et dans le but d'encourager et de valoriser cette production artisanale, le secteur du tissage est géré par plusieurs tutelles : ministère de l'Intérieur, ministère de l'Industrie, ministère du Tourisme et ministère de la PME et de l'Artisanat. De ce fait, plusieurs programmes et projets d'investissements locaux, nationaux et internationaux ont vu le jour dans un objectif de mise en valeur et de mise en scène de cette activité. À cet effet, les ministères ont créé des structures au niveau régional pour la mise en place de ces programmes. Dans le but d'encourager les jeunes à pratiquer ce métier et d'accompagner et d'encadrer les artisanes, les associations et les petites et moyennes entreprises ainsi que les ministères ont créé des structures régionales telles que la Chambre de Commerce et d'Industrie (CCI), la Chambre de l'Artisanat et des Métiers (CAM) et l'Agence Nationale de l'ARtisanat Traditionnelle (ANART).

Les collectivités territoriales et la direction du tourisme ont également joué un rôle dans cette valorisation en organisant un festival national, La Fête des Tapis, qui a comme objet la promotion de l'art du tissage.

La Fête des Tapis est une fête profane, organisée par les structures administratives de l'État algérien (les collectivités territoriales de la *wilaya* de Ghardaïa et la direction du tourisme) depuis plus de quarante-cinq ans, dans le but de promouvoir l'art du tissage. Cette fête mobilise plus de dix mille artisans. Elle constitue un événement touristique majeur dans la région du M'Zab. D'après la direction du tourisme, le nombre approximatif de visiteurs comptabilisés au cours des dernières éditions ne cesse d'augmenter. Il était de l'ordre de cinq mille pour la 42e édition (en 2006) tandis que la dernière édition (45e édition), en 2012, a enregistré plus de neuf mille visiteurs.

Toujours dans le but de valoriser cette activité, l'Instrument Européen pour la Démocratie et les Droits de l'Homme finance, depuis 2012, la création de centres d'apprentissage et d'accompagnement des femmes. Le ministère de l'Industrie, à son tour et en collaboration avec l'agence allemande de la coopération technique « GIZ », a lancé, en 2013, un programme d'accompagnement des artisanes en relation avec la promotion du rôle de la femme mozabite dans la société.

Au niveau local, les institutions telles que les centres de formation et les associations ont aussi un effet moteur dans le secteur du tapis, grâce à leur lien fonctionnel avec les artisanes. Ce type d'institutions se rencontre dans les vieux *ksour* de Beni-Isguen, Bounoura, Guerrara, Ghardaïa, Melika, El-Atteuf, Berriane, El-Menéa et Daya.

Un secteur en proie à des menaces grandissantes

Malgré la multiplicité des tutelles et leurs efforts, et malgré le fait que le secteur est générateur d'emplois et qu'il permet d'assurer un bien-être individuel à un grand nombre d'habitants, nous avons constaté que le métier du tissage est un patrimoine ancestral qui souffre d'une instabilité et d'une fragilisation. À l'origine de cette situation, les arguments souvent avancés sont le problème de la transmission intergénérationnelle évoqué précédemment, la concurrence du produit d'importation (qui engendre une difficulté de résistance sur le marché local et national), la diminution du pouvoir d'achat, le tapis traditionnel étant relativement cher par rapport aux produits industriels qui existent sur le marché national et, enfin, les crises dans le secteur touristique. Ce dernier, depuis la classification de la vallée du M'Zab en 1982 au patrimoine mondial de l'UNESCO, a joué un rôle important dans le développement et la valorisation de cette ressource. En effet, la production des tapis, qui était destinée traditionnellement à un usage domestique, s'est orientée aussi vers le secteur marchand en raison de l'augmentation du nombre de visiteurs.

Cette labellisation internationale attribue au territoire une forte valeur symbolique (Bourdeau, Gravari-Barbas, Robinson, 2012). Par cet effet, elle participe à la promotion d'une destination touristique car elle constitue un élément attractif supplémentaire pour le touriste. Dans les recherches scientifiques et, plus spécifiquement, dans les recherches occidentales, cette question « du rapport entre patrimoine mondial et tourisme, et au-delà entre patrimoine, tourisme et développement, a été explorée au cours des dernières années dans un grand nombre d'écrits » (Gravari-Barbas et Jacquot, 2013). De fait, les recherches menées dans les sciences économiques à partir de l'exemple des sites français « semblent valider cette relation entre la labellisation UNESCO et augmentation du tourisme, donnant crédit à un effet UNESCO » (Gravari-Barbas et Jacquot, 2014).

Dans la région de Ghardaïa, le développement touristique a engendré la valorisation de quelques activités déjà présentes et l'émergence de nouvelles. Le secteur de l'artisanat, et plus spécifiquement celui de la production des tapis traditionnels, est l'un de ceux qui a connu un développement considérable et aussi de grandes mutations. En effet, nombreux sont les touristes arrivant à Ghardaïa dans le but de visiter l'architecture vernaculaire des *ksour* à être rapidement charmés par la beauté des savoir-faire artisanaux. Le tissage est devenu une source importante de revenus pour un grand nombre de familles.

Cette activité est très fortement associée au secteur du tourisme, grand consommateur de cette production. Ce constat a été confirmé par le résultat d'un questionnaire distribué aux artisans et vendeurs. À la question : « Le tourisme a-t-il, selon vous, une relation avec la production et la commercialisation des tapis ? », la réponse était « oui » avec un pourcentage de 84 % pour les artisans et 97 % pour les commerçants.

Tab. 2 – Perception de la relation entre le tourisme et la production et commercialisation des tapis par les acteurs du secteur

« Le tourisme a-t-il selon vous une relation avec la production et la commercialisation des tapis ? »		
	Oui	Non
Artisans	84 %	16 %
Commerçants	97 %	3 %

Source : enquête par questionnaires ; K. Abderrezek, 2014.

Les conditions sécuritaires liées aux conflits (communautaires et terrorisme) qui n'ont pas cessé de secouer l'Algérie à partir des années 1990, et dans M'Zab en particulier à partir de 2013, ont eu des effets néfastes sur le secteur touristique qui est devenu de plus en plus fragile et a eu des effets négatifs sur la production et la commercialisation de tapis dans la région. Dans ce contexte, un artisan dit : « La baisse de l'activité touristique, ces dernières années, a été fatale pour nous. Avant, il suffisait d'exposer un beau tapis pour attirer des centaines d'acheteurs étrangers qui en raffolent. Aujourd'hui, il y a des tapis qu'on expose depuis six mois, mais qui ne trouvent jamais preneur » (Bourihane, 2014).

Conclusion

Cette étude a permis de montrer que, à partir de la classification de la vallée du M'Zab au Patrimoine mondial de l'UNESCO et la montée en puissance du tourisme qui s'en est suivi, un processus de patrimonialisation et de mise en valeur de l'activité traditionnelle de tissage des tapis a été engendré. Ce processus a contribué au développement du territoire. En effet, la production des tapis est devenue un produit de commercialisation et une source de revenu pour les familles mozabites.

Mais avec la mondialisation, et suite à l'insécurité dans la région, des problèmes d'ordre social, comme la diminution de la pratique de l'activité du tissage traditionnel par les nouvelles générations, d'ordre économique, comme la fragilisation du secteur touristique et la concurrence du produit industriel, et d'ordre culturel ont touché la production de ce produit artisanal.

Plusieurs solutions peuvent être proposées pour faire face à ces problèmes et pouvoir valoriser à nouveau ce savoir-faire artisanal afin qu'il aboutisse à un développement local durable. Ces solutions peuvent s'intégrer dans une approche touristique basée sur le développement d'un tourisme culturel, essentiel pour que la valorisation de ce savoir-faire artisanal ancestral s'inscrive dans une politique de valorisation économique du métier à travers la commercialisation, tout en s'accompagnant d'une politique culturelle de sensibilisation des habitants de la région à la nécessité de transmettre et de sauvegarder ce métier.

Cette valorisation économique peut être assurée par l'étude d'un projet qui nécessite une bonne coordination entre les différents acteurs afin d'assurer un bon marketing du produit. En effet, le produit peut avoir une grande publicité :

- En ayant un label d'authenticité qui lui permettra de concurrencer les produits à bas coût. Cette concurrence peut également être renforcée en multipliant, d'un côté, les marchés locaux des produits artisanaux à l'échelle locale voire nationale et, d'un autre côté, d'encourager et d'initier les artisans à la solution du e-commerce pour une ouverture vers les marchés internationaux.
- En rentrant dans le cadre d'une valorisation touristique et d'une mise en tourisme sous diverses formes comme la création de circuits de patrimoine matériel et immatériel, la participation à des salons à l'échelle nationale et internationale, la mise en place de structures muséales comme des musées et des écomusées.

Références bibliographiques

Beccatini G., 1990 – The marshallien industrial districts as a socio-economic notion, *in* F. Pyke, G. Becattini and W. Sengenberger (eds), *Industrial districts and interfirm cooperation in Italy*, International Institute for labour studies, p. 37-52

Benko G, Pecqueur B., 2001 – Les ressources de territoires et les territoires de ressources, *Finisterra*, XXXVI, 71, p. 7-19

Bourdeau L, Gravari-Barbas M et Robinson M. (dir.), 2012 – *Tourisme et patrimoine mondial,* Presse de l'université Laval, Québec, 326 p.

Bourihane N., 2014 – Tapis de Ghardaïa. Un patrimoine en péril, *Horizons,* en ligne, 16 juillet, URL : http://www.horizons-dz.com/?Un-patrimoine-en-peril. Consulté le 20 juillet 2014.

Champagne de Labriolle C. « s.d. » – *Une analyse marshalienne des districts industriels italiens,* Lyon : Université de Lyon 1, 8 p. En ligne. URL : http://liris.cnrs.fr/~cnriut08/actes/articles/1007.pdf. Consulté le 14 mai 2015.

Colletis G., Pecqueur B., 1993 – Intégration des espaces et quasi intégration des firmes : vers de nouvelles logiques productives ?, *Revue d'économie régionale et urbaine,* n° 3, p. 490-507.

Santamaria F. 2008 – Développement local, *Hypergéo,* en ligne, 28 juin 2008. URL : http://www.hypergeo.eu/spip.php?article424. Consulté le 20 juillet 2014.

Gravari-Barbas M. et Jacquot S., 2013 – Editorial – Patrimoine mondial, tourisme et développement durable en Afrique : discours, approches et défis, *Via@, Patrimoine mondial, tourisme et développement durable en Afrique,* n° 2, en ligne le 30 décembre 2013. URL : http://www.viatourismreview.net/Editorial3.php. Consulté le 10 novembre 2014.

Gravari-Barbas M. et Jacquot S., 2014 – *Patrimoine Mondial et développement : Au défi du tourisme durable,* Québec, Presse de l'université du Québec, 301 p.

Landel A. et Senil N, 2009 – Patrimoine et territoire, les nouvelles ressources du développement, *Développement durable et territoires,* Dossier 12 | 2009, mis en ligne le 13 janvier 2009. URL : http://developpementdurable.revues.org/7563 ; DOI : 10.4000/developpementdurable.7563. Consulté le 9 novembre 2014.

Pecqueur B., 2002 – Dans quelles conditions les objets patrimoniaux peuvent-ils être support d'activités ?, *Revue Montagnes Méditerranéennes,* n° 15, Mirabel, p. 123-129.

Perron L., Janin C., 2004 – *Valoriser les ressources territoriales : des clés pour l'action ? Guide méthodologique,* en ligne. URL: http://www.suaci-alpes.fr/IMG/pdf/Guide_Valor_40_web_1_.pdf. Consulté le 9 novembre 2014.

Le Midi libre, **2011** – Tapis traditionnel, L'art féminin menacé par l'industrialisation, en ligne, 24 mars 2011. URL: http://www.lemididz.com/index.php?operation=voir_article&id_article=societe%40art2%402011-03-24. Consulté le 20 Juillet 2014.

Les savoir-faire productifs, une ressource territoriale : des exemples de valorisation

Deuxième partie

Chapitre 5

S'appuyer sur un produit agroalimentaire AOP pour innover en tourisme

Building on a PDO food product in order to innovate in tourism

Agnès DURRANDE-MOREAU*

Résumé : Les liens qui peuvent se tisser entre un produit agro-alimentaire AOP (Appellation d'Origine Protégée) et le tourisme sont mis en évidence à partir d'une étude de cas. Le fromage AOP « beaufort », pris comme sujet d'étude, donne actuellement lieu à une véritable gamme de produits agritouristiques très diversifiée. Les liens entre la « denrée AOP » et le « tourisme AOP » existent très tôt et se renforcent au fil du temps. Une sorte de cercle vertueux amplifie ces liens et crée de nouvelles ressources. Ce cas peut inspirer d'autres territoires AOP qui souhaiteraient innover en tourisme, qu'ils aient ou non déjà commencé à jouer cette carte, car parmi les facteurs de succès identifiés beaucoup semblent transférables. L'AOP est un modèle européen qui intéresse de nombreux pays.

Abstract: This article examines the links that may exist between a PDO (Protected Designation of Origin) agrofood product and tourism. Through a case study – the "Beaufort" mountain cheese – we observe that many recreational activities in relation with the PDO are offered to tourists. These activities form a real range of agritourist products. The links between the "DPO food" and the "PDO tourism" can be observed since long but, interestingly, are strengthening over time. A sort of virtuous circle amplifies these links and creates new resources. This case study may inspire other PDO territories that would like to innovate in tourism, whatever their current degree of agritourism implementation, because among the identified success factors, many are transferable. The PDO is a European model that interests many countries.

Cette recherche s'intéresse à un phénomène émergent et très dynamique en certains lieux : le tourisme lié à une AOP (Appellation d'Origine Protégée). L'AOP est une certification reconnaissant la qualité spécifique d'un produit agricole ou agroalimentaire émanant d'un terroir précis. Elle a une dimension européenne,

*Université Savoie Mont Blanc, IAE, Cithème, Laboratoire IREGE, Programme de recherche Labex ITEM (innovation territoires de montagne).

depuis 1992, et intéresse de nombreux territoires. L'AOP correspond à l'ancienne AOC française (Appellation d'Origine Contrôlée) et s'y substitue progressivement. Le tourisme lié à une AOP, ici mis en lumière, semble porteur d'enjeux importants pour le futur. Il peut stimuler à la fois le tourisme et l'agriculture (au sens large), ce qui constitue un double atout économique. Il encourage un développement territorial respectueux des patrimoines, tels que les savoir-faire et les paysages. Il est aussi en phase avec trois grandes tendances de consommation actuelles étudiées par les chercheurs : le développement durable (Francois-Lecompte et Prim-Allaz 2011), l'alimentation moins anonyme (Lenglet, 2014 ; Merle et Piotrowski, 2012 ; Aurier *et al.*, 2005), l'expérientiel (Kreziak et Frochot, 2011 ; Carù et Cova, 2007).

Les territoires AOP ont-ils des atouts particuliers pour développer le tourisme ? Peut-on parler de « tourisme AOP » et, si oui, quelles en sont les formes ? Pour explorer ces questions, qui concernent les relations entre l'AOP et le tourisme et qui sont peu documentées, la méthode de l'étude de cas semble appropriée. Parmi les nombreux signes de qualité existants (Fournier, 2014), *a priori* tous intéressants pour assoir un développement touristique, nous avons choisi de nous concentrer sur l'AOP, qui figure parmi les signes territoriaux les plus exigeants et qui a une dimension européenne. Et parmi les nombreuses AOP existantes (vin, fromage, autre), nous proposons de traiter le cas de l'AOP fromagère « beaufort », choisie pour son succès reconnu, son maintien des savoir-faire, et parce qu'elle est assez bien documentée sur le plan de son histoire et des dynamiques à l'œuvre (Faure, 1999 ; Matteudi, 1997 ; Ricard, 1994 ; Fourny, 1989).

Cette recherche montre que de nouvelles formes de tourisme apparaissent, fondées sur l'attrait que représente l'AOP pour les touristes, non seulement au plan physique et alimentaire mais aussi au plan culturel et symbolique. Elle montre aussi qu'une dynamique s'est forgée entre la production fromagère et le tourisme, qui se renforce sans cesse au fil du temps et qui crée de nouvelles ressources favorables au tourisme. Elle montre enfin que le cas étudié peut inspirer d'autres territoires AOP qui souhaiteraient se développer par le tourisme car, parmi les facteurs de succès identifiés, plusieurs semblent transférables. Certes, d'autres territoires AOP construisent également un tourisme agricole et innovent en la matière, mais la recherche rend à ce jour peu compte du phénomène. L'une des originalités de ce travail est de mettre en lumière l'un de ces cas pour tenter d'en comprendre les ressorts.

Le texte s'articule en quatre parties. En premier lieu, la littérature et la méthode sont brièvement exposées. Puis, pour mener l'étude de cas, une partie identifie les formes actuelles de tourisme lié à l'AOP, une autre retrace la trajectoire historique du cas, et la dernière discute des facteurs de succès. La conclusion formule des recommandations et traite des apports, limites et voies de recherche. Le lecteur trouvera les résultats principaux sous la forme de trois tableaux de synthèse assortis de commentaires.

Fondements théoriques et méthode

L'article adopte une démarche résolument interdisciplinaire pour ce qui concerne l'étude de cas, où les données sont rares et toutes les observations précieuses. Mais, en fonction du rattachement disciplinaire de l'auteur, cette section se réfère plus particulièrement à deux littératures : en tourisme et en gestion.

La littérature en tourisme s'intéresse à de nombreuses formes de tourisme (ex. : balnéaire, sportif), dont une nous intéresse plus particulièrement : le tourisme lié à l'agriculture. Ce tourisme se nomme alors, selon les auteurs, agritourisme, agrotourisme ou encore tourisme agricole. Nous adoptons ici le terme d'agritourisme, qui prend actuellement le pas dans les dernières publications scientifiques.

- L'agritourisme est alors classiquement présenté comme une niche du tourisme rural, se déroulant au sein des « fermes en activité » (Roberts et Hall, 2003 ; Butler, Hall et Jenkins, 1997). Il recouvre quatre types d'offres : l'hébergement, la restauration, la vente directe et les activités diverses (ex. : visite de ferme, location de chevaux). Les recherches présentent de nombreux cas de diversification, lorsque des agriculteurs s'ouvrent au tourisme (Saxena et Ilbery, 2008 ; Sharpley, 2002). La diversification est encouragée dans de nombreux pays, car considérée comme un bon moyen d'allier l'intérêt des agriculteurs cherchant des revenus complémentaires à celui des touristes cherchant des prix bas.

- Actuellement, l'agritourisme fait l'objet de nouveaux développements (Flanigan *et al.*, 2014 ; Gil Arroyo *et al.*, 2013 ; Phillip *et al.*, 2010). Il est désormais reconnu comme un thème scientifique majeur et les enjeux sont forts car un véritable engouement du public s'observe en divers lieux de la planète. Par exemple, en Californie, le tourisme lié au vin attire chaque année plus de vingt millions de visiteurs (Gallo et Charters, 2014). Malgré ces enjeux, l'agritourisme est peu conceptualisé et sa définition n'est pas encore stabilisée. Les propositions actuelles de définitions se fondent non plus sur une liste d'offres (comme ci-dessus, les quatre types d'offres), mais sur des typologies intégrant la motivation des acteurs. Ces typologies, issues de littératures antérieures, sont actuellement en cours de validation et sujettes à modifications (Flanigan *et al.*, 2014).

En résumé, la littérature sur l'agritourisme s'est jusqu'ici surtout intéressée au « tourisme à la ferme ». Elle témoigne d'un regain d'intérêt des touristes. Elle tente actuellement de fixer une définition et a encore peu étudié les formes actuelles et innovantes d'agritourisme.

Les sciences de gestion ont pour vocation de guider les entreprises et, par extension, tout type d'organisation. Les territoires ont commencé à utiliser le marketing dans les années 1980, ce qui a fait émerger un « marketing territorial » spécifique, actuellement en plein développement tant sur le plan pratique que théorique (Chamard, 2014 ; Gollain, 2014).

- Le marketing territorial consiste à transposer aux territoires les principes du marketing développés pour les entreprises, considérant que les territoires sont véritablement en concurrence les uns avec les autres. Le but est d'améliorer « l'attractivité des territoires » à destination de trois cibles principales : les investisseurs, les résidents et les touristes (Kotler, Haider et Rein, 1993). La discipline utilise donc des principes tels que la stratégie concurrentielle, le positionnement ou la communication.

- La littérature explique notamment certaines clés pour mener à bien une démarche territoriale, qui vont nous permettre d'analyser plus efficacement les facteurs de succès du cas considéré ici. Citons : le besoin de définir une « identité territoriale » appuyée sur des « valeurs » et des « traditions » (Chamard, 2014) ; la nécessité d'élaborer des « stratégies définies collectivement » grâce à la « participation des acteurs » et à la « fierté des populations » (Meyronin, 2012) ; l'importance de tenir les stratégies « sur le long terme », en reconnaissant le rôle essentiel des « organes-relais », des « hommes-pont » et des « textes fédérateurs » (Valla 2012).

En résumé, le marketing territorial peut faciliter la compréhension de l'agritourisme. Il encourage à considérer le territoire dans son ensemble (tourisme, agriculture, économie, environnement, identité, valeurs, organisations, *leadership*, etc.). Il va nous permettre de mieux identifier les dynamiques territoriales, et d'analyser les facteurs de succès.

Afin de répondre à notre problématique sur les relations entre AOP et tourisme, la méthode de l'étude de cas est retenue car elle permet d'explorer les domaines peu connus. Le cas du fromage de beaufort est choisi, pour les raisons indiquées en introduction, et traité en utilisant le courant méthodologique de la « *grounded theory* » (Corbin et Strauss, 2008). Ce courant se caractérise par la grande liberté laissée au chercheur dans le choix et le croisement de ses moyens d'investigation (entretiens formels, stratégie d'échantillonnage, documents de tous ordres, expériences personnelles). Il requiert un avancement rigoureux et soigneusement enregistré, ainsi qu'une démarche fermement ancrée dans le réel, d'où sa dénomination (traduisible par « théorie enracinée »). Pour cette étude, nous avons mobilisé quatre moyens d'investigation complémentaires.

- Tout d'abord, nous avons étudié les textes académiques traitant du cas choisi, à savoir quatre thèses ou travaux directement dérivés d'une thèse. Ces travaux expliquent la création et le développement de l'AOP dans ses aspects géographiques, historiques, sociologiques et anthropologiques. Deux travaux se concentrent sur le cas considéré (Faure, 1999 ; Fourny, 1989) et deux autres l'abordent dans un cadre plus général (Ricard, 1994 ; Matteudi, 1997).
- Puis nous avons nous-même mené des « observations participantes » sur le terrain, en jouant le rôle de touriste, afin de constater les offres actuelles, de vivre des expériences agritouristiques en direct et d'observer le comportement des autres touristes. Ces observations ont été menées à la fois en zone beaufort (visite de deux coopératives, visite de cave d'affinage, visite de musée, visite d'alpage) et en d'autres zones AOP pour fournir des points de comparaison (Jura et Roquefort – visite d'une cave à fromage ; Savoie – sentier de découverte sur la vigne ; Rhône – visite de vignoble avec repas accord mets-vin ; Espagne – musée dédié à un fromage).
- En troisième lieu, pour confronter notre vision du cas à l'opinion des praticiens, nous avons mené quatre interviews : auprès d'un office du tourisme (Arêches), d'une coopérative fromagère (Beaufort-sur-Doron), de l'Agence Touristique Départementale de Savoie (ATD), et d'une fondation culturelle,

la Facim (Fondation pour l'action culturelle internationale en montagne). Ces précieuses coopérations ont permis de valider nos informations, de les compléter, et surtout d'échanger les points de vue.

• Enfin, différentes sources ont fourni une grande quantité d'informations : sites web et brochures touristiques ; sites web et brochures sur différents produits du terroir ; presse magazine à orientation nature ou montagne qui évoque parfois le terroir ; site web INAO[1] présentant les AOP françaises avec leurs particularités et statistiques ; cahiers des charges de différentes AOP ; divers rapports.

Les formes de tourisme AOP en zone beaufort

Cette étude de cas commence par présenter les formes actuelles de tourisme AOP en zone beaufort afin de connaître l'existant, puis elle traite de la trajectoire du cas pour comprendre sa genèse, et enfin des facteurs de succès pour évaluer son exemplarité. Ce plan est adopté dans une visée « sciences de gestion », pour construire des connaissances permettant de guider l'action à destination des territoires AOP qui souhaiteraient développer le tourisme.

L'aire géographique de cette AOP recouvre les parties montagneuses du département de la Savoie et deux communes de la Haute-Savoie (Beaufortin, Tarentaise, Maurienne, Val d'Arly). Quelles formes de tourisme liées à l'AOP peut-on y observer ? Le tableau 1 recense les formes que nous avons pu identifier, à partir des observations participantes, de la consultation de sites web et de brochures, et des quatre interviews. Il apparaît tout d'abord que les coopératives jouent un rôle majeur pour attirer les touristes et leur faire connaître l'AOP. Ces coopératives de production fromagère sont petites[2], traditionnelles, et contrôlées par les agriculteurs producteurs de lait eux-mêmes. Par exemple, la principale coopérative parmi sept, située à Beaufort-sur-Doron, appartient à 170 agriculteurs. Les coopératives proposent souvent au public la vente directe et différentes sortes de visites : démonstration de production, cave d'affinage, espace d'exposition, voire véritable musée. Ces coopératives présentent l'avantage d'une grande permanence d'ouverture au public, car elles produisent tous les jours de l'année (travail du lait oblige), et peuvent facilement avoir un gros impact touristique. Par exemple, la principale coopérative accueille plus de cent mille visiteurs par an dans son musée récemment reconnu et réaménagé, ce qui est assez considérable pour une petite structure à financement privé. Les coopératives ont compris très tôt que, pour vendre l'AOP sur place[3] et pour valoriser son image, il fallait la faire goûter, prouver ses particularités et donner à voir ses modes de production.

---

1 – L'INAO (Institut National de l'origine et de la qualité) coordonne, en France, les AOP, IGP, STG, BIO (tous les quatre européens) et le Label rouge (national).

2 – Les coopératives agricoles peuvent-être de grosses entreprises, voire des multinationales (ex. : Sodiaal, chiffre d'affaires de cinq milliards d'euros, marques Candia, Régilait, Entremont).

3 – L'AOP est aussi vendue dans tous les circuits habituels, y compris en grande distribution.

Tab. 1 – Les formes de tourisme AOP observées en zone beaufort

Formes	Exemple
Achat direct	Achat en magasin de proximité des coopératives fromagères. Plus rarement à la ferme ou en alpage.
Visites en intérieur	Visite de coopératives. Expositions et musées dédiés, souvent organisés par les coopératives. Rares visites de ferme.
Visites en extérieur	Visite guidée d'alpages (ex. : conduite des troupeaux, traite). Lecture de paysage (ex. : de la fleur au fromage). Lecture à haute-voix en plein air (ex. : tel auteur lu dans les alpages).
Restauration	Dégustation lors des visites. Repas terroir au restaurant. Rares goûters à la ferme. Voir aussi avec les évènements.
Itinérance	Route des fromages (en voiture, liste de lieux ouverts comme coopératives, alpages, fermes). Randonnées dédiées (à pied, fiches topo). Rares sentiers pédagogiques.
Evénements	Fêtes du fromage (plusieurs fêtes). Diverses fêtes locales ou salons incluant les produits du terroir. Conférences. Evénements privés sur mesure pour des groupes (ex. : repas commentés, visites).
Séjours et ateliers	Séjour en alpage (fixe ou itinérant). Séjour à thème (ex. : randonnée rencontre avec un berger). Atelier cuisine, adulte ou enfant.
Divers	Application touristique smartphone (ex. : reconstitution de paysages, lien avec les pratiques agro-pastorales, hyper-réalité).

Source : auteur.

Un foisonnement d'offres touristiques liées à l'AOP apparaît. De nombreux acteurs, privés ou publics, façonnent ces offres : coopératives, groupements pastoraux, fermes, accompagnateurs de montagne, guides-conférenciers, restaurants, musées, offices du tourisme, communes, Département, Région, associations ou fondations. Ces offres vont au-delà de la dimension alimentaire de l'AOP (achat direct, dégustation) et concernent aussi les dimensions symboliques et culturelles (savoir-faire, modes de production, élevage des bêtes, alpage, vie paysanne, valeurs, culture montagnarde, paysages, etc.). Ces offres rencontrent un grand succès, comme nous avons pu le constater sur place à plusieurs reprises. Les professionnels du tourisme considèrent, en général, que l'offre de tels produits agritouristiques est trop faible par rapport à la demande.

Ce foisonnement d'offres constitue une véritable gamme de produits agritouristiques. Cette gamme répond au besoin de goûter l'aliment emblématique du lieu, de le connaître et de comprendre l'univers qui l'entoure. Cette gamme offre des choix aux touristes intéressés, qui pourront les exercer au fil du temps, s'ils restent plusieurs jours ou reviennent ultérieurement. Cette gamme apparaît en elle-même comme très innovante[4]. Elle ne correspond pas aux formes d'agritourisme décrites

---

4 – Est traité ici un seul niveau d'innovation globale : la gamme d'offres agritouristiques. Ce court article ne permet pas de traiter le détail de chaque offre de la gamme, dont certaines ont un caractère très innovant.

dans la littérature, formes peu dynamiques motivées par le faible revenu des agriculteurs, mais à des formes beaucoup plus complexes et dynamiques, susceptibles d'enthousiasmer véritablement les touristes et porteuses d'un grand potentiel. Un nouveau tourisme semble se dessiner, multiple, diversifié, expérientiel, répondant aux aspirations des touristes, que nous proposons de nommer « tourisme AOP ». Il résulte d'une stratégie convergente des acteurs du territoire.

La trajectoire du cas

Pour tenter de comprendre comment ce tourisme AOP s'est façonné, examinons maintenant sa trajectoire. Que nous apprend l'histoire de la démarche AOP beaufort ? Diverses sources écrites permettent de dresser le tableau 2, si l'on admet le principe d'une extrême simplification, en trois temps et cinq facteurs (tableau validé par les interviewés). Bien entendu, d'autres facteurs seraient à citer et d'autres temps à marquer pour tracer l'historique de façon moins schématique. Le lecteur intéressé pourra se reporter aux quatre travaux cités qui constituent des trésors d'informations sur le cas considéré et permettent de s'immerger dans le contexte pour en comprendre les tenants et les aboutissants (Faure, 1999 ; Matteudi, 1997 ; Ricard, 1994 ; Fourny, 1989).

Ces travaux fournissent les informations de la colonne « temps 1 » du tableau. Pour les deux autres colonnes « temps 2 » et « temps actuels », les sources proviennent des observations participantes et d'informations diverses (voir méthode). Les quatre premières lignes du tableau portent sur le territoire AOP, tandis que la dernière ligne résulte d'une réflexion sur l'impact du changement global. Dans la période qui va de l'après-guerre à nos jours, de profondes mutations ont eu lieu, notamment dans le domaine agricole et agro-alimentaire (Rieutort, 2009 ; Ricard, 1994). Nous retenons le changement dans l'alimentation des ménages comme variable clé pour comprendre l'évolution historique du cas et l'engouement actuel.

• **Au temps 1.** Dans les années 1960, l'agriculture de montagne de cette région de Savoie, très contrainte par la pente et l'altitude, semble vouée à l'abandon face à la mécanisation agricole des plaines. Quelques agriculteurs, soutenus localement, décident de lutter contre cette mort annoncée et de prendre leur destin en main. Parmi eux, Maxime Viallet joue un rôle déterminant, salué aujourd'hui comme un visionnaire et comme un leader capable de faire converger les différentes parties prenantes. Ensemble, ils estiment qu'il reste un espoir en misant sur les productions de qualité certifiées AOC et tentent cette aventure collective. Ils créent des coopératives de production et les institutions nécessaires à la gestion de l'AOC (ex. : union des producteurs) et obtiennent la reconnaissance espérée en 1968. À cette époque, le principe de l'AOC est déjà bien établi en France (Bérard et Marchenay, 2007) : 1919, une loi fonde la notion d'appellation d'origine ; 1926, reconnaissance du roquefort, puis de plusieurs vins ; 1935, création d'un comité dédié à la gestion des demandes qui deviendra plus tard l'INAO (1947) ; 1958, reconnaissance du comté et du reblochon, soit dix ans avant le beaufort.

• **Au temps 2.** La démarche AOC s'avère fructueuse. Le fromage peut effectivement se vendre à des prix élevés couvrant les surcoûts de production. L'INRA

(Institut National de la Recherche Agronomique), en tant que partie prenante scientifique, met au point la fameuse machine mobile qui facilite grandement la traite en alpage (1974). En effet, les troupeaux qui doivent se déplacer pour suivre la ressource en herbe ne peuvent pas être traits en salle fixe. Les coopératives créent des magasins qui attirent résidents et touristes. Elles prennent le parti d'assurer la pédagogie liée au fromage. Elles donnent à voir la fabrication et l'expliquent, elles créent des lieux d'exposition en leur sein (dès 1972, pour la coopérative pionnière). Les savoir-faire associés au fromage sont préservés, tout en évoluant. De jeunes agriculteurs peuvent s'installer assurant le renouvellement des générations.

Tab. 2 – Trajectoire du cas résumée en trois temps et cinq critères

Critères	Temps 1	Temps 2	Temps actuels
Trajectoire du territoire AOP			
Faits AOP	Création des institutions. Reconnaissance de l'AOC, 1968	Succès des ventes. Les coopératives vendent sur place et se visitent	Renforcement du succès. Le tourisme lié à l'AOP s'affirme
Buts des défenseurs de l'AOP	Vivre au pays. Produire. Sauvegarder une culture. Partager, échanger, faire connaître	→ Idem Valoriser l'AOP. Se développer. Installer des jeunes agriculteurs	→ Idem Tirer parti du tourisme AOP. Valoriser tout le territoire
Ressources exploitées sur le territoire	Le fromage beaufort lui-même, sa tradition, son authenticité, ses savoir-faire	→ Idem	Nouvelles ressources. Le fromage et ses effets induits deviennent extraordinaires
Tourisme local	Existe à petite échelle (été, hiver)	Développement de nombreuses stations de sports d'hiver.	Dans les stations, une clientèle de plus en plus internationale
Impact du changement global			
Changements dans l'alimentation des ménages	Alimentation à partir de produits bruts, pelés, triés, etc. Conscience de leur origine (la terre, les agriculteurs)	Alimentation à partir de produit de plus en plus préparés	Beaucoup d'aliments achetés tout préparés. Ignorance des origines et procédés. Lien à la terre nourricière oublié

Source : A. Durrande-Moreau.

• **Au temps actuel.** Les volumes continuent de progresser, pour arriver à cinq mille tonnes à l'année, soit dix fois plus qu'au moment du creux (ce qui reste un petit volume AOP). Entre les années 1960 et le temps présent, de grands changements extérieurs ont eu lieu. L'agriculture classique devient toujours plus « intensive ». Les individus consomment une nourriture toujours plus anonyme, avec perte du lien à la terre nourricière. Quand ils mangent, rares sont ceux qui ont conscience de leur dépendance aux sols, aux espèces animales et végétales, aux conditions climatiques et au travail des hommes. L'écart s'accroît entre la valeur gustative et symbolique des produits AOP comparés aux produits classiques. Le fromage AOP et ses procédés de fabrication, donnés à voir et expliqués aux touristes, deviennent « extraordinaires » à leurs yeux (des vaches libres de leurs mouvements en alpage, nourries à l'herbe et au foin sans ensilage, une fabrication au lait cru et entier, lait directement mis en œuvre sans passer par une usine, etc.). De plus, la démarche AOP sécrète, au fil du temps, des effets induits positifs, qui constituent de nouvelles ressources. Elle embellit les territoires, rehausse l'image des lieux et contribue à la biodiversité (paysages bien entretenus, paysages vivants animés par les troupeaux, qualité florale des alpages fumés par les bêtes, conservation de races animales robustes, etc.). Elle tisse aussi un contexte social de personnes enthousiastes face à l'AOP, prêtes à répondre aux questions, à la faire connaître et apprécier. Ces nouvelles ressources, recherchées par les touristes, peu imaginables au départ lorsqu'il s'agissait surtout de sauvegarder un fromage noble pour pouvoir vivre au pays, incitent des offreurs variés à proposer divers produits touristiques liés à l'AOP (Tab. 1). Un cercle vertueux s'est amorcé entre la production AOP et le tourisme, qui semble voué à s'auto-renforcer naturellement. Le tourisme AOP s'affirme.

Les facteurs de succès : propres au cas ou transférables

Le fromage de beaufort représente un cas assez idéal, dont le succès est largement reconnu et parfois même envié des autres zones fromagères. Peut-il servir d'exemple à d'autres territoires AOP qui voudraient se développer par le tourisme, soit qu'ils ne l'aient pas encore fait, soit qu'ils souhaitent renforcer encore cet atout ? Cette partie discute des facteurs de succès du cas considéré, en s'appuyant sur les sources précédentes et sur le marketing territorial (Gollain, 2014 ; Meyronin, 2012 ; Kotler *et al.*, 1993). Elle tente de séparer les facteurs peu imitables, inhérents au cas, des facteurs transférables (Tab. 3).

Parmi les facteurs de succès identifiés, certains semblent peu imitables. Cependant, même non imitables, ils peuvent inspirer d'autres aires AOP pour mettre en valeur leurs propres spécificités.

• *Une image liée à la montagne et à l'alpage*. Le cas étudié bénéficie de l'image des alpages qui est très positive aux yeux des touristes (beauté, pureté, altitude, nature inaltérée). D'autres territoires peuvent sans doute s'appuyer sur d'autres images positives.

• *Une utilisation douce des races animales*. Les territoires d'AOP fromagères peuvent mettre en valeur les animaux utilisés pour leur lait. Beaucoup de touristes sont attirés par les animaux et, en premier lieu, les familles. Les AOP non fromagères (fruit, vin, viande qui suppose un abattage) sont peut-être moins attirantes pour les touristes. Cependant, les AOP vin, par exemple, bénéficient d'emblée d'un grand prestige, ouvrant à d'autres formes de tourisme (ex. : conventions d'entreprise, *wine tour*).

• *Une grande antériorité*. La renommée du cas étudié, fondée sur cinquante ans d'antériorité sous label AOP, constitue un capital inestimable (renommée même à l'étranger). Une nouvelle AOP prendra évidemment du temps à établir sa célébrité, même si son histoire est millénaire.

• *Un cahier des charges parmi les plus exigeants.* Peu d'AOP ont pris des décisions aussi radicales qu'en zone beaufort (lait entier et cru, races de montagne, volumes de lait limité, nourriture à l'herbe et au foin de la zone, affinage long, etc.). Cette AOP fromagère est classée parmi les plus « rigoureuses » (Ricard et Rieutort, 1995 ; Ricard, 1994). Mais les AOP ne sont pas figées. Elles remettent en cause, assez souvent, leurs cahiers des charges et, à cette occasion, peuvent monter en degré d'exigence (Ricard, 2009).

• *Un grand bassin touristique à proximité.* Le bassin touristique des grandes stations de Savoie est immense (environ 700 000 lits touristiques). Il est clair qu'un territoire AOP sans tourisme à proximité va devoir déployer des stratégies sophistiquées pour développer le tourisme AOP.

• *Une volonté collective remarquable à la naissance de l'AOP.* Les liens forgés tôt dans l'histoire de l'AOP étudiée, entre personnes et diverses institutions, ont imprimé un style, une culture, des habitudes, des réseaux (Fourny, 1989) qui perdurent aujourd'hui, même si les générations se sont renouvelées (confirmé par interview).

• *Une double culture agricole et touristique.* Le territoire considéré a depuis longtemps une culture assez mixte, à la fois agricole et touristique. Matteudi (1997) explique très bien que, en fonction des structures familiales (familles souches patriarcales où l'aîné hérite de la terre), beaucoup de familles avaient, dans les années 1960 et encore souvent actuellement, des représentants des deux cultures en leur sein (les aînés agriculteurs, les cadets moniteurs de ski, perchistes, restaurateurs ou hôteliers). Il est également fréquent qu'une même personne exerce une double activité (agriculteur et moniteur de ski par exemple). De ce fait, la population locale comprend bien les enjeux et la complémentarité entre le tourisme et l'agriculture. Elle soutient facilement et naturellement l'AOP, qui correspond à sa culture.

Parmi les facteurs de succès identifiés, ceux listés dans le tableau 3 semblent imitables et même inhérents à toute AOP. En ce sens, le cas du beaufort peut servir d'exemple et inspirer d'autres lieux. Déjà à l'œuvre pour réussir le produit alimentaire AOP, ces facteurs peuvent servir de base pour forger, en deuxième lieu, une gamme de produits touristiques AOP. La connaissance du marketing territorial (voir littérature) permet de repérer ces facteurs de succès : identité territoriale, valeurs partagées, traditions reconnues, stratégies définies collectivement, participation d'acteurs divers, fierté des populations, stratégies tenues sur le long terme, organes-relais, hommes-pont, textes fédérateurs.

Sans avoir les mêmes atouts que dans l'aire beaufort, cette étude amène donc à penser que chaque territoire AOP peut développer le tourisme. Le tableau 3 indique que chaque AOP a déjà une réputation, qui s'étend à l'échelle nationale et souvent internationale. Sur le plan humain, les volontés locales sont en principe fortes, les personnes savent travailler ensemble (sauf exception, il peut y avoir des conflits non résolus). Sur le plan organisationnel, les institutions AOP sont déjà en place et peuvent servir de tremplin pour aller plus loin. La procédure de négociation du cahier des charges oblige les acteurs à gérer les conflits et à s'entendre pour faire fructifier le bien commun. La démarche AOP déjà menée signifie une ouverture d'esprit propice aux initiatives et au tourisme. Toutes les stratégies AOP se mènent dans la durée et peuvent secréter des ressources attractives pour les touristes.

Tab. 3 – Facteurs de succès transférables

Facteur de succès	Commentaire
Une identité forte, une réputation établie, un produit emblématique	Toute AOP est la reconnaissance d'une tradition, d'une authenticité, d'une typicité liée au terroir. Toute AOP est déjà renommée. Elle contribue à l'identité et à l'attractivité du territoire
Une volonté locale déjà à l'œuvre	Les acteurs de l'AOP ont l'habitude de travailler ensemble. Ils ont déjà réussi le produit AOP, ce qui donne des facilités pour construire le tourisme AOP. Il existe des « hommes-pont », des « organes relais », des résidents « fiers » de leur territoire marqué par l'AOP
Des institutions en ordre de marche	L'aire du territoire est déjà délimitée. Les institutions sont en place. Elles étudient, orientent les politiques, disposent de budgets de promotion conséquents. Le cahier des charges, négocié périodiquement, joue le rôle de « texte fédérateur » faisant converger les points de vue
Un état d'esprit ouvert sur les échanges extérieurs	L'AOP nécessite une grande ouverture d'esprit. Elle se construit non seulement sur place, mais avec les institutions régionales, nationales et européennes. Le territoire sait qu'il a besoin des échanges avec l'extérieur, ce qui ouvre facilement au tourisme
Une démarche stratégique bien ancrée et sur les temps longs	Il faut des années pour établir une AOP mais, en retour, celle-ci a vocation à durer quasi-indéfiniment. Ce socle très stable secrète de lui-même de nouvelles ressources (tableau 2) propices au tourisme

Source : auteur.

Conclusion

Cet article a montré des formes actuelles et concrètes de tourisme AOP, observées sur un territoire donné qui est à la pointe en ce domaine et pourrait sans doute encore pousser l'avantage (Tab. 1 – Les formes). Il montre la dynamique entre la production AOP et le tourisme, qui crée un cercle vertueux et de nouvelles ressources, culturelles et paysagères, de plus en plus valorisées par les touristes (Tab. 2 – Trajectoire). Nous identifions douze facteurs de succès, dont cinq – identité, volonté, institutions, ouverture sur l'extérieur, stratégie à long terme – semblent inhérents à toute démarche AOP et mobilisables pour développer le tourisme (Tab. 3 – Les facteurs de succès transférables).

L'étude permet de parler véritablement de l'existence d'un tourisme AOP, phénomène peu observé en tant que tel et important sur le plan économique et écologique. Les ressorts et les enjeux de ce tourisme sont mis à jour. Côté tourisme, de belles expériences se forment en combinant l'attrait pour le produit AOP en lui-même (déguster, acheter, cuisiner) et l'attrait pour la culture et les symboles entourant l'AOP (visiter les lieux de production ; apprendre au sujet du terroir, de ses valeurs, traditions et savoir-faire ; admirer les paysages, le travail des hommes, l'œuvre de la nature). Côté territoire, ce tourisme peut apporter de nombreux bénéfices : il soutient et parfois développe la filière agricole, il renforce l'identité, il améliore l'image des lieux et embellit souvent les paysages. De plus, porté par les grandes tendances de consommation identifiées au début de l'article (intérêt pour l'alimentation, le durable, l'expérientiel), il devrait pouvoir s'actionner assez aisément.

L'investigation menée permet de proposer aux territoires quelques recommandations, qui devront être évaluées et complétées par d'autres études.

• *Considérer la production agricole comme un patrimoine.* En plus des attraits touristiques naturels et culturels auxquels ils se réfèrent habituellement, les territoires ont intérêt à considérer les produits alimentaires de qualité et leurs modes de production comme des patrimoines susceptibles d'intéresser les touristes. L'étude de cas menée montre qu'il est possible de s'appuyer sur une AOP pour innover en tourisme, bien au-delà de la seule mise en avant des produits régionaux. Mais, se pose la question de la variabilité des AOP. Peuvent-elles toutes servir de socle au développement du tourisme ? Ricard (1994) signale que les AOC présentent des degrés de « contrainte » très variables. Par exemple, certaines AOC fromagères ne contraignent pas les races animales ni l'alimentation du bétail et elles travaillent le lait dans de grosses unités de fabrication. Ce mode de production industriel contraste avec l'esprit particulier qui règne dans la « zone Est central » (Alpes du Nord et Jura), où la production s'opère dans de petites unités artisanales dites « fruitières » avec un esprit « d'obsession de la qualité » (Ricard, 1994). Certes, de grandes différences existent entre les AOP, mais, de notre point de vue, chacune mérite son appellation et peut intéresser les touristes.

• *Donner à voir.* Le cas étudié montre que les touristes apprécient de voir des productions agricoles et agroalimentaires, souvent occultées par ailleurs. Ils sont curieux d'observer les champs, les bêtes, les récoltes et les transformations en train de s'opérer réellement sous leurs yeux. Ils souhaitent comprendre les liens entre les terroirs, les facteurs de production et la qualité des nourritures qu'ils consomment. Ils peuvent comprendre les contraintes de production et les effets de la modernisation qui font baisser les coûts, mais ne doivent jamais être induits en erreur. Il est essentiel de montrer tout ou partie de la production, de l'expliquer et d'assurer sa pédagogie.

• *Fonder une gamme d'offres agritouristiques.* Offrir une gamme d'activités aux touristes leur permet de vivre des expériences nombreuses et variées, plus ou moins gustatives, culturelles, sociales ou ludiques, selon leurs choix. Si différents acteurs du territoire offrent en différents lieux des activités variées de découverte liées à l'AOP, cela prouve également aux touristes que le territoire est fier de sa production et sait se mobiliser autour de son produit phare.

• *Renforcer le développement durable.* L'agritourisme impacte en général positivement les dimensions environnementales, économiques et sociales du territoire (Durrande-Moreau et al., 2017). Ces effets positifs peuvent encore être renforcés par différents moyens et notamment en s'appuyant sur les « nouvelles dynamiques rurales » décrites par Rieutort (2009). L'auteur observe, en certains lieux, une « reterritorialisation de l'agriculture », largement impulsée par les nouveaux résidents des campagnes. Ce mouvement ne correspond pas à un retour en arrière mais à une réinvention du territoire, dont les principaux leviers sont « la durabilité », « l'origine des produits » et « la patrimonialisation ». L'engouement pour les produits locaux de qualité conduit à de nouveaux projets territoriaux menés dans un souci de protection de l'environnement.

À l'issue de cette étude, il est intéressant d'opérer des comparaisons théoriques interdisciplinaires, qui montrent que certaines observations des réalités territoriales convergent, indépendamment des objectifs, des méthodes et des concepts employés. Les gammes d'offres agritouristiques que nous observons dans le cas de l'AOP beaufort peuvent se rapprocher des observations de Pecqueur (2001) lorsqu'il étudie l'AOC huile d'olive de Nyons, dans la région des Baronnies. L'auteur observe que « des biens et services composites, privés et publics », incluant les aménités (paysages, qualité de l'air…), entourent le « produit leader » et forment une « rente de qualité territoriale » non substituable. Il propose la notion de « panier de biens et services territorialisés » pour qualifier le phénomène. De même, le fait ici observé que l'AOP née du territoire contribue aussi à l'embellir et à renforcer son attractivité, créant un cercle vertueux, peut se rapprocher des remarques de Fournier (2014), sur les labels territoriaux qui ont des conséquences « dans les deux sens sur les ressources identifiées et sur l'espace ainsi mis en valeur ».

Notre travail comporte des limites. Fondé sur l'observation d'un seul cas dans le secteur du fromage de montagne, il est très loin de décrire l'ensemble du tourisme AOP existant ou potentiel. De plus, s'il ouvre des perspectives encourageantes pour les autres territoires AOP, à l'échelle européenne, il traite peu de la difficulté à transformer une « ressource initiale » en « ressource accomplie » ni sur le plan théorique (Gumuchian et Pecqueur, 2007), ni sur le plan pratique comme dans la démarche SYTALP (Pires *et al.*, 2010 ; Perron et Beesau, 2013).

De nombreux autres cas de tourisme lié à l'agriculture seraient intéressants à étudier, comme le cas de l'AOP huile d'olive de Nyons évoqué par Pecqueur (2001), ou celui de l'AOP châtaigne d'Ardèche (par Pires, Perron et Beesau, 2010), et tant d'autres cas en France et dans d'autres pays européens. De plus, des recherches sur la motivation des touristes selon les segments, la satisfaction, les lignes de désir permettraient de concevoir des gammes de produits agritouristiques encore plus attractives.

Références bibliographiques

Aurier P., Fort F., et Sirieix L., 2005 – Exploring terroir product meaning for the consumer, *Anthropology of food*, 4, 1-14.

Bérard L. et Marchenay P., 2007 – *Produits de terroir, comprendre et agir*, CNRS, 64 p.
Butler R., Hall M. and Jenkins J., 1997 – *Tourism and Recreation in Rural Areas*, Chichester, John Wiley and Sons, 261 p.
Carù A. et Cova B., 2007 – *Consuming Experience*, London, Routledge, 203 p.
Chamard C. (coord.), 2014 – *Le marketing territorial, comment développer l'attractivité et l'hospitalité des territoires ?*, Bruxelles, De Boeck, 203 p.
Corbin J., et Strauss A., 2008 – *Basics of qualitative research: Techniques and procedures for developing grounded theory*, Los Angeles, Sage, 379 p.
Durrande-Moreau A., Courvoisier F. et Bocquet A.M., 2017 (à paraître) – Le nouvel agritourisme intégré, une tendance du tourisme durable, *Téoros revue de recherche en tourisme*, vol. 36.
Faure M., 1999 – Un produit agricole « affiné » en objet culturel, le fromage beaufort dans les Alpes du Nord, *Terrain*, 1999/2, n° 33, p. 81-92.
Flanigan S., Blackstock K., Hunter C., 2014 – Agritourism from the perspective of providers and visitors: a typology-based study, *Tourism Management*, 40, p. 394-405.
Fournier M., 2014 – Introduction, *Labellisation et mise en marque des territoires*, sous la dir. de M. Fournier, Clermont-Ferrand, PUBP, CERAMAC n° 34, p. 7-10.
Fourny M.-C., 1989 – *La dynamique du développement local, constitution et évolution d'un pays en zone de montagne, le cas du Beaufortin*, Thèse de géographie, Université de Grenoble.
Francois-Lecompte A. et Prim-Allaz I., 2011 – Les Français et le tourisme durable, étude des représentations, *Decisions Marketing*, 64, p. 47-58.
Gallo J. et Charters S., 2014 – *Economie et management du vin*, Pearson, 261 p.
Gil Arroyo C., Barbieri C. and Rozier Rich S., 2013 – Defining Agritourism: A comparative study of stakeholders' perceptions in Missouri and North Carolina, *Tourism Management*, 37, p. 39-47.
Gollain V., 2014 – *Réussir sa démarche en Marketing territorial méthodes, techniques et bonnes pratiques*, Voiron, Territorial Editions, 188 p.
Gumuchian H. et Pecqueur B., 2007 – *La ressource territoriale*, Economica, 252 p.
Kotler P., Haider D.H. and Rein I., 1993 – *Marketing Places, Attracting Investment, Industry and Tourism to Cities, States, and Nations*, NY, The Free Press, Simon & Schuster, 388 p.
Kreziak D. et Frochot I., 2011 – Co-construction de l'expérience touristique : les stratégies des touristes en station de sport d'hiver, *Décisions Marketing*, 64, p. 23-33.
Lenglet F., 2014 – Influence of terroir products meaning on consumer's expectations and likings, *Food Quality and Preference*, 32, Part C, 264-270.
Matteudi E., 1997 – *Structures familiales et développement local*, L'Harmattan, 334 p.
Merle A. et Piotrowski M., 2012 – Consommer des produits alimentaires locaux : comment et pourquoi, *Décisions Marketing*, 67, p. 37-48.
Meyronin B., 2012 – *Marketing territorial, enjeux et pratiques*, 2ᵉ éd, Paris, Vuibert, 225 p.
Pecqueur B., 2001 – Qualité et développement territorial : l'hypothèse du panier de biens et de services territorialisés, *Economie rurale*, n° 261, p. 37-49.
Perron L. et Beesau H., 2013 – *Valoriser les économies agricoles et artisanales dans l'offre touristique des territoires alpins, Guide méthodologique,* Edition Rhône-Alpes tourisme et SUACI Alpes du nord, 94 pages.

Phillip S., Hunter C. and Blackstock K., 2010 – A typology for defining agritourism, *Tourism Management*, 31, p. 754-758.

Pires V., Perron L., Beesau H., Tissot C., 2010 – *Projet SYTALP, Synergies Tourisme - Agriculture – Artisanat dans les Alpes, Conditions d'émergence et de développement d'offres touristiques valorisant les partenariats économiques entre tourisme, agriculture et artisanat dans les territoires alpins*, Edition Rhône-Alpes tourisme et SUACI Alpes du nord, 40 pages.

Ricard D., 1994 – *Les montagnes fromagères en France, terroirs, agriculture de qualité et appellations d'origine*, CERAMAC, Clermont-Ferrand, Université Blaise Pascal, 495 p.

Ricard D., 2009 – Qualité des produits et maîtrise des marchés : le cas des fromages et des AOC jurassiennes, *Norois*, 210, p. 91-105.

Ricard D. et Rieutort L., 1995 – Filières agro-alimentaires et moyenne montagne française, *Revue de Géographie Alpine*, 83, 3, p. 101-114.

Rieutort L., 2009 – Dynamiques rurales françaises et re-territorialisation de l'agriculture, *L'Information géographique*, 1, vol. 73, p. 30-48.

Roberts L. and Hall D., 2001 – *Rural Tourism and Recreation: Principles to practice*, CABI Publishing, 231 p.

Saxena G. and Ilbery B., 2008 – Integrated Rural Tourism, A Border Case Study, *Annals of Tourism Research*, 35, 1, p. 233–254.

Sharpley R., 2002 – Rural tourism and the challenge of tourism diversification: the case of Cyprus, *Tourism Management*, 23, p. 233–244.

Chapitre 6

Le fromage de morbier...
...ou l'exemple réussi de la relocalisation d'une production agroalimentaire

The morbier cheese... or the succesfull example of the relocation of an agri food production

Daniel RICARD*

Résumé : Le morbier, vieille spécialité fromagère du massif jurassien, a connu un processus précoce de diffusion de sa production vers des régions de plaine, notamment vers le Grand Ouest. Face à cette évolution quasi structurelle qui conduisait le fromage vers la banalisation et l'industrialisation, les professionnels jurassiens ont engagé, à partir des années 1980, un lent processus de reconquête qui a été couronné par l'obtention de l'AOC en 2000. Cette dynamique s'est traduite par un rapatriement du nom et des fabrications dans le massif jurassien, avec, à la clef, un vrai développement territorial autour de ce produit.

Abstract: *Morbier, old cheese specialty of the Jura mountains, was an early distribution process of its production to lowland areas, especially to the Great West. Faced with this quasi structural changes that led to the cheese commoditization and industrialization, the Jura professionals engaged in the 1980s a slow reconquest process that culminated in obtaining the AOC in 2000. This dynamic has resulted in a return name and fabrications in the Jura mountains, with the key to a real territorial development around this product.*

Cet article se penche sur les interactions qui peuvent exister entre la « valorisation des savoir-faire productifs » et les « stratégies de développement territorial » mises en place par les acteurs locaux. La thématique est particulièrement vaste, immense certainement, décisive pour beaucoup de territoires ruraux et d'espaces fragiles, mais on se contentera d'aborder la question à travers le filtre spécifique des produits agroalimentaires de qualité, des fromages de terroir et, plus particulièrement, du morbier.

---

*Université Clermont Auvergne, AgroParisTech, INRA, Irstea, VetAgro Sup, Territoires, F-63000 Clermont-Ferrand, France.

Notre réflexion mobilisera, dans un premier temps, le processus de développement territorial, qui a pu passer, au cours du temps, par différentes stratégies. Ce processus s'exprime particulièrement bien, justement, dans l'univers des productions fromagères où l'on trouve, surtout en France, quantité de savoir-faire qui s'épanouissent dans autant de terroirs. Ces fromages spécifiques, bien individualisés, représentent autant de ressources territoriales à propos desquelles on doit cependant s'interroger : sont-elles toujours, par nature, locales, ancrées localement, et donc mobilisables dans lesdits territoires ? N'ont-elles pas, à l'inverse, tendance à migrer loin de leur terroir initial, ce qui n'interdit pas une valorisation, mais, de fait, sous d'autres cieux et surtout sans bénéfices pour la région de référence ?

Le morbier, qui sera donc au centre de cette analyse, offre un cas d'étude particulièrement intéressant à travers une histoire étonnante. Ce fromage de qualité, dont l'originalité doit beaucoup à sa fameuse raie noire à l'intérieur de sa pâte, est emblématique du massif jurassien. Emblématique du Jura jusqu'à un certain point, toutefois, puisque ce fromage connut une longue phase de délocalisation qui conduisit le consommateur à se rassasier de morbier auvergnat, vendéen ou breton pendant de nombreuses années… Mais, à la différence d'autres spécialités fromagères, il a su opérer une relocalisation efficace et complète sous couvert d'une labellisation officielle prenant la forme d'une AOC. On rejoint donc, très rapidement, à travers le cas de ce fromage, la double question de la valorisation des savoir-faire productifs (les valoriser, oui, mais où ?) et des stratégies de développement territorial associées (comment valoriser ces savoir-faire ?).

Ressources fromagères et développement territorial

La notion de développement territorial a beaucoup évolué avec les années et ce processus devient certainement de plus en plus complexe à mettre en place au fur et à mesure que la croissance économique s'affaiblit, que les consommateurs nationaux se rassasient et que la concurrence est de plus en plus vive. Dans les années 1960, on pouvait faire du développement en misant sur les volumes, à l'image, finalement, de la révolution agricole et agroalimentaire bretonne où la production de masse créa de la richesse et des emplois, pour un développement territorial qui ne disait pas vraiment son nom.

Quarante ou cinquante ans plus tard, la voie du développement territorial par les volumes existe toujours, mais exige des conditions régionales spécifiques : potentiel productif, qualité de l'outil agroalimentaire, engagement des acteurs, efficacité générale des systèmes… Bref, elle est réservée à quelques régions efficaces sur des secteurs donnés, à l'image certainement du cœur du Bassin parisien. En revanche, d'autres formes de développement territorial se sont consolidées, en liaison avec les mutations du marché, les évolutions des exigences des consommateurs. Même si ces derniers achètent majoritairement des produits de masse issus de l'agro-industrie, ils sont, dans le même temps, de plus en plus sensibles aux questions de qualité, de provenance des produits, de conditions de transformation, d'organisation des circuits de distribution, de partage de la valeur ajoutée… Les produits locaux, les savoir-faire, constituent alors autant de ressources locales que l'on est susceptible de valoriser auprès d'une clientèle *a priori* réceptive. Toute la question est alors de savoir comment valoriser ces ressources locales, parfois discrètes mais, surtout, le plus souvent, peu compétitives face aux productions standardisées en liaison avec des handicaps souvent structurels : faiblesse des volumes, savoir-faire exigeants en main-d'œuvre, technologies complexes… Faut-il alors massifier et industrialiser les *process* pour gagner en compétitivité ? Se démarquer en proposant autre chose au consommateur avec l'appui d'une communication efficace ? Les réponses ne sont pas toujours aussi simples qu'il n'y paraît.

Le monde fromager rajoute, de plus, une autre complexité à travers la présence de multiples savoir-faire locaux, ancrés dans autant de terroirs… mais potentiellement délocalisables, d'autant plus que l'industrie laitière et fromagère est particulièrement efficace et capable d'imiter, souvent avec bonheur, lesdits savoir-faire. À la sortie, on produit ainsi d'excellents camemberts un peu partout dans le monde et il y a longtemps que la mozzarella n'est plus la spécialité de la seule Campanie, pas plus que le cheddar n'est celle des campagnes anglaises. Bref, pour que la valorisation des ressources locales fasse développement territorial, encore faut-il que ces ressources restent… locales ! Et sur ce plan, le monde fromager français (mais pas seulement) offre de nombreux exemples de migration des savoir-faire, ce qui pose, en retour, la question de la protection géographique de ces derniers.

En France, les productions fromagères industrielles sont largement majoritaires, qu'il s'agisse de fromages à marques commerciales, pour lesquelles les Français ont un grand… savoir-faire[1] ou de *commodités,* c'est-à-dire de « fromages ingrédient » destinés à l'industrie agroalimentaire, à la restauration collective, aux pizzérias… (blocs de cheddar, emmental standard, « fromages » pour la fonte…). À côté, les produits plus traditionnels, liés à des terroirs, sont particulièrement nombreux et visent un positionnement qualitatif différent, avec un niveau de prix qui n'est pas le même, sous réserve d'une gestion rigoureuse du cahier des charges (Ricard, 1993). Ils pèsent approximativement 12 % de l'ensemble des fabrications fromagères françaises (CNIEL) et présentent un certain intérêt pour des fabricants extérieurs au terroir initial de fabrication. Cela a rapidement posé la question de la protection de tels produits (triple protection des méthodes de fabrication, de la zone de production et de la dénomination du produit) et la France s'est illustrée, dans le concert européen, par la mise en place très précoce d'un cadre réglementaire sérieux et efficace. Ces possibilités de protection renvoient au mécanisme des Appellations d'Origine Contrôlées. Ces AOC sont nées, pour l'essentiel, d'initiatives viticoles et ont été codifiées par la loi du 6 mai 1919 qui les définit avec précision. Le mécanisme s'est progressivement étendu aux fromages, puis à d'autres produits agroalimentaires (huiles d'olive, lentilles, piments, miels, oignons…), avant d'être plus ou moins repris à son compte par l'Europe qui adopte, le 14 juillet 1992, un règlement clef instaurant les AOP (les anciennes AOC françaises dans les faits) et les IGP (pour un lien au terroir moins fort, mais avec toujours cette triple protection de la dénomination, des méthodes de production et de l'aire de production).

---

1 – On citera par exemple quelques grandes marques du fromager Bongrain : Caprice des Dieux, Saint-Agur, Chaumes, Bresse Bleu…

Si le mécanisme a été initié par le monde de la viticulture, les fromagers se sont emparés de la réglementation assez rapidement, avec des protections précoces, en bonne partie parce que nombre de fromages s'inscrivaient parfaitement dans cette logique de produits de terroir. C'est ainsi que le roquefort est reconnu en AOC dès 1925 (et par la loi), avant le bleu de Gex (1935), le comté (1952), le bleu des Causses (1953), le maroilles (1955), le saint-nectaire (1955), le cantal (1956), le reblochon (1958)… On compte aujourd'hui quarante-huit AOC fromagères, toutes reconnues en AOP et venant préférentiellement du Jura, de Savoie, d'Auvergne et de Basse-Normandie. Toutefois, beaucoup de fromages sont longtemps restés non protégés, pour de multiples raisons. Par manque de volonté locale parfois (tomme du Champsaur, saint-félicien, fourme de Rochefort…). À cause de la complexité du dossier également qui a fait que, dans certains cas, les fromages en question n'ont pas réussi à accéder à l'AOC/AOP (saint-marcellin…). Par débordement trop rapide de la part des IAA aussi, comme dans le cas de l'emmental, du coulommiers, du camembert, du brie…). En raison de la faible dimension économique de certaines filières enfin, avec des produits qui n'arrivent pas à se constituer en syndicats susceptibles de porter le dossier de reconnaissance ou même qui n'en éprouvent pas le besoin : brie de Nangis, brie de Montereau, rollot dans la Somme, bleu de Termignon au fond de la vallée de la Maurienne, qui se vend parfaitement et très cher, sans AOC…

Cette absence de protection juridique expose alors les produits à une récupération des noms et des savoir-faire, pour peu que le fromage ait un certain potentiel commercial et que la dénomination soit porteuse. Le processus est alors classique, avec des laiteries industrielles (plutôt de statut privé), localisées hors de la zone traditionnelle et qui se mettent à fabriquer ces fromages non protégés en adaptant, au passage, la technologie et en industrialisant la transformation. Elles obtiennent alors des coûts de production plus faibles (liées aux différences plaine / montagne, à des économies d'échelle associées aux volumes, à des conditions de production et de transformation moins contraignantes…) et concurrencent, en retour, les acteurs traditionnels qui sont moins compétitifs ! La configuration s'apparente à une concurrence déloyale, même si l'on peut contester cette position, les libéraux et les Anglo-saxons notamment n'ayant pas toujours la même analyse à ce sujet. Les exemples sont alors nombreux, mais nous nous contenterons d'en aborder seulement quelques-uns, de manière illustrative.

Dans les années 1950, le fromage de cantal intéresse ainsi plusieurs fromageries industrielles et l'on assiste au développement de la fabrication dans le Bassin aquitain (Toulouse, Montauban…) et en Charente, notamment à La Rochelle (Quiers, 1958). Cette concurrence nouvelle débouche rapidement sur une configuration de surproduction. Toutefois, les fromagers cantaliens réussiront à obtenir l'Appellation d'Origine Contrôlée en 1956, suite à une procédure judiciaire, ce qui met fin à cette concurrence extérieure (Ricard, 1993).

L'issue sera différente pour l'emmental. Ce fromage traditionnel de l'Est central (Jura, Savoie) connaît, en effet, un développement spectaculaire et surtout très rapide en Bretagne, sous l'impulsion d'Entremont (en 1968, à Malestroit), bientôt imité par les coopératives COOPAGRI (1969) et UNICOPA (1972) ou l'industriel Préval (1973). Et d'autres fabrications apparaissent également en Champagne ou en Aquitaine (Ricard, 1993). Entremont, un fromager réputé d'Annecy, a alors la double intuition de l'énorme potentiel qui se dessine à l'Ouest du pays et de la possibilité d'industrialiser le *process* de fabrication. C'est aujourd'hui une marque de référence et le premier fabricant mondial d'emmental. Les professionnels de la zone traditionnelle peinent, en revanche, à s'organiser et à contenir cette nouvelle concurrence, battus qu'ils sont sur le plan des coûts de production. Ils réagissent en mettant en place un Label Rouge (1979) et obtiennent, en 1996, une IGP qui ne protège toutefois que la dénomination « Emmental Grand Cru Est Central », le terme d'emmental étant tombé, de fait, dans le domaine public.

On trouve bien d'autres exemples de diffusion de la production hors de la zone traditionnelle, comme dans le monde du fromage de chèvre (sainte-maure, picodon, pélardon ou encore crottin) ou avec le fromage des Pyrénées que l'on fabriqua dans les années 1980 jusque dans la Margeride ! En fait, le processus dépasse largement le seul cadre national et plusieurs fabrications se répandent à l'échelle du globe, comme le camembert, la mozzarella ou le cheddar, le parmesan étant également confronté à un processus similaire, bien qu'il bénéficie d'une AOP pour la dénomination *parmigiano reggiano*. Le *consortium* qui gère cette AOP est alors régulièrement engagé dans des procédures juridiques.

La Bretagne constitue un cas régional emblématique de ce processus d'imitation. Cette région, dépourvue de tradition fromagère, se trouve très vite confrontée à un problème de débouchés quand, à partir du milieu des années 1960, la production de lait y explose littéralement. Les Bretons se lancent alors dans l'imitation à grande échelle de nombreuses spécialités extérieures non protégées et produisent ainsi de l'emmental donc, mais aussi du brie, du coulommiers, de la raclette, de la mozzarella, des fromages de Hollande et donc du morbier, nous allons y revenir.

Avec le temps, plusieurs évolutions structurelles parcourent le monde fromager. D'une part, certains fromages deviennent « définis », c'est-à-dire que l'administration considère que leurs dénominations sont devenues génériques et donc leur fabrication ouverte à tous, pour peu que l'on respecte certains standards de fabrication très superficiels. On compte aujourd'hui, en France, seize « fromages définis », dont le camembert, la raclette, l'emmental, le brie, le saint-marcellin, la mimolette, le sainte-maure... D'autre part, les filières traditionnelles cherchent à obtenir des AOC, ce qui entraîne alors le « rapatriement du nom » dans l'aire traditionnelle, à l'image du picodon[2] ou du pélardon.

On constate donc bien une amélioration progressive – bien qu'imparfaite – de la protection des dénominations. De plus, à côté des AOC qui entraînent le rapatriement du nom, les producteurs obtiennent quelquefois une AOC qui permet une protection partielle de la dénomination : brie de Meaux, brie de Melun, camembert de Normandie, sainte-maure de Touraine, crottin de Chavignol. Les termes de brie ou de sainte-maure restent génériques, mais les professionnels ont la possibilité de mieux valoriser une production spécifique attachée à un terroir et reconnue par une dénomination particulière.

---

2 – En 1983, les professionnels avaient obtenu la reconnaissance en AOC du « picodon de l'Ardèche et de la Drôme », ce qui n'interdisait nullement la fabrication de « picodon » ailleurs en France, par exemple dans le Poitou. Le rapatriement du nom est entériné par le décret de 2000 qui concerne, cette fois, l'appellation « picodon ».

Le morbier : de la délocalisation à la relocalisation

Le cas du morbier est emblématique de ce processus de délocalisation / relocalisation pour une filière d'une envergure significative (8 000 tonnes aujourd'hui). Il entre alors pleinement dans la thématique du présent ouvrage, d'autant plus qu'ici, la ressource territoriale est bien à la base d'un vrai processus de développement.

Le parcours d'un vieux fromage, du Jura à la Bretagne

Le morbier est une vieille spécialité fromagère, historiquement fermière, qui serait née vers le village éponyme, au cœur des montagnes du département du Jura. Il s'inscrit donc dans l'univers des fromages de la chaîne jurassienne, marqué notamment par le recours exclusif à la vache montbéliarde, l'emploi de la technique du lait cru, la fabrication en fruitière artisanale et la forte dimension collective du système de production. D'un poids de sept kilos environ, il se caractérise par la présence d'une raie noire qui partage le fromage en deux (Vernus et Petit, 2010).

Toutefois, à partir des années 1960, la recette, qui n'est pas protégée, à la différence notamment de celle du comté, est reprise par plusieurs fromageries extérieures au « système jurassien ». Parmi elles figurent la SOciété LAItière du PROgrès (SOLAIPRO) de Verdun-sur-le-Doubs et la coopérative de Varennes-Saint-Sauveur, toutes deux localisées en Saône-et-Loire, dans la plaine de la Saône. Certaines entreprises de la chaîne évoluant en dehors du système jurassien se mettent, quant à elles, à fabriquer du morbier au lait pasteurisé, en rupture donc avec les usages, à l'image de la Fromagerie Perrin de Cléron, en arrière de Besançon. D'autres affaires, et notamment la Société Fromagère du Livradois (famille Thuaire), une laiterie auvergnate localisée donc en dehors de l'aire traditionnelle des fromages d'Auvergne, et les coopératives Unicopa (à Loudéac) et USVAL (Union Sud Vendéenne Agricole Laitière, à Saint-Michel-en-l'Herm) font de même, mais cette fois à des centaines de kilomètres du village de Morbier. La première est une puissante coopérative polyvalente bretonne alors que la seconde est implantée en Vendée[3] (Ricard, 1993). Ces industriels trouvent là un fromage à pâte pressée non cuite au visuel intéressant (la raie noire…) et le font entrer dans un monde beaucoup plus industriel que celui de la vallée de la Bienne. Ici, pas de conditions de race ni d'alimentation, on collecte tous les deux jours, on bouleverse la technique de fabrication grâce au recours systématique à la pasteurisation et on réduit la durée d'affinage. Ces nouveaux intervenants bénéficient, à la clef, d'un avantage concurrentiel indéniable et, de plus, disposent souvent de forces commerciales efficaces. Résultat, le Doubs et le Jura n'assurent plus que 45 % de la production nationale de morbier en 1974 (Ricard, 1993) ! On est donc en plein dans un processus de délocalisation / banalisation, rendu possible par l'absence de toute protection juridique des usages traditionnels et de l'aire historique de fabrication du massif jurassien.

---

3 – L'USVAL se fondra progressivement dans le Glac (Groupement des laiteries coopératives), une grosse coopérative charentaise qui s'est aujourd'hui rapprochée du groupe fromager Savencia (Bongrain).

Le fromage de morbier…

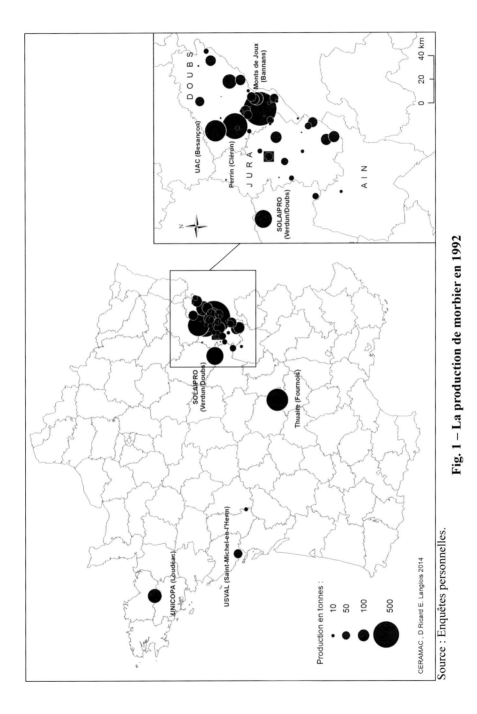

Fig. 1 – La production de morbier en 1992

La réaction des Jurassiens

Face à ce qu'ils vivent rapidement comme une dépossession, agriculteurs, fromagers et affineurs du massif vont s'organiser dans le cadre d'une réaction qui s'inscrit dans tout un environnement régional, dans la dynamique des fromages jurassiens de terroir, notamment du comté. Dès 1976, ils obtiennent un label pour le « Véritable morbier au lait cru », fabriqué exclusivement dans le Doubs et le Jura. L'aire intègre la partie basse de ces deux départements, mais on privilégie la fabrication au lait cru. Avec les années, une dynamique s'affirme et, en 1984, naît l'« Association des fabricants de morbier au lait cru », qui obtient le Label Régional Franche-Comté dès l'année suivante, puis dépose une demande d'AOC en 1990, soutenue dans son combat par le Comité des Produits Régionaux de Franche Comté (Vernus et Petit, 2010). La demande porte sur un produit fortement lié à son terroir, à l'image du comté : race montbéliarde exclusive, collecte quotidienne, interdiction de l'ensilage, lait cru, affinage de 45 jours minimum. S'engage alors un long processus de reconnaissance qui va durer une douzaine d'années.

Tab. 1 – Les étapes de la reconnaissance en AOC du fromage de morbier

13/06/1990	Dépôt de la demande d'AOC à l'INAO
11/12/1991	L'INAO nomme une commission d'enquête
3/12/1992	L'INAO nomme une commission d'experts pour la délimitation
29/03/1993	L'INAO consulte le Conseil d'État, notamment sur la question du rapatriement du nom
22/03/1994	Le Conseil d'État valide la demande
16/06/1995	Création du Syndicat interprofessionnel de Défense du fromage de morbier
Septembre et octobre 1995	Mise à l'enquête publique de la zone, suivie de l'examen des réclamations
Mars à juillet 1997	Recensement des utilisateurs du nom
Juillet 1999	Le Comité national des produits laitiers (de l'INAO) valide le dossier
Avril 2000	L'INAO consulte une nouvelle fois le Conseil d'État
22/12/2000	Signature du décret ministériel, qui officialise l'AOC « morbier » avec dérogation de cinq ans pour les utilisateurs hors zone
10/07/2002	Le morbier obtient l'AOP
22/12/2005	Fin de la dérogation de cinq ans

Source : Syndicat du morbier.

La demande d'AOC reçoit rapidement un avis favorable de l'INAO qui instruit le texte assez vite, mais le dossier reste complexe, entaché d'incertitudes juridiques et soumis à la pression des fabricants hors zone, sans compter la question du traitement de la zone basse de la Franche-Comté. Tout cela conduit d'ailleurs l'INAO à consulter le Conseil d'État en 1993. Mais, localement, l'interprofession se structure et se renforce, le syndicat interprofessionnel enregistre de nouvelles adhésions et l'on assiste à une double progression du lait cru et de la fabrication franc-comtoise. Ainsi, la part du Jura et du Doubs passe de 45 % de la production nationale en 1974, à 51 % en 1982 et à 65 % en 1990 (CNIEL, DDAF). On assiste, en fait, à un évident processus d'appropriation, de réappropriation collective, qui se construit dans un environnement régional favorable à ce type de spécialité et parallèlement au succès du produit sur le créneau des fromages de terroir. On est bien là dans un contexte de valorisation des savoir-faire productifs fondé sur une spécialité agroalimentaire qui retrouve progressivement son ancrage régional. La démarche administrative se conclut le 22 décembre 2000 par l'obtention de l'AOC. Le morbier devient AOP un an et demi plus tard, le 10 juillet 2002 et la dérogation accordée aux fromages produits hors zone se termine fin 2005 : la fabrication est, dès lors, définitivement relocalisée dans le massif jurassien.

Quelles sont les raisons de ce succès ? Le premier élément est certainement à rechercher dans la dynamique collective jurassienne en faveur des produits de terroir. Dans les années 1980 et surtout 1990, le comté, la locomotive des fromages régionaux, voit ses tonnages augmenter, sous l'effet d'un cahier des charges progressivement renforcé et d'un Comité Interprofessionnel du Gruyère de Comté particulièrement efficace. Or, les hommes qui président aux destinées du morbier sont proches de la filière comté, bien que ce ne soient pas exactement les mêmes et une dynamique similaire se retrouve autour du mont d'or. Il a fallu compter aussi avec un certain désintérêt des Bretons et des Vendéens qui sont progressivement passés à des logiques plus industrielles encore et qui ne se satisfont plus de productions annuelles de quelques centaines de tonnes seulement. C'est ainsi que la grosse coopérative UNICOPA se désengage petit à petit de cette fabrication. Il n'en est toutefois pas de même chez Thuaire où le morbier était un vrai levier de développement pour l'entreprise. Quant à Perrin à Cléron, il ne renoncera à la pasteurisation qu'à la fin de la période dérogatoire de cinq ans. La demande sociale en faveur des produits de terroir joue également son rôle, elle qui renforce la consommation de fromages traditionnels au lait cru associés à un terroir et conforte donc la stratégie des fabricants jurassiens de (véritable) morbier (au lait cru).

Mais il faut aussi compter, comme toujours, avec le rôle des hommes. Parmi eux figure Gustave Pérnodet, enseignant à l'ENIL de Poligny, qui va relancer la transmission des savoir-faire. Frédéric Brunner, le fromager privé de Grand-Combe Châteleu, près de Morteau, aura également un grand rôle en tant que fabricant et responsable interprofessionnel dans cette période charnière. Ajoutons-y la laiterie de Bannans, une importante coopérative de la région de Pontarlier qui, après avoir exploré sans grand succès un modèle semi industriel (emmental pasteurisé, volumes importants…), se rapproche elle aussi du terroir franc-comtois vers 1990. Ne pouvant produire du comté car elle ne possède pas les « plaques vertes » distribuées par le Comité Interprofessionnel de Gruyère de Comté (CIGC), elle joue alors à fond la carte du mont d'or et du morbier, deux fromages dont elle devient, avec les années, le leader du marché.

Le morbier : une filière en profonde mutation
Les intervenants de la filière

Le morbier compte aujourd'hui une quarantaine de fabricants qui constituent le cœur de la filière. Presque tous sont en montagne, et notamment les plus gros, à la différence des années 1970. Beaucoup sont des « coopératives à comté » qui fabriquent également quelques tonnes de morbier, notamment pour la vente au magasin. On trouve aussi quelques fromagers privés, dont Poulet à Granges-sur-Baume, le seul à être en monoproduction... mais avec de très faibles volumes. La filière est, en fait, dominée par deux intervenants de poids qui assurent 70 % de l'appellation. La coopérative des monts de Joux, à Bannans, est donc le leader de la filière avec près de quatre mille tonnes par an, devant la fromagerie Perrin de Cléron, qui a progressivement adhéré à la démarche. On trouve ensuite plusieurs structures « intermédiaires » avec la coopérative de Vannoz / Mont-Rivel, près de Champagnole[4], celle des Fournet-Commènes, près de Morteau (groupe coopératif vosgien Ermitage) et l'atelier de Vevy, près de Poligny, exploité par la grande coopérative SODIAAL. Ajoutons-y les fromagers Badoz et Philippe, deux « industriels » privés installés près de Pontarlier. Le dernier nommé, notamment, exploite quatre coopératives en tant que fruitier, dont celle de Septfontaines, spécialisée en morbier. Très proche du secteur coopératif, c'est un des hommes clefs de la filière et l'actuel président du syndicat interprofessionnel. La filière morbier se caractérise aussi par la présence de nombreux affineurs. Ces derniers sont localisés pour l'essentiel à Poligny (Arnaud *Juraflore*, SODIAAL, Vagne, Rivoire-Jacquemin), mais on trouve aussi Seignemartin à Nantua et Petite aux Granges-Narboz (près de Pontarlier), qui commercialisent chacun des volumes significatifs achetés « en blanc » (non affiné) aux fabricants. Tous sont d'abord des affineurs de comté qui complètent ainsi leur gamme et participent très activement à la dynamique d'ensemble. On est donc en présence d'une filière clairement « jurassienne », organisée autour de la fruitière villageoise, d'un cahier des charges rigoureux, de la vache montbéliarde et du lait cru, le tout dans un contexte marqué par le poids du collectif et la proximité avec la filière comté.

On constate toutefois des différences assez importantes avec ce monde du comté. Ainsi, la filière compte quatre producteurs fermiers[5] et abrite des transformateurs privés nombreux et qui produisent des volumes importants (Perrin, Philippe, Badoz et surtout Monts de Joux, Perrin, SODIAAL et Ermitage), sans oublier la présence importante d'opérateurs extérieurs à la chaîne jurassienne : SODIAAL / Entremont et Ermitage dont le siège est dans les Vosges, près de Vittel.

---

4 – La coopérative de Mont-Rivel est aujourd'hui plus ou moins dans le giron de la grosse coopérative nationale SODIAAL.
5 – Ces producteurs fermiers s'inscrivent dans la lignée d'un fromage qui était, historiquement, fabriqué sur l'exploitation. Le comté, en revanche, fromage de fruitière, interdit la fabrication à la ferme.

Fig. 2 – La production de morbier en 2013

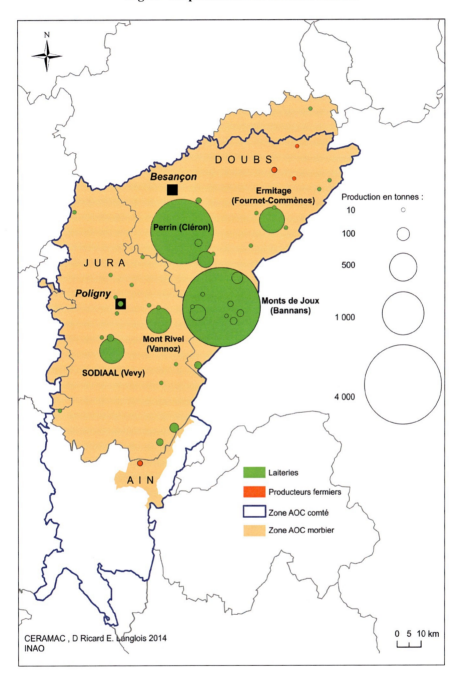

Fig. 3 – Évolution des fabrications de morbier (production en tonnes)

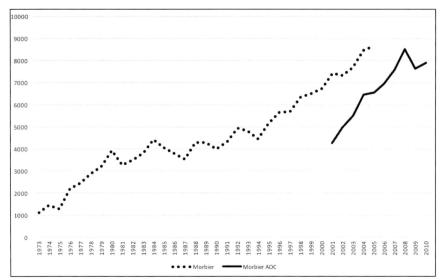

Source : Syndicat du Morbier.

Morbier, relocalisation et développement local : quel bilan seize ans après ?

Quel bilan dresser pour cette « nouvelle » filière ? Le succès est évident. La croissance de la production est forte, en liaison avec le rapatriement du nom, certes, qui s'est aussi traduit par un rapatriement des productions ; mais aussi avec une nouvelle dynamique qui s'est emparée de la filière. Résultat, la production est passée de 4 000 tonnes vers 1990 à 8 000 tonnes en 2015, exclusivement en Franche-Comté. On constate aussi la réalisation de nombreux investissements en fromagerie et la création, particulièrement symptomatique, de nouveaux ateliers (à Bief-du-Fourg, près de Nozeroy, à Morbier (caves d'affinage), à Septfontaines[6]...). On constate aussi l'arrivée progressive, depuis vingt ans, de nouveaux opérateurs. Bref, les indicateurs sont au vert.

Au total, la filière morbier regroupe deux mille producteurs de lait, quarante fromageries, quatre fabricants fermiers et huit sites d'affinage. La création de richesse est évidente, avec un prix moyen du lait qui se calque sur celui du comté, aux environs de 450 euro / tonne, soit au moins 150 euro de plus que le prix moyen national. La création d'emplois est également évidente, aux différents stades de la fabrication, de l'affinage et de la commercialisation, étant entendu que ce type de

---

6 – Cet atelier de fabrication polyvalent (comté, morbier, pâtes molles), inauguré en 2015 près de Levier, est issu d'un montage financier original, puisque son capital est réparti à parts égales entre le fromager Philippe, l'affineur Arnaud et les coopératives de Septfontaines et de Deservillers (Doubs) qui apportent le lait.

filière génère sensiblement plus d'emplois à la tonne de lait que les filières industrielles classiques. Bref, on a bien assisté, dans le Jura, à un processus de développement, ou de redéveloppement, à partir d'une ressource localisée et relocalisée.

Quand l'AOC ne règle pas tout…

Le morbier reste toutefois confronté au problème des imitations. Certes, la dénomination et la zone sont protégées par l'AOC et les usages codifiés, mais la fameuse raie noire ne l'est pas… Or il s'agit là d'un vecteur de communication intéressant. L'interprofession estime qu'il y aurait ainsi deux mille à cinq mille tonnes de copies sur le marché, même si cette valeur nous semble un peu surfaite ! Il s'agit, en général, de fromages au lait pasteurisé, qui ne respectent aucune contrainte en matière de race ou d'alimentation et sont produits tant en dehors de la zone traditionnelle que dans le massif lui-même (Fromagerie Perrin). Ces fromages sont surtout destinés à l'exportation et à la restauration collective, comme le Mont Boissié (de chez Thuaire), le Cœur cendré, ou La Vie de Château (coopérative toulousaine 3A, aujourd'hui SODIAAL) et même certains fermiers se lancent dans des imitations de morbier ! Face à ces dérives, l'interprofession ouvre des procédures judiciaires, mais celles-ci sont complexes et coûteuses et les condamnations difficiles. Tel est typiquement le cas à l'étranger où les procédures sont délicates pour un syndicat disposant de peu de moyens et pour les produits destinés à la restauration collective, proposés en portions au consommateur et pour lesquels la tromperie est plus difficile à établir.

L'autre grand défi reste la gestion des volumes de production. Le morbier est, en effet, attractif (marché en croissance, bonne rentabilité…) au sein d'un monde laitier de plus en plus libéralisé (disparition des quotas le 31 mars 2015, réduction drastique des mécanismes de l'intervention publique…). Dans ces conditions, les risques de déstabilisation du marché sont évidents. De plus, le syndicat interprofessionnel ne dispose pas de mécanismes de régulation de la production comme son homologue du comté. Rappelons que, pour ce dernier fromage, le CIGC a la possibilité de gérer la production par le biais d'un « plan de campagne annuel », qui attribue à chaque intervenant des « plaques vertes » qui sont obligatoires pour le marquage des meules, l'administration centrale autorisant ce mécanisme dérogatoire à la liberté d'entreprendre, sous réserve d'autoriser une « ouverture » pour les nouveaux fabricants. De plus, le comté a intégré dans son cahier des charges des clauses qui limitent la progression des volumes, ce que le morbier n'a pas pu / su faire.

Dès lors, comment gérer collectivement l'accès à l'AOC dans le respect de la loi et sans déstabiliser le marché en l'absence de moyens efficaces ? La filière morbier explore de nouvelles possibilités sur le plan réglementaire, en liaison notamment avec le « Paquet lait » voté par la France (2014) en prévision de la suppression des quotas et qui autorise, sous condition, les interprofessions des AOC à encadrer leurs volumes de fabrication. La filière doit aussi nécessairement collaborer étroitement avec la filière comté, le lait des fruitières allant souvent indistinctement au morbier ou au comté.

Conclusion

Revisiter le parcours du fromage de morbier au cours du dernier demi-siècle renvoie incontestablement à la thématique de la « valorisation des savoir-faire productifs » et à la question de la localisation de ces savoir-faire. L'analyse montre bien, dans le cas présent, un vrai processus de relocalisation, sur le moyen terme, pour une filière d'envergure, globalement performante et attractive : plus de huit mille tonnes de fromage aujourd'hui, soixante millions d'euro de chiffres d'affaires, plusieurs centaines d'emplois dans les maillons de la transformation, de l'affinage et de la commercialisation.

Rappelons, toutefois, que ce processus réussi de relocalisation, de rapatriement du nom et du savoir-faire tient finalement de l'exception à l'échelle des filières fromagères où la puissance de la grande industrie l'a souvent emporté (emmental, brie…). S'il a réussi dans le cas du morbier, c'est qu'il s'est inscrit dans un contexte favorable, marqué par une dynamique régionale en faveur des produits de terroir et qu'il doit beaucoup à l'arsenal juridique que représente l'AOC ainsi qu'à quelques leaders intégrés dans un collectif fort et soudé, tous ces facteurs ayant rencontré des consommateurs nombreux, acteurs d'un marché en croissance. Bref, la relocalisation n'est pas acquise pour tous les produits qui seraient dans une configuration similaire (fromagers ou non) et exige, à l'évidence, un contexte favorable et des acteurs engagés.

Le morbier illustre aussi, par ailleurs, la capacité d'une filière semi artisanale à créer davantage de valeur ajoutée qu'une filière industrielle, à faire ainsi œuvre de développement, en l'occurrence dans un territoire de montagne plutôt fragile. On rejoint là la question plus générale de la valorisation des territoires par les produits sous signes de qualité liés à l'origine (Perrier-Cornet, 1986 ; Mélo, 2012), qui tourne souvent à l'avantage du massif jurassien (Ricard, 1993).

Références bibliographiques

Boichard J., 1977 – *L'élevage bovin, ses structures et ses produits en Franche-Comté*, Besançon Paris, Les Belles Lettres, 536 p.

Brantut G., 1978 – *Un exemple de concentration de fromageries dans la région de Pontarlier : la centrale de Bannans*, Mémoire de maîtrise de géographie, Besançon.

CNIEL – *L'économie Laitière en Chiffres*, fascicule statistique annuel publié par l'interprofession.

Delfosse C., 2007 – *La France fromagère (1850-1990)*, Lyon, La boutique de l'histoire.

Lebeau R., 1955 – *La vie rurale dans les montagnes du Jura méridional*, Lyon, Institut d'Études Rhodaniennes, Mémoire e Doc., 604 p.

L'info d'un trait, Lettre d'information du Syndicat interprofessionnel de défense du fromage de morbier.

Melo A., 2012 – *Fruitières comtoises. De l'association villageoise au système productif localisé*, Ed. FDCL, Besançon, 194 p.

Perrier Cornet P., 1986 – Le massif jurassien, *Région et développement de l'agriculture*, INRA-ESR, n° 2, p. 61-122.

Quiers F., 1958 – *La modernisation de la vie agricole dans le Cantal,* Aurillac, Imprimerie Moderne, 179 p.
Ricard D., 1993 – *Les montagnes fromagères en France*, Clermont-Ferrand, CERAMAC, 496 p.
Ricard D., 1997 – *Stratégies des filières fromagères en France*, Ed. RIA, Paris, 224 p.
Vernus M., 1988 – *Le comté, une saveur venue des siècles*, Lyon, Texel, 300 p.
Vernus M., Greusard D., 2001 – *Le pays des fromages, La Franche-Comté,* Tours, Ed. A. Sutton, Collection Parcours et Labeurs, 125 p.
Vernus M., Petit T., 2010 – *Le Morbier, le Bleu de Gex, Une histoire*, Pontarlier, Presses du Belvédère, 128 p.

Chapitre 7

La poire tapée de Rivarennes : de la tradition à l'économie locale

The "poire tapée" of Rivarennes: from tradition to local economy

Georges BRÉCHAT*

Résumé : Avant les années 1980, Rivarennes, en Indre-et-Loire, accueillait sur son plateau de nombreux poiriers de variétés anciennes. Les poires d'hiver, des poires à cuire, étaient autrefois déshydratées dans des fours à bois et platies afin de les conserver, de les commercialiser et de les consommer. À la fin des années 1980, l'activité a décliné et seuls quelques anciens de la commune savent encore produire des poires tapées. Une poignée de jeunes décide alors de fonder une association, en 1987, et de faire renaître cette tradition locale. Dans les années suivantes, les activités productives et culturelles autour de la poire tapée ont connu un nouveau développement : musée, vergers de conservation d'anciennes variétés, organisation de veillées. Un partenariat avec le CAT (Centre d'Aide par le Travail) de Chinon est mis en place, avec la création d'une unité de production. Quatre artisans se sont installés à Rivarennes pour produire des poires tapées. Depuis 2001, la communauté de communes et la municipalité, en partenariat avec les associations locales, étudient un projet de nouveau Musée de la Poire Tapée afin d'augmenter la capacité d'accueil, de proposer un outil patrimonial, culturel et touristique partenarial, fonctionnel et de qualité.

Abstract: Rivarennes is a locality of the Loire valley, around of which there was, before the 1980's, many pear trees of old varieties. Some of those, especially the winter pears, were cooked, dehydrated and "flatted", to conserve, sell or consume it. This tradition of "poires tapées" was declining until the end of the 1980's, and only some elderly person kept this know-how. A few young people decided to create an association to revive this local tradition. In the following years, production and cultural activities around the pear saw a new development: museum, orchards of conservation of old varieties, organization of vigils. A new production unit is born in Chinon (a small city next to Rivarennes), thanks to a partnership with a vocational rehabilitation center (CAT – Centre d'Aide par le Travail). Today, four artisans are installed in Rivarennes to produce this "poires tapées". Since 2001, local collectivities and associations are studying, in partnership, a project of pear museum.

*Ancien secrétaire de l'association « La Poire Tapée de Rivarennes ».

Cet article présente l'expérience de revalorisation d'un savoir-faire spécifique, celui de la poire tapée de Rivarennes, en Touraine.

L'origine d'un produit spécifique : Rivarennes, « village de la poire tapée »

Rivarennes, village périurbain de Touraine

Rivarennes est un village des bords de l'Indre, implanté dans la vallée de la Loire. Il est situé dans le Parc Naturel Régional (PNR) Loire–Anjou–Touraine, à une quinzaine de kilomètres des châteaux de Langeais, Azay-le-Rideau et Chinon, et à quatre kilomètres de celui d'Ussé.

La population du village est longtemps restée stable (entre 700 et 800 habitants). Dans les années 1970, on notait un vieillissement important de la population mais, depuis une quinzaine d'années, Rivarennes bénéficie de la proximité relative de Tours. Sa population dépasse le millier d'habitants et se rajeunit : 60 % de la population avait moins de quarante ans en 2007.

Le séchage des fruits : une technique ancestrale largement répandue

En 1835, on pouvait lire dans l'*Annuaire Statistique et Commercial du département d'Indre-et-Loire* : « Rivarennes, belle commune qui compte une grande quantité de poires qu'on fait cuire et qui sont vendues sous le nom de poires tapées ». Le terme « poire tapée » apparaît au cours du XVIIIe siècle. Au Moyen-Âge et jusqu'au XVIIIe siècle, on cite dans les recettes les « poires séchées » (les poires séchées de Reims étaient célèbres). Au cours du XIXe siècle, l'expression « poire tapée » est répandue (dans une opérette d'Offenbach, un des personnages se nomme... « Mademoiselle Poire Tapée ») et le *Petit dictionnaire Larousse*, dans son édition de 1950, en donne la définition suivante : « poire tapée : poire séchée au four ».

Cette généralisation nous rappelle que la production de fruits secs était banale : au cours de l'automne, dans toute la France (ainsi que dans certains pays d'Europe) on avait coutume, dans les fermes, de faire sécher les fruits deux ou trois fois par saison : les claies plates utilisées pour ce travail se retrouvent dans toutes les régions agricoles. Le tableau 1 rapporte les différentes étapes de la production traditionnelle de poires tapées. Ce travail, qui s'étalait sur plusieurs jours, donnait un produit fini qui ne représentait plus, environ, qu'un septième du poids initial (22 ou 23 kg de fruits secs pour 150 kg de poires enfournées).

Rivarennes : une spécialisation dans la commercialisation des poires tapées

À Rivarennes, la production de poires tapées avait un autre but : ces fruits secs étaient destinés à la vente et participaient aux revenus de la ferme. Le travail commençait en automne et se poursuivait en hiver. Une vieille paysanne déclarait, en 1985 : « De 16 à 17, [dans notre ferme], mon beau-père en a fait 130 fournées...

Tab. 1 – Les phases de transformation des poires tapées

Ébouillantage	Les poires sont blanchies quelques minutes dans l'eau bouillante
Parage	Les fruits sont épluchés avec soin en conservant le pétiole et la trace du calice, puis sont placés sur des claies.
Séchage	Le four a été chauffé depuis plusieurs jours afin de bien accumuler la chaleur. Les poires y séjournent deux ou trois jours (suivant les variétés).
« Platissage »	Les poires sont presque parfaitement déshydratées, leur volume s'est considérablement réduit, elles sont fripées, mais, afin d'assurer une dessication parfaite, elles vont être aplaties (en vieux parler tourangeau : *platies*). Cette opération peut s'effectuer à la main mais, à Rivarennes, afin de permettre un meilleur rendement, un outil spécial a été conçu : la « platissoire » ! Cet instrument est le symbole de la spécificité du village (production importante destinée à la vente) car il ne semble pas qu'il ait été utilisé dans d'autres régions.
Fin de la déshydratation	Les poires platies sont enfournées dans le four tiède (ou dans un séchoir situé au-dessus du four) afin d'être parfaitement sèches.

Source : données recueillies par l'association

C'est ça qu'a fait la richesse de ces hauts-là ». Le cahier des comptes d'un de ces petits exploitants nous révèle ainsi que la vente des poires tapées représentait 20 % de son revenu annuel en 1890. Dans ce but, de nombreux poiriers avaient été plantés et greffés sur le plateau. Ces arbres de haute tige fournissaient des poires d'hiver dures qui permettaient d'étaler la production.

Au début du XXe siècle, une trentaine de petites fermes de Rivarennes et des hameaux voisins vendaient leurs poires tapées à deux négociants de Saumur et de Chinon. Ceux-ci les revendaient :
- à des épiceries (en 1903, Félix Potin à Paris en a acheté quatre tonnes et demie en six mois) ;
- à des restaurateurs parisiens (au XXe siècle, ceux-ci en faisaient des compotes) ;
- en Grande-Bretagne, Allemagne et en Europe du Nord.

C'est donc bien cet aspect commercial qui fait la spécificité des poires tapées de Rivarennes, davantage que le produit en lui-même qui, on l'a dit, était produit dans de très nombreuses campagnes pour un usage domestique.

De l'oubli à la renaissance

Une période d'oubli

La production a certainement commencé à diminuer après la première guerre, mais c'est au début des années 1930 que toute activité commerciale a cessé assez brutalement. Pourtant, la poire tapée restait dans les mémoires : en 1955, au Comice Agricole de Rivarennes, le char de Rivarennes glorifiait cette spécialité. Et dans les années soixante, on pouvait encore entendre les vieux habitants de Rivarennes vanter « la spécialité du village ». C'était un mets divin, qui avait parcouru les mers, mais qui malheureusement avait disparu avant la deuxième guerre. Mais, peu à peu, le souvenir s'en estompait et, à la fin des années 1970, le village avait apparemment oublié la poire tapée.

Un début de renaissance suscité par la curiosité des habitants

Sommes-nous capables de faire sécher des poires ? En 1987, le maire du village a réuni un petit groupe (qui créera rapidement une association loi 1901 intitulée évidemment « La poire tapée de Rivarennes »). Une petite vingtaine de personnes a cueilli les poires dans les vieux arbres, les a parées, enfournées avec enthousiasme… dans un four beaucoup trop chaud. Les poires étaient brûlées et les claies elles-mêmes avaient souffert de cet excès de chaleur.

La deuxième tentative a été un succès qui a conduit à une seconde interrogation : serait-il possible de commercialiser ces fruits secs ? Un conditionnement en pots a prouvé que les poires tapées pouvaient offrir un petit marché. En outre, la revue régionale *Le Magazine de la Touraine*, en publiant en 1990 un dossier de onze pages, a démontré que l'activité pouvait présenter un intérêt pour des personnes extérieures à Rivarennes. Dès lors, d'autres revues, des journaux, la télévision se sont fait l'écho de la poire tapée, ce qui a provoqué l'intérêt des épiceries fines et des restaurateurs.

Une croissance motivée par le développement d'une nouvelle demande

Cette demande a amené l'association à conduire des actions dans deux directions. D'une part, un besoin de sauvegarde et de protection du savoir-faire retrouvé a entraîné la création, en 1991, d'un petit musée rassemblant une exposition, une vidéographie didactique, et proposant des dégustations. Cette même volonté de protection a conduit à planter et greffer, en 1992, un verger conservatoire pour la sauvegarde de vieilles variétés de poires. D'autre part, des actions ont tenté de répondre à la nécessité d'accroître la production. Un deuxième verger a été planté en 1995, cette fois-ci pour développer quatre variétés anciennes de poires adaptées à ce renouveau commercial. L'année précédente avait été celle de l'aboutissement, après quatre ans de procédures, du démarrage d'un chantier d'insertion au Centre d'Aide par le Travail de Chinon. Ce nouveau vecteur de production marque le retour de la professionnalisation de l'activité et développe sensiblement la capacité de production de poires tapées, qui était restée confidentielle les années précédentes, malgré la demande. Par exemple, en 1992, l'association n'avait produit que trois cents kilos de poires tapées, au cours de trois veillées réunissant une centaine de personnes et en utilisant quatre fours.

Une production renforcée par des initiatives individuelles

Suite à la création du chantier d'insertion, plusieurs individuels se sont lancés dans une activité économique de commercialisation de poires tapées. Tout d'abord, un couple de Rivarennes a décidé d'en produire, créant une première situation de concurrence engendrant rapidement des tensions avec l'association, qu'il est encore difficile, aujourd'hui, d'apaiser.

Dans la foulée, en 1995, un pâtissier développe des recettes à base de poires tapées, notamment un gâteau qu'il nomme « le Poire Tapée », puis les « poires tapées en robe de bure » (enrobées de chocolat). En 2003, un nouvel artisan s'installe et crée un magasin dans le village : en 2012, un jeune couple, à la recherche d'un revenu complémentaire, décide de produire des poires tapées.

Au total, la production avoisine aujourd'hui la quinzaine de tonnes (Tab. 2), ce qui représente plus de cent tonnes de fruits frais. On peut considérer que l'activité a permis la création de plus de vingt-cinq emplois et a intéressé plus de dix mille visiteurs par an.

Tab. 2 – Répartition de la production de poires tapées en 2014

	Production (en tonnes)	Visiteurs (nombre d'entrées)	Emplois créés	Lieux de vente
Association	0,5	4 000	1	Musée
ESAT CHINON	3		15	Restaurants, grossistes, musée
Poires tapées à l'ancienne	3	6 000 à 8 000	2,5	Sur le site, points de vente, musée
Pâtisserie	1			Magasin, épicerie
Reines de Touraine	6 à 8 t	1 000	7	Magasin, restaurants, points de vente, musée
C. Thomas				Marchés

Source : données recueillies par l'association.

Les enjeux de la poire tapée aujourd'hui : une nouvelle ressource à consolider

En quelques années, Rivarennes est redevenu « le village de la poire tapée ». En imaginant de nouveaux plats, les restaurateurs ont permis une valorisation de ce produit emblématique du village, mais également de la Touraine, aux côtés du Sainte-Maure et des rillettes de Tours. Le climat entre les producteurs et l'association s'est apaisé, comme en témoignent les ventes des différents produits au musée.

Afin d'assurer la pérennité de la production et de sa notoriété, deux actions essentielles nous sembleraient nécessaires. D'une part, il y aurait intérêt à créer un musée plus vaste, mieux situé, qui pourrait accueillir des groupes et s'insérer dans des circuits d'autocaristes ; il pourrait, en outre, présenter des expositions temporaires. D'autre part, il y aurait la possibilité de créer un label dans le cadre du Parc Naturel Régional Loire-Anjou-Touraine (de type « marque parc »), autour de la poire tapée de Rivarennes.

Les freins au développement sont cependant multiples :
- L'association, grâce à la vente de sa propre production, a bénéficié d'une grande indépendance et a longtemps éprouvé des réticences à accepter le projet de gestion collégiale d'un musée. Il lui a été difficile d'intégrer les mutations indispensables (jouer avant tout un rôle d'animation, de recherches) et de comprendre que le but initial (Rivarennes, village de la poire tapée) était atteint. Elle souffre également de vieillissement et du non-renouvellement de ses adhérents.
- Certains artisans se livrent une forte concurrence empreinte de soupçons et ne manifestent aucun enthousiasme pour un projet de musée.
- Les élus communaux, intercommunaux, départementaux ont apparemment soutenu avec enthousiasme un projet de musée, mais les promesses et les atermoiements se sont succédé sans résultat et le triste état des finances de la commune et de la communauté de communes renvoie toute réalisation aux calendes grecques.
- Que peut représenter cette activité pour les nouveaux habitants de Rivarennes, en général des « rurbains », et ont-ils conscience de l'importance de ce patrimoine local ?

Conclusion

Le renouveau de la poire tapée de Rivarennes est un bon exemple de réappropriation collective d'un savoir-faire productif qui, alors qu'il était sur le point d'être oublié, a finalement retrouvé un intérêt patrimonial, touristique et économique. On peut notamment parler d'une réussite dans le sens où les buts de l'association (« mieux faire connaître la flore, la faune, le passé, les traditions de Rivarennes ») ont été atteints. À la réussite économique et à la création d'emplois générée, il faut ajouter l'impact réel que la valorisation de ce savoir-faire a eu en matière d'innovation sociale. Outre l'activité de production assurée à l'ESAT de Chinon, nous mentionnerons que la très grande majorité des personnes qui ont été employées au musée au cours de ces vingt années (qui étaient souvent des emplois CES) ont trouvé un emploi définitif : recevoir les visiteurs, expliquer, leur a permis de retrouver confiance en elles et de s'affirmer.

Pour autant, la participation de la poire tapée à l'activité touristique tourangelle peut sembler très modeste : que représentent dix mille visiteurs en regard des trois cent mille entrées du château voisin d'Azay-le-Rideau ? La poire tapée de Rivarennes n'est qu'une fourmi dans une région réputée pour ses châteaux et ses vignobles mais, pour des touristes de plus en plus en quête de découvertes originales, ne fait-elle pas partie des fourmis indispensables ?

Valorisation des savoir-faire productifs
Presses Universitaires Blaise Pascal, CERAMAC 36, 2017, p. 97-112

Chapitre 8

Valorisation touristique des activités productives traditionnelles comme stratégie pour le développement rural au Mexique

Valuing productive activities through tourism as a strategy for rural development in Mexico

Maxime KIEFFER* et Ana BURGOS**

Résumé : Cet article se base sur une recherche menée dans la région du Bajo Balsas, état du Michoacán au Mexique, afin de déterminer les conditions préexistantes d'un territoire pour une éventuelle mise en tourisme, dans le cadre d'un développement endogène. Une ONG, soutenue par les acteurs locaux des communautés rurales et des chercheurs, impulse depuis une dizaine d'années le développement territorial de cette région en s'appuyant sur la recherche-action participative. L'activité de Tourisme Rural Communautaire (TRC) est apparue comme une option possible de cette stratégie de développement local-régional, en complément des activités déjà en place. Une des principales richesses de la région repose sur la diversité, la singularité et la sophistication culturelle des productions traditionnelles. Notre hypothèse est que le territoire d'étude présente une grande diversité d'écosystèmes qui influent directement sur les modes de production, présentant ainsi des conditions et des atouts différents pour l'intégration d'activités touristiques rurales. La notion d'identité productive, définie ici de manière conceptuelle et mise en pratique dans des ateliers participatifs permettant de délimiter des zones dans le territoire, a servi à poser les bases d'une mise en patrimoine. La diversité observée offre des conditions intéressantes pour le TRC, d'une part en raison des activités touristiques auxquelles elle peut donner lieu et d'autre part en fonction de la valorisation de leurs modes de vies par les acteurs locaux.

Abstract: This paper is based on a research lead in the Bajo Balsas region, state of Michoacán, Mexico, whose objective was the assessment of the preexisting conditions of a territory for a possible implementation of tourism, in the context of endogenous development. For ten years, an NGO, supported by local stakeholders and some university scholars, has been promoting the territorial development of the region, using the methods of participative

---

*Auteur principal. Enseignant-Chercheur, Universidad Nacional Autónoma de México, Escuela Nacional de Estudios Superiores Unidad Morelia.
**Chercheur, Universidad Nacional Autónoma de México, Centro de Investigaciones en Geografía Ambiental.

action research. The implementation of community based rural tourism was considered as an option in a local-regional development strategy, as a complement to existing activities. One of the main assets of the region lies on the diversity, singularity and cultural sophistication of its traditional products. Our hypothesis is that the study area shows a great diversity of ecosystems that directly influence the modes of production, thus offering conditions and assets for the integration of rural tourism activities. The notion of productive identity that we define here in conceptual terms and that we used as a practical tool in participative workshops helped to delineate several zones in the territory and underpin the cultural heritage. The diversity that was observed offers interesting conditions for the community based rural tourism, on one hand because of the tourism activities that it can induce and on the other because of the value given by local stakeholders to their own ways of living.

Le monde rural mexicain traverse une crise profonde due à une forte marginalisation du secteur agricole et à la dégradation des ressources naturelles, qui menace le droit des populations à vivre sur leur territoire. Face à cette situation, différentes stratégies de développement rural ont été mises en place, mais beaucoup d'entre elles ont rencontré des difficultés inhérentes à leur fonctionnement même qui échoue à s'adapter à la complexité et la diversité des situations locales (de Janvry et Sadoulet, 2007 ; *Journal of Rural Studies*, 2002 ; Schejtman et Berdegué, 2008), reproduisant souvent un modèle de développement vertical et paternaliste (*top-down*), tenant peu compte des caractéristiques particulières des territoires et intégrant peu ou mal les populations locales à leur processus.

Afin d'éviter ces écueils, certaines initiatives de développement tentent de s'inscrire dans une approche territoriale, prenant en compte différents facteurs sociaux, culturels, économiques et environnementaux, à des échelles variées (du local à l'international), dans le but de promouvoir de nouvelles stratégies de valorisation des territoires qui favorisent le développement endogène (Cordero, Chavarría, Echeverri et Sepúlveda, 2003 ; Johansen et Nielsen, 2012 ; Pisani et Franceschetti, 2011). Parmi ces stratégies, l'ONG *Grupo Balsas para Estudio y Manejo de Ecosistemas AC*, soutenue par les acteurs locaux des communautés rurales et différents chercheurs universitaires, impulse depuis une dizaine d'années un processus de développement territorial dans la région du Bajo Balsas, état du Michoacán au Mexique. Cette stratégie se base sur les prémisses de la recherche-action (Alberich, 2007), qui propose un modèle d'intervention capable de participer à la construction d'apprentissages locaux afin de promouvoir un changement à partir de l'implication des sujets dans la recherche elle-même. Ce travail a abouti à la création de plusieurs projets productifs et coopératives agricoles. Dans ce cadre, l'activité de Tourisme Rural Communautaire (TRC) est apparue comme une option possible de cette stratégie de développement local-régional, en complément des activités déjà en place.

En effet, ce type de tourisme alternatif repose sur des initiatives portées de manière collective par des communautés rurales, intégrant la gestion des ressources naturelles et permettant de mettre en valeur un patrimoine culturel et naturel existant. Le Tourisme Rural Communautaire (TRC), tel que le définit Gascón (2009), est « un type de tourisme, développé dans des zones rurales, dans lequel la population locale, à travers ses institutions locales collectives, exerce un rôle majeur et protagoniste dans son organisation, gestion et contrôle, offrant des activités respectueuses de l'environnement naturel, culturel, social et des valeurs de la communauté d'accueil, créant une expérience positive entre résidents et visiteurs, et dans lequel la relation entre le touriste et la communauté est éthique et les bénéfices de l'activité répartis de manière équitable ». Au-delà de l'apparent attrait d'une telle activité, de nombreuses difficultés se présentent au moment de la mettre en place, principalement en ce qui concerne l'intégration des caractéristiques du territoire et la prise de décision depuis une vision endogène (Kieffer, 2011, 2014).

La présente contribution s'inscrit dans le cadre de la recherche doctorale intitulée *Analyse des conditions d'intégration territoriale du tourisme rural communautaire : une recherche-action au Mexique* menée de 2009 à 2014 (Kieffer, 2014), et dont l'objectif général fut d'analyser les conditions préexistantes du territoire rural du Bajo Balsas pour la possible intégration du tourisme dans un processus de développement local-régional, utilisant une approche systémique, multiscalaire et participative. En effet, la réflexion théorique basée sur les expériences passées dans ce domaine montre qu'une analyse précédant la mise en tourisme est un outil essentiel (Kieffer, 2014). Une des principales richesses de la région est vite apparue comme reposant sur la diversité, la singularité et la sophistication culturelle des productions traditionnelles liées aux caractéristiques particulières de la végétation. L'hypothèse de départ repose sur le fait que le territoire d'étude présente une grande diversité d'écosystèmes qui influent directement sur les modes de production traditionnels, présentant ainsi des conditions et des atouts différents pour l'intégration d'activités touristiques rurales. Pour la valider, nous présenterons, dans un premier temps, la relation entre les savoir-faire productifs présents sur le territoire et le TRC en termes conceptuels, en insistant sur la notion d'identité productive dans le cadre d'une mise en patrimoine. Puis, grâce à une méthodologie propre, nous montrerons comment ont été identifiées les identités productives de l'aire d'étude afin de mettre en valeur leurs liens avec une potentielle activité touristique de caractère rural et collectif.

Contexte de l'Aire d'étude

L'aire d'étude (Fig. 1) fait partie de la région de *Tierra Caliente*, connue pour son climat excessivement chaud et sec et pour l'identité particulière de ses habitants.

La zone est caractéristique d'un territoire fortement rural, le paysage est dominé par des montagnes et des collines, avec une matrice de végétation naturelle de forêt tropicale sèche dans laquelle sont dispersées des communautés de moins de 1 500 habitants. La configuration territoriale est composée d'un conglomérat d'unités agraires (*ejidos*), créées dans les années 1930 suite à la révolution mexicaine et à la redistribution des terres des grandes haciendas. Les *ejidos* constituent un espace géographique rural dont la juridiction et la légitimité d'utiliser cet espace sous certaines normes et règles établies de manière collective incombent à un groupe de familles et de paysans. Il s'agit du niveau le plus local de l'administration mexicaine. Les ressources naturelles sont administrées à travers le concept de biens communs et la gestion et l'usage du territoire sont définis en assemblée par les *ejidatarios*,

Fig. 1 – Localisation de l'aire d'étude

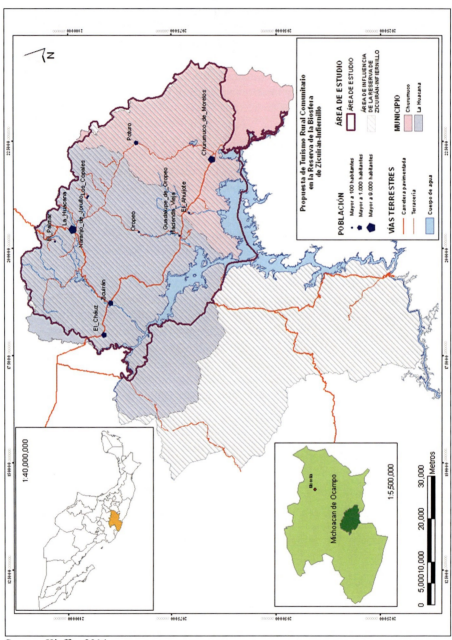

Source : Kieffer, 2014.

propriétaires et garants de ce territoire. L'aire a été décrétée Réserve de la Biosphère (*Reserva de la Biosfera Zicuirán-Infiernillo*), ce qui lui a donné une reconnaissance institutionnelle permettant la captation d'aides financières ainsi qu'un intéressant potentiel pour la promotion du tourisme. La principale caractéristique biophysique est une forte saisonnalité, les pluies se concentrant entre juin et octobre et étant quasiment nulles le reste de l'année. Le paysage présente donc de forts contrastes entre la saison des pluies dominée par des forêts vertes et exubérantes, et la saison sèche lorsque la végétation perd son feuillage et acquiert des couleurs ocres et jaunes. Ces caractéristiques restreignent fortement les activités productives conventionnelles impulsées par l'intensification agricole des trente dernières années. Les populations paysannes de la région se sont donc adaptées à ces rythmes saisonniers en ajustant leurs pratiques agricoles et d'élevage aux conditions offertes par les ressources naturelles présentes sur leur territoire en fonction des époques de l'année. Les modes de production, dans cette région, sont donc directement déterminés par les caractéristiques de cet écosystème particulier. Cette situation engendre une très haute marginalité[1] tant d'un point de vue social qu'économique, provoquant une forte migration vers les grandes villes mexicaines et les États-Unis, ainsi qu'une participation de la population locale dans des activités illégales. Le salaire moyen se situe, dans la région, entre 7 et 8,75 USD par jour et 96 % de la population ont un membre de la famille aux États-Unis (Leco et Romero, 2009).

C'est donc dans ce contexte, commun à de nombreux territoires ruraux au Mexique et en Amérique Latine, que l'ONG *Grupo Balsas* a impulsé une stratégie de développement locale-régionale basée sur la gestion collective. Plusieurs initiatives ont été encouragées telles que des projets productifs (production biologique de sésame et de fleurs d'hibiscus), la création de coopératives agricoles et de pêche, la construction de capital social et humain ainsi que le soutien à des initiatives en faveur de la gestion communautaire participative de l'eau et des espaces naturels. Une potentielle activité de TRC a été conçue comme complémentaire et intégrée à ces initiatives et il s'agissait de définir sous quelle forme elle pourrait être adaptée aux conditions et aux objectifs de la stratégie de développement rural.

Identification des zones productives et identitaires

Identités productives et tourisme rural communautaire : cadre conceptuel

Il existe une relation forte entre identité et Tourisme Rural Communautaire (TRC). L'identité peut se définir comme une construction symbolique-discursive, ouverte et dynamique, existant dans des lieux spécifiques réels ou imaginaires et

---

[1] – Selon un rapport du Programme des Nations Unies pour le Développement (PNUD), l'Indice de Développement Humain (IDH) de l'état du Michoacán est considéré comme faible (0,700 en 2012) et occupe le 29e rang sur 32 états au niveau national (0,746 en 2012). Les municipalités de Churumuco et La Huacana, incluses dans notre aire d'étude, sont situées comme faible (Churumuco : 0,667 – 0,720) et moyen (La Huacana : 0,723 – 0,742) (PNUD, 2015).

dans lesquels émergent et se développent une cohésion et des sens collectifs à travers des symboles et des pratiques communes qui traduisent un sentiment de communauté et d'appartenance (Cohen, 1985). C'est ainsi que se forme une étroite relation entre identité, lieu et communauté (Ruiz et Hernández, 2007). Pour le TRC, dont la spécificité se base sur la rencontre avec des modes de vie ruraux et traditionnels, contrastant avec la vie quotidienne de la ville, la reconnaissance et la valorisation de l'identité sont importantes et constituent la base de l'activité. Les identités locales constituent l'attraction principale pour un visiteur intéressé par la connaissance de modes de vie différents de sa quotidienneté et souhaitant entrer en contact avec le caractère authentique de lieux distinctifs géographiquement localisables dans des régions spécifiques. Dans cette perspective, compte tenu de la variété des modes de vie et de cultures de la région essentiellement liés aux diverses activités agricoles, il semble intéressant d'introduire la notion d'identité productive, entendue comme un ensemble de symboles et pratiques basés sur des procédés traditionnels locaux, en vue de l'obtention et de la transformation de produits obtenus de la nature, qui représente une relation étroite entre les personnes d'un lieu et leur environnement. En termes géographiques, l'identité productive peut se comprendre à partir de l'usage du sol (*land use*), qui se réfère aux buts pour lesquels les sociétés transforment la couverture du sol (*land cover*) à travers des pratiques de gestion du sol (McCusker et Carr, 2006), ainsi que des systèmes de représentation qui découlent de cette relation avec le milieu. La couverture du sol comprend la végétation naturelle, les cultures, les objets et les structures produits de l'activité humaine qui couvrent la surface de la terre et sont visibles par des images satellites ou des photographies aériennes. L'usage du sol n'est pas observable directement mais peut se déduire de l'analyse de la couverture du sol, d'informations socio-économiques complémentaires et de la connaissance des pratiques locales (Verburg *et al.*, 2009). Cette approche permet de reconnaître non seulement les différents usages du sol que les paysans donnent à leur écosystème en fonction de ses caractéristiques spécifiques, mais aussi d'identifier les grands traits productifs et culturels particuliers de chaque lieu qui découlent de cette relation Homme / Nature. Le produit de cet ensemble de déterminants physiques et d'adaptation socio-économique se matérialise dans le paysage, lequel reflète des identités sociales, culturelles et productives spécifiques (Urquijo et Barrera, 2009).

Méthodologie

Afin de valoriser les savoir-faire productifs particuliers de l'aire d'étude, une méthodologie permettant de reconnaître et de décrire les caractéristiques et identités productives qui conforment le territoire du *Bajo Balsas* a été mise en place (Kieffer et Burgos, 2015). L'objectif fut de capturer la perception des habitants sur leur identité, en leur demandant de décrire leur paysage, leur village, leurs activités productives, leur écosystème, ainsi que les « limites » de leur zone identitaire. Celle-ci s'est réalisée en quatre étapes :
- analyse de la relation couverture – usage du sol ;
- zonage hypothétique des identités productives ;
- validation par les acteurs locaux ;
- zonage final et description des aires socio-productives et culturelles.

Fig. 2 – Zonage hypothétique (a) et final (b) des identités productives de l'aire d'étude

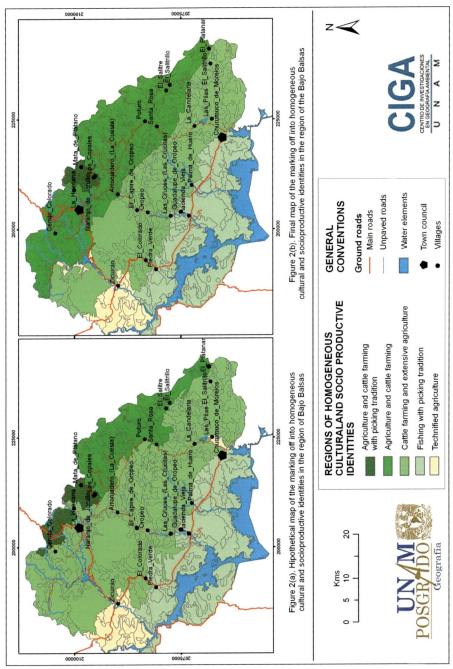

Source : auteur, 2015.

À partir d'une cartographie existante de la végétation à l'échelle 1:100 000 (Burgos *et al.*, 2010), il a été associé à chaque type de végétation les usages productifs réalisés par les habitants (hypothèse cartographique). Ce travail fut intégré dans un Système d'Information Géographique (SIG) afin de générer un zonage hypothétique des identités productives. Pour valider ce travail, un questionnaire accompagné de matériel visuel a été administré à quarante et une personnes occupant ou ayant occupé une fonction institutionnelle à échelle locale et réparties dans vingt-deux communautés de l'aire d'étude. Ces interlocuteurs, agriculteurs, pêcheurs et éleveurs, sont représentatifs des habitants dans la mesure où les fonctions institutionnelles, rotatives, sont principalement sociales et non politiques, les responsables restent donc avant tout paysans et membres de la communauté, donc représentatifs des caractéristiques productives et identitaires. Ce questionnaire eut pour but de capturer la perception qu'ont les habitants de leur propre identité, ainsi que de rétro-alimenter et d'affiner l'hypothèse cartographique de départ. Finalement, après analyse des résultats de l'enquête, une cartographie finale des identités productives a été établie.

Description des zones productives et identitaires

Ce travail méthodologique a permis d'identifier et de délimiter les différentes identités productives présentes dans l'aire d'étude. Le zonage hypothétique a déterminé cinq zones d'identité productives (Figure 2a). Les résultats du questionnaire ont permis de confirmer l'hypothèse cartographique de départ, affinant de plus les limites de chaque zone productive (Figure 2b) et permettant de caractériser l'aire d'étude. Ces cinq zones productives décrites dans le tableau 1 sont : i) Agro-pastorale avec tradition de cueillette ; ii) Agro-pastorale ; ii) Pastorale-agricole ; iv) Pêche avec tradition de cueillette ; et v) Agriculture mécanisée.

Valorisation touristique des savoir-faire productifs

La coexistence, dans une zone relativement restreinte, d'identités productives différenciées qui sont liées à des changements de végétation, offre des conditions intéressantes pour l'intégration du TRC. En effet, ce travail a repéré l'existence, dans l'aire d'étude, de cinq identités productives bien différenciées entre elles et situées à des distances inférieures à vingt kilomètres. Bien que le découpage spatial ait été introduit de manière hypothétique à travers une analyse cartographique, ce sont les habitants eux-mêmes qui ont délimité clairement leur zone d'appartenance, composée d'éléments biophysiques, productifs et culturels. Toutes les personnes interrogées se retrouvent dans la dénomination de la région de *Tierra Caliente*, cependant, elles ont reconnu elles-mêmes l'existence de modes de vie différents d'une zone à l'autre, basés sur des changements subtils dans le paysage, les activités productives et/ou les écosystèmes. Un paysan habitant dans la zone productive III (Pastorale-agricole), dans le village de *El Capirito*, nous dit par exemple que « au nord du village d'Arronjadero, la saveur du lait change ». Un autre paysan affirme que « dans le village de *Las Cruces* – situé à moins de cinq kilomètres de son

Zone productive	Traits physiques	Végétation	Profil productif et identitaire	Caractéristiques organisatrices	Ressources touristiques	Traits économiques
Agro-pastorale avec tradition de cueillette	Alt : 700 à 1 200 m PPT : 1 200 mm	Palmeraie FC** FSC*** FR****	Les habitants ont une stratégie combinée de subsistance entre élevage extensif de bovins et agriculture. Les pluies rendent possible la culture du maïs et d'arbres fruitiers. Il existe également des cultures irriguées avec usage de fertilisants. L'extraction de feuilles de palme occupe une place importante dans l'économie locale et est utilisée pour l'artisanat local (chapeaux, chaises, balais, etc.). Symbiose forte entre écosystème et identité de cueillette	Faiblesses en termes d'organisation communautaire. Antécédents négatifs dans des projets de développement passés.	Attraits naturels et culturels intéressants. Artisanat.	Économie relativement diversifiée Activités artisanales de palme (chapeau, chaises, balais)
Agro-pastorale	Alt : 500 à 1 200 m PPT : 1 200 mm	FC FSC FR	L'agriculture est la principale activité productive en saison des pluies et avec usage de fertilisantes (pluies suffisantes pour le maïs et les arbres fruitiers). L'élevage de bovins complémente l'activité économique (< 5 têtes par famille). Les habitants se considèrent plus agriculteurs qu'éleveurs car les conditions climatiques rendent l'agriculture plus viable. Certains villages vivent presque en autosuffisance. Plus favorisées par les conditions climatiques	Niveau d'organisation en construction mais bases sociales solides. Pas d'organisation économique.	Traits productifs et culturels d'une communauté traditionnelle autosuffisante. Attraits naturels importants.	Économie relativement diversifiée Gamme de cultures ample
Pastorale-agricole	Alt : 240 à 500 m PPT : 900 mm	FSC FE*****	La principale activité est l'élevage bovin, les pluies n'étant pas suffisantes pour l'agriculture saisonnière et l'eau insuffisante pour l'irrigation. Cependant, la culture de l'hibiscus, du sésame et du sorgho est possible en saison des pluies et réalisée de manière biologique. Il existe également une extraction de produits forestiers pour l'autoconsommation. Les gens se considèrent plus éleveurs qu'agriculteurs. Identité culturelle très marquée par la production de fleurs d'hibiscus.	Niveau élevé d'organisation communautaire, sociale et économique Coopératives agricoles en fonctionnement	Système productif intéressant. Agriculture biologique Attraits naturels limités.	Faibles revenus, dépendants des conditions climatiques Coopératives agricoles Pépinières forestières
Pêche avec tradition de cueillette	Alt : 180 à 240 m PPT : 700 mm	FE FSC	Activité productive principale liée à la pêche. Agriculture saisonnière sans fertilisants et biologique de fleurs d'hibiscus, sésame et sorgho. Identité culturelle forte : gastronomie traditionnelle, danses typiques de baile de tabla, danse à cheval, musique traditionnelle son calenteño.	Niveau élevé d'organisation communautaire, sociale et économique Coopératives de pêche à ses débuts	Traits productifs et culturels intéressants à valoriser. Atout du lac et de la pêche artisanale et de la gastronomie liée.	Faibles revenus mais activité économique toute l'année (pêche) Complément avec des activités agropastorales saisonnières.
Agriculture mécanisée	Alt : 180 m PPT : 700 mm	Culture irriguée FE FSC	Agriculture mécanisée d'irrigation avec utilisation de fertilisants : agrumes, légumes, mangues. Élevage bovin extensif Faible identité productive et culturelle	Niveau faible d'organisation communautaire	Attractifs limités, savoir-faire peu existants. Identité culturelle peu marquée.	Conditions économiques plus favorables. Grandes exploitations agricoles

*PPT : précipitations moyennes (en mm) ; **FC: Forêt Caducifoliée ; ***FSC: Forêt Sub-Caducifoliée ; ****FR : Forêt de Résineux ; *****FE : Forêt d'Épineux.

Source : Élaboration propre, adaptée de Kieffer, 2014

Tab. 1 – Identification des zones productives et identitaires de l'aire d'étude

propre village, *El Capirito* – les gens ont un autre mode vie basé sur l'activité de la pêche, leurs activités quotidiennes sont très différentes d'ici ». Cette reconnaissance identitaire, réalisée de manière interne (*inside perspective*) et non comme une imposition extérieure, est extrêmement importante dans l'analyse d'une activité de TRC car elle reflète une appropriation identitaire effective de la part des acteurs locaux, enclins à la mettre en valeur, facteur indispensable pour parler d'une revitalisation culturelle à travers le tourisme (Everett et Aitchison, 2008 ; Ruiz et Hernández, 2007 ; Simkova, 2007). Ces cinq zones productives, mise à part la zone V – Agriculture mécanisée, possèdent donc des différences dans leurs activités journalières. Les labeurs agricoles, la production alimentaire traditionnelle ainsi que les traits culturels liés aux identités productives créent des contrastes et des nuances dans la vie rurale d'une même région, et pourraient potentiellement attirer des visiteurs intéressés par le contact avec d'autres modes de vie et par des activités touristiques différentes. Cette hétérogénéité identitaire pourrait également donner lieu à une complémentarité intéressante au niveau des activités touristiques possibles dans la région, par exemple à travers la création de routes touristiques régionales complémentaires basées sur les signes distinctifs de chaque zone, ceci dans un périmètre géographique relativement réduit.

Le tableau 2 présente le lien virtuel qui pourrait exister entre ces zones productives et identitaires et une offre potentielle de TRC. Ce furent les habitants eux-mêmes qui établirent ce lien entre leurs atouts productifs et culturels, et une offre touristique potentielle basée sur ceux-ci. Les activités ont donc été choisies car elles sont en lien direct avec les caractéristiques productives et culturelles de chaque zone et qu'elles ont été identifiées par les habitants comme potentiellement applicables sur leur territoire. Ces activités ont pour objectif de faire découvrir le patrimoine culturel, productif et naturel de chaque zone, mettant ainsi en valeur la spécificité de chacune dans une optique de complémentarité régionale. Cette stratégie permet de renforcer notre approche *bottom-up*, évitant de tomber dans le piège d'activités touristiques folklorisantes imposées par des agents extérieurs et qui ne seraient pas assumées par les habitants et ne seraient pas en lien direct avec les ressources locales.

Dans la zone productive I – Agro-pastorale avec tradition de cueillette, la présence du palmier appelé localement *palma real* est liée à des processus culturels forts dans les communautés rurales situées dans cet écosystème. En effet, les habitants ont développé un savoir-faire artisanal dans la cueillette et la transformation des feuilles de palme pour la confection de chapeaux de paille, chaises et balais notamment. La présence de roches volcaniques dans la région a également donné naissance à une tradition de tailleurs de pierres, notamment pour la fabrication de *molcajete* (mortiers traditionnels de pierre volcanique qui servent à élaborer des sauces). Cette région possède un paysage agricole de montagne qui combine différents types de végétation, de champs de maïs et de pâturages. Un des principaux traits caractéristiques de cette zone est l'association de la culture du maïs sous les cultures de palmiers (voir Fig. 3). Cette zone productive offre donc des conditions intéressantes pour l'introduction d'activités touristiques rurales et de nature (Tab. 2).

Dans la zone II – Agro-pastorale, les communautés rurales présentent une forte culture d'autosuffisance qui se traduit par la conservation de variétés de maïs et de haricots rouges endémiques. Des plats spéciaux sont élaborés grâce à la transformation de matières premières issues de la production agricole et présentent un intérêt certain dans le cadre du tourisme gastronomique. Les connaissances locales des paysans en termes de production agricole constituent également un savoir-faire à valoriser dans le cadre d'activités agro-touristiques.

En ce qui concerne la zone III – Pastorale-agricole, le savoir-faire principal des paysans locaux repose sur la production biologique de sésames et de fleurs d'hibiscus. Particulièrement, le processus de production de fleurs d'hibiscus revêt une importance culturelle fondamentale dans l'identité locale car tous les membres de la famille sont impliqués à une étape ou l'autre dans la production. Pendant les mois de culture, durant l'été et jusqu'en octobre avant la récolte, les champs acquièrent

Tab. 2 – Activités touristiques potentielles offertes par les zones productives de l'aire d'étude

Zone productive	Savoir-faire productifs	Activités touristiques rurales potentielles	Type de tourisme
Agro-pastorale avec tradition de cueillette	Cueillette des feuilles de *Palma Real*	Balades guidées dans les plantations de palmiers pour la cueillette de feuilles de palmes avec les paysans locaux	Agro-tourisme / Tourisme de nature
	Fabrication d'artisanat	Visites aux artisans dans leurs ateliers pour la confection de chapeaux de paille, chaises et balais élaborés avec les feuilles de palme	Tourisme culturel
	Présence du volcan *Jorullo* et fêtes traditionnelles	Randonnées autour du volcan à travers la végétation naturelle et les traits géologiques comme les coulées de lave et les roches volcaniques	Tourisme de nature
		Célébration de l'anniversaire du volcan le 29 septembre	Tourisme culturel
Agro-pastorale	Paysages agricoles avec végétation naturelle, champs de maïs et pâturages de montagne	Balades guidées avec les paysans locaux	Tourisme de nature
	Production de maïs et de haricots endémiques	Participation aux activités agricoles journalières	Agro-tourisme
	Grande diversité culinaire traditionnelle à base de maïs	Dégustation de plats traditionnels à base de maïs tels que les *tortillas, corundas, uchepos, toqueras*, etc.	Tourisme
	Biodiversité et connaissance locale des paysans locaux	Balades guidées avec les paysans locaux	Tourisme de nature
	Paysages de montagne et forêts	Randonnées guidées avec les habitants locaux	
Pastorale-agricole	Production biologique de fleurs d'hibiscus et de sésame	Participation aux activités familiales agricoles durant la récolte (nov.-déc.)	Agro-tourisme
		Balades guidées dans les champs cultivés	
	Élaboration de fromage artisanal	Fabrication et dégustation de fromage artisanal	Tourisme gastronomique
	Coopératives agricoles biologiques	Entretiens sur la coopérative et l'organisation locale collective	Tourisme éducatif
Pêche avec tradition de cueillette	Pêche en barque avec des filets traditionnels dans le barrage *Infiernillo*	Découverte du barrage et de la végétation naturelle avec les pêcheurs	Tourisme de nature
	Grande diversité culinaire traditionnelle à base de poisson	Élaboration et dégustation de *ceviche* et autres plats traditionnels à base de poisson	Tourisme gastronomique
	Caractéristiques culturelles, fêtes traditionnelles	Balades à cheval et participation aux manifestations culturelles : danse et musiques traditionnelles (*son calentano*)	Tourisme culturel

Source : Élaboration propre, adaptée de Kieffer, 2015.

**Fig. 3 – Activités productives Zone I
(Agro-pastorale avec tradition de cueillette) : cueillette de palmes**

Source : M. Kieffer.

**Fig. 4 – Activités productives de la Zone III (Pastorale-agricole) :
production biologique d'hibiscus et de sésame**

Source : M. Kieffer.

**Fig. 5 – Activités productives et culturelles de la zone IV
(Pêche avec tradition de cueillette) : pêche et musique traditionnelle**

Source : M. Kieffer.

des couleurs rouges caractéristiques de la couleur de l'hibiscus qui donnent au paysage une singularité surprenante. En novembre, lors de la récolte, se met en place une dynamique familiale et communautaire particulière dans laquelle tout le monde participe, dans un premier temps, pour faire sécher les fleurs d'hibiscus puis pour séparer les fleurs de leurs tiges. Les femmes partenaires de la coopérative vérifient la qualité de la production, l'emballent et l'étiquettent. Cette période particulière d'intense activité agricole offre à cette zone un potentiel unique pour développer des activités agro-touristiques liées à la production d'hibiscus biologique et aux formes d'organisation collectives en coopératives. Une autre activité touristique intéressante à valoriser est liée au savoir-faire de la confection artisanale de fromage frais à laquelle des touristes potentiels pourraient participer[2].

Finalement, la dernière zone productive intéressante du point de vue d'une valorisation touristique des savoir-faire productifs est la zone IV – Pêche avec tradition de cueillette. Dans cette zone, les habitants possèdent une forte identité liée à la pêche traditionnelle de carpes dans le barrage *Infiernillo*. L'activité piscicole a, en effet, donné lieu à l'existence d'une tradition culinaire intéressante dans la confec-

---

[2] – Un groupe pilote de touristes italiens liés au mouvement *Slow Food* a déjà visité la région en février 2012 et a participé à différentes activités liées aux savoir-faire productifs de cette zone et de celle de la zone IV – Pêche avec tradition de cueillette.

tion de plats typiques à base de poisson comme le *ceviche* ou la *mojarra adobada* (poisson cuit à la braise dans un four traditionnel dans un papier d'aluminium avec une sauce à base de piments locaux). Différentes traditions folkloriques sont également présentes dans cette zone comme la musique et le son traditionnel, *son calentano* (musique traditionnelle de *Tierra Caliente* composée de guitares, violons, harpes et tambours) associé au *zapateo* (danse traditionnelle en couple sur une estrade étroite en bois) ainsi que ses danses typiques à cheval. Cette association entre tradition culturelle et savoir-faire productifs particuliers liés à la pêche se présente ainsi comme une base intéressante pour des activités touristiques liées au tourisme culturel, à l'agro-tourisme et au tourisme gastronomique.

Conclusion

L'insertion de nouvelles activités économiques intégrées dans le système productif traditionnel existant est une des réponses possibles au défi de la diversification de l'économie paysanne auquel est confrontée la société rurale mexicaine. Cependant, il paraît hasardeux de généraliser les systèmes productifs tant ceux-ci peuvent être variés, et ce dans des espaces restreints, comme nous venons de le montrer. Le territoire du *Bajo Balsas* possède en effet des caractéristiques physiques particulières qui entraînent une diversité d'écosystèmes importante. Ces conditions influencent directement les modes de production traditionnels ainsi que les identités culturelles des habitants. En partant d'une analyse des caractéristiques de cet espace rural et des modes de production qui lui sont associés, ce travail a donc permis d'identifier le lien entre des identités vernaculaires et une potentielle activité touristique rurale communautaire. Ce lien, qui n'associe pas de manière figée des populations à des espaces et des modes de production pour ensuite les mettre en tourisme, permet plutôt de mettre en adéquation des activités touristiques avec des modes de production et des identités particulières, c'est-à-dire de valoriser des pratiques traditionnelles qui, de plus en plus, sont menacées. Une approche dynamique de l'évolution des identités locales semble pour autant importante à prendre en compte dans ce type de démarche de mise en tourisme afin d'éviter de tomber dans des approches quelque peu folklorisantes. L'existence même de modes de vie différents exprimés par les enquêtés révèle une diversité de conditions, d'attractifs et de propositions intéressantes pour le tourisme rural communautaire qui consisterait à valoriser un patrimoine déjà existant en renouvelant la façon dont il est perçu et utilisé. Ainsi, à chaque mode de vie de l'aire d'étude qui se traduit par des savoir-faire productifs variés, pourraient correspondre différents types d'activités touristiques complémentaires dans une perspective de développement régional, comme par exemple la mise en place de routes agrotouristiques. Cette analyse, bien que spécifique à la région d'étude, souligne aussi l'importance de s'intéresser aux conceptions locales de l'identité afin d'éviter les effets négatifs de stratégies de développement imposées par le haut qui ne correspondent pas aux caractéristiques locales, et qui sont malheureusement couramment mises en place au Mexique dans le domaine, entre autres, du tourisme rural. En ce sens, la méthodologie et l'approche utilisées dans cette étude pourraient être réutilisées dans d'autres territoires ruraux, ouvrant ainsi des pistes de travail intéressantes pour d'autres localités mexicaines et même latino-américaines. Le rôle moteur d'ONG (le *Grupo Balsas* dans le cas présent) dans la conduite de stratégies de développement endogène dans une approche de recherche-action-participative apparaît également comme une des clés importante de la valorisation des savoir-faire productifs et dans la conduite de stratégies de développement territorial.

Finalement, il est important de préciser que ce travail constitue une étude préalable qui pourrait servir de base à une mise en tourisme à venir et qui a été complété par d'autres contributions (Kieffer, 2014 ; Kieffer et Burgos, 2014, 2015). Celles-ci ont notamment permis d'obtenir une analyse générale des conditions du territoire et des organisations communautaires du *Bajo Balsas* pour l'introduction d'une activité de tourisme rural. Elles soulignent l'importance des processus collectifs d'organisation et de prise de décision dans une stratégie de valorisation d'un territoire, processus dont le bon fonctionnement détermine la possibilité de mise en place d'une activité tout autant que des conditions matérielles plus facilement identifiables.

Références bibliographiques

Alberich T., 2007 – *Investigación-acción participativa y mapas sociales*. Conférence de Benlloch (Castellón), Espagne. En ligne, consulté le 18 mai 2013 : http://www.uji.es/bin/serveis/sasc/extuni/oferim/forma/jorn/tall.pdf.

Burgos A., *et al.***, 2010** – *Diagnóstico socio-económico como base para el Programa de Conservación y Manejo de la Reserva de la Biosfera Zicuirán Infiernillo*, Mexique, GTZ-CONANP.

Cohen A., 1985 – *The symbolic construction of the community*, Londres, Routledge, 128 p.

Cordero S.P., Chavarría H., Echeverri R. et Sepúlveda S., 2003 – *Territorios rurales competitividad y Desarrollo*, San José, C.R., Cuaderno Técnico, 23, 18 p.

De Janvry A. et Sadoulet E., 2004 – *Toward a territorial approach to rural development: International experiences and implications for Mexico's Microregions Strategy*, Berkeley, University of California, 18 p.

Everett S., et Aitchison C., 2008 – The Role of Food Tourism in Sustaining Regional identity: A Case Study of Cornwall, South West England, *Journal of Sustainable Tourism*, 16, p. 150-167.

Gascón J., 2009 – *El turismo en la cooperación internacional. De las brigadas internacionalistas al turismo solidario*, Espagne, Icaria, Antrazyt, 167 p.

Johansen P.H. et Nielsen N.C., 2012 – Bridging between the regional degree and the community approaches to rurality. A suggestion for a definition of rurality for everyday use, *Land Use Policy,* 29, p. 781–788.

***Journal of Rural Studies* (Invité éditorial), 2002** – A mode of production for fragile rural economies: the territorial accumulation of forms of capital. *Journal of Rural Studies*, 18, p. 225–231.

Kieffer M., 2014 – *Análisis de las condiciones de un territorio para la integración del turismo rural comunitario: una aproximación a la investigación acción en el Bajo Balsas, Michoacán*, Thèse de doctorat en Géographie et Sciences du tourisme, Universidad Nacional Autónoma de México, Mexique, Université de Perpignan Via Domitia, 305 p.

Kieffer M., 2011 – Le tourisme alternatif au Mexique : solution durable ou moyen de contrôle territorial ?, *in* P. Duhamel et K. Boualem, *Tourisme et mondialisation*, France, Mondes du tourisme, Editions ESPACES, p. 337-347.

Kieffer M. et Burgos A., 2015 – Productive identities and community conditions for rural tourism in Mexican tropical drylands, *Tourism Geographies*, vol. 17, p. 561-585, DOI:10.1080/14616688.2015.1043576.

Kieffer M. et Burgos A., 2014 – Construcción de una visión local y colectiva para emprender iniciativas de Turismo Rural Comunitario., *in* J.C. Monterrubio et A.L. López, *De la dimensión teórica al abordaje empírico del turismo en México. Perspectivas multidisciplinarias*, Mexique, Instituto de Geografía de la UNAM, p. 301-316.

Leco Tomás C. et Romero Silva G., 2009 – Los Efectos de la Migración en Tumbiscatío, Michoacán, *CIMEXUS*, p. 117-135.

McCusker B. et Carr E.R., 2006) – The co-production of livelihoods and land use change: Case studies from South Africa y Ghana, *Geoforum*, 37, p. 790-804.

Pisani E. et Franceschetti G., 2011 – Territorial approaches for rural development in Latin America: a case study in Chile, *Revista de la Facultad de Ciencias Agrarias,* Universidad Nacional de Cuyo, 43, p. 201-218.

Programa de las Naciones Unidas para el Desarrollo (PNUD), 2015 – *Índice de Desarrollo Humano para las entidades federativas, México 2015. Avance continuo, diferencias persistentes.* PNUD. En ligne : http://www.mx.undp.org/content/dam/mexico/docs/Publicaciones/PublicacionesReduccionPobreza/InformesDesarrolloHumano/PNUD_boletinIDH.pdf

Ruiz E., et Hernández M., 2007 – Identity and community. Reflections on the development of mining heritage tourism in Southern Spain, *Tourism Management*, 28, p. 677–687.

Schejtman A. et Berdegué J., 2008 – Towards a Territorial Approach for Rural Development. Research Programme Consortium for Improving Institutions for Pro-Poor Growth, *Discussion Paper Series,* no. *17*, 33 p.

Simkova E., 2007 – Strategic approaches to rural tourism and sustainable development of rural áreas, *Agricultural Economics,* 53, p. 263–270.

Verburg P., van de Steeg J., Veldkamp A. et Willemen L., 2009 – From land cover change to land function dynamics: A major challenge to improve land characterization, *Journal of Environmental Management,* 90, p. 1327-1335.

De la ressource,
au projet de territoire

Troisième partie

Chapitre 9

Patrimoine des plantes forestières et stratégie de développement territorial Cas du Groupement Féminin de Développement Agricole *Elbaraka* (Nord-Ouest de la Tunisie)

Forest plant heritage and territorial development strategy. Case of the GFDA Elbaraka Women's Development Group in north-western Tunisia

Ines LABIADH*

Résumé : Le Nord-Ouest de la Tunisie constitue l'une des régions les plus défavorisées du pays. Différents facteurs se combinent pour provoquer le caractère difficile et le blocage des programmes de développement mis en place dans cette région forestière. Une grande fraction de la paysannerie se trouve marginalisée et vit d'une agriculture de subsistance dans des exploitations de taille réduite et des conditions édapho-climatiques contraignantes. Dans ce cadre de vie fragile caractérisé par une agriculture incapable de satisfaire seule les besoins de la population, l'orientation vers des activités extra-agricoles s'avère indispensable pour assurer des compléments de revenus pour les usagers de la forêt, moyennant la valorisation des ressources forestières du territoire. Notre propos se situe à T'bainia, dans la forêt du Nord-Ouest tunisien, où un groupe de femmes rurales a pu monter, avec l'appui d'une ONG nationale, un Groupement Féminin de Développement Agricole (GFDA) spécialisé dans la distillation des huiles essentielles des Plantes Aromatiques et Médicinales (PAM). Les activités de ce groupement couvrent la transformation des PAM et la production de produits cosmétiques. Nous partirons d'un travail de terrain réalisé pendant l'été 2013 durant lequel nous avons suivi de près la dynamique de développement créée par le GFDA T'bainia et analysé les différents aspects de valorisation des ressources locales et de coordination entre les acteurs.

Abstract: *The Northwest of Tunisia constitutes one of the most underprivileged areas of the country. Several factors combine to cause the marginality and the blocking of the development programs set up in this forest area. A great fraction of the peasantry is marginalized and lives from subsistence agriculture in small farms exposed to restrictive soil and climatic conditions. Within this fragile living environment characterized by an agriculture unable*

---

*Université Grenoble-Alpes, UMR PACTE-Territoires.

to satisfy, alone, the needs of the population, the orientation towards extra-agricultural activities seems to be essential to ensure additional incomes for the users of the forest, by the valorization of the forest resources of their territory. Our purpose is localized in T'binya, in the forest of the tunisian Northwest, where a group of rural women succeeded with the support of a national ONG to constitute a female grouping of agricultural development (FGAD) specialized in the distillation of essential oils of the aromatic and medicinal plants. The activities of this grouping cover the transformation of forest plants and the production of cosmetic products. We rely on a fieldwork realized during the summer 2013 wich allowed us to follow closely the dynamic of development created by the FGAD of T'binya and to analyze the different aspects of the local resources valorization and the coordination of the actors.

Cet article s'inscrit dans la lignée des travaux menés depuis une vingtaine d'années sur le concept du développement territorial. Ce concept, dont l'utilité est approuvée à travers des expériences de terrain localisées particulièrement dans des territoires en difficultés, se veut porteur d'un regard différent et novateur sur la relation entre l'espace productif, ses ressources et les acteurs qui l'animent et le construisent.

Dans les lignes qui suivent, nous allons exposer une étude de cas qui se situe dans un territoire marginal du Nord-Ouest de la Tunisie où une dynamique particulièrement intéressante entre une ONG nationale et une forme de représentation de la population est en train d'apporter un renouveau aux approches de développement dans le milieu rural. Cette expérience pourrait être le modèle à suivre pour sortir de l'exclusion les zones difficiles et offrir à leurs populations plus d'opportunités et de possibilités d'adaptation à un environnement économique de plus en plus ouvert, complexe et concurrentiel.

Pourquoi un développement territorial pour les zones difficiles ?

Afin de situer cette communication dans son cadre d'analyse, il est indispensable de répondre à cette question pour justifier l'intérêt du modèle de développement territorial pour les zones difficiles. Mais d'abord, essayons d'apporter rapidement une définition à ce concept.

Le terme « difficile » renvoie à « tout ce qui donne de la peine, des efforts, ce qui cause des soucis, ce qui est exigeant et délicat, ce qui présente des obstacles et des empêchements »[1]. L'attribut difficile fait référence aussi aux termes de pression, de contrainte, de fragilité et de faiblesse. Il confère aux zones auxquelles il est associé un caractère contraignant et défavorable qui les met en situation de « retard de développement » et les empêche de suivre le processus de développement observé dans les zones plus avantagées. Par ailleurs, tout en étant intégrées dans des systèmes d'interdépendance avec les zones développées, les zones difficiles

---

1 – Définition du *Dictionnaire Hachette Encyclopédie*.

subissent le plus souvent des formes de marginalité, qui se manifestent à travers les statistiques liées au chômage, à l'analphabétisme ou encore à la pauvreté dont elles détiennent souvent le record (Elloumi, 1996 ; Sahli, 2000 ; Allal, 2011).

Dans la même lignée, les zones difficiles sont mal pourvues en facteurs standards de production (foncier, ressources naturelles, etc.), ce qui les empêche de suivre la course économique entre territoires et les expose à l'obligation d'emprunter d'autres chemins susceptibles de leur garantir une continuité des activités et une satisfaction des besoins de leurs populations.

Toutefois, le fait qu'un territoire soit implanté dans un environnement naturel fragile (zones de relief, désert, forêt…) ou sous des conditions climatiques difficiles (aridité, précipitations abondantes ou insuffisantes, froid ou chaleur extrêmes…) ne doit pas être pris comme une condamnation ou une malédiction. Au contraire, la vulnérabilité des zones difficiles doit être un marchepied vers l'invention de nouvelles normes et règles de gestion de l'espace dans la mesure où les acquis en matière de développement ne sont pas adaptés à ces zones. L'innovation devient alors une alternative sinon une obligation pour ne pas tomber dans la marginalité et assurer la sécurité face à des territoires favorisés, compétitifs et mieux armés.

Certains auteurs poussent plus loin cette réflexion et avancent que les zones difficiles « sont même mieux placées que les zones « favorables » pour inventer et mobiliser » (Campagne et Pecqueur, 2009). La vulnérabilité de leurs milieux « peut être considérée comme une source possible d'innovation au sens où elle révèle une capacité relative des acteurs à anticiper les évolutions, à prendre en compte les incertitudes et à s'organiser » (Peyrache-Gadeau, 2007).

Dans la foulée de ces réflexions fondées sur le renforcement des zones difficiles, apparaît l'approche territoriale de développement (travaux de Aydalot, Crevoisier, Pecqueur, Camagni, Maillat, etc.) avancée pour sortir de l'impasse des territoires laissés-pour-compte de l'économie mondiale et, ce, à travers un regard différent porté sur leurs potentiels et la capacité de leurs acteurs à quitter les sentiers battus pour se consacrer à des activités qui leur sont spécifiques et, par la suite, difficiles à reproduire ailleurs.

Défini par Pecqueur comme étant un processus de construction par les acteurs, le développement territorial présente comme caractéristique de base la mise en place dans l'histoire longue de processus de différenciation et de valorisation locale des ressources. Nous considérons, par la suite, le développement territorial comme une réponse émergente à la mondialisation et un moyen de faire vivre des territoires tout en se basant sur des acteurs et des ressources ancrés localement. Cette idée constitue le fil conducteur de notre communication, qui enchaîne avec un deuxième point dédié à la présentation de la zone d'étude dans laquelle se situe l'expérience de développement territorial que nous proposons d'analyser.

T'bainia dans la ville d'Ain Draham

En Tunisie, les niveaux de développement socio-économique sont différents entre les zones du littoral et l'Ouest du pays, mais aussi entre les zones de plaine riches et les montagnes défavorisées du Nord et du Sud. Cela résulte d'une stratégie de développement qui a fortement privilégié le littoral et les grandes villes du Nord et du Sahel au détriment de l'intérieur et de l'Ouest du pays. Cette stratégie qui date de l'époque romaine avec la primauté du commerce maritime et le développement des villes portuaires, s'est poursuivie pendant la colonisation française et les années de l'indépendance à travers des politiques d'intensification, dans les zones favorables au modèle agricole dominant (terres fertiles, zones de plaine, ressource en eau abondante…) et de promotion du tourisme balnéaire de masse, laissant le reste du pays à la merci des programmes d'assistance, d'amélioration des conditions de vie et de lutte contre la pauvreté de l'État et des organismes de l'aide internationale.

Les problématiques de développement sont particulièrement aigües dans le Nord-Ouest du pays et surtout dans la Kroumirie, une région montagneuse caractérisée par les indicateurs de développement les moins rassurants à l'échelle nationale, notamment en termes de chômage et de taux de pauvreté. La délégation d'Ain Draham, appartenant au gouvernorat de Jendouba, fait partie de cette région et est considérée par de nombreuses études comme étant une zone difficile. Les dernières statistiques le prouvent, Ain Draham est classée au 258e rang sur un total

Fig. 1 – Localisation d'Ain Draham dans le gouvernorat de Jendouba, région de la Kroumirie

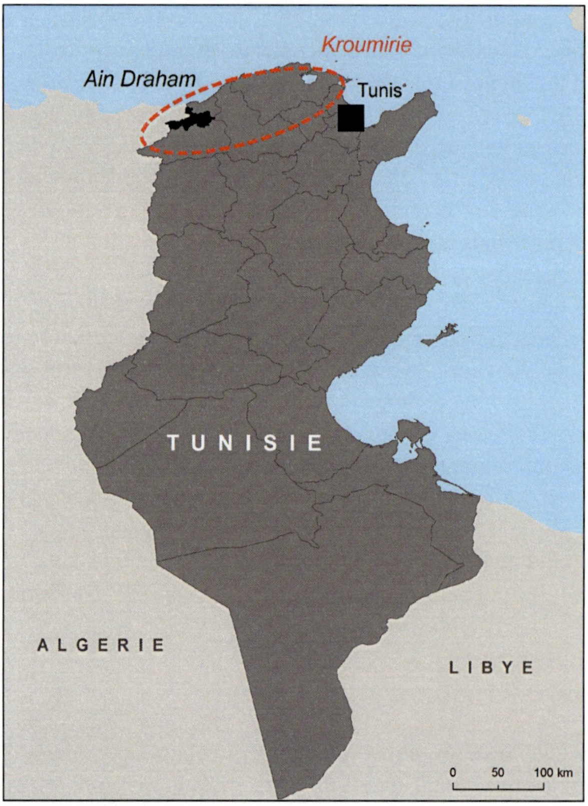

Source: Labiadh, 2015.

de 264 délégations en Tunisie selon l'indicateur de développement régional calculé en 2012 par le Ministère du Développement régional et de la Planification.

Principalement rurale comme la plupart des régions méditerranéennes en retard de développement (Chassany, 1994 ; Elloumi, 1996 ; Roux et Guerraoui, 1997), la région d'Ain Draham est caractérisée par un écosystème forestier humide et par des discontinuités géographiques relatives à la présence des chaines de Mogod et de la Kroumirie. Ville d'origine coloniale, elle a été créée en 1882 à partir d'un ancien camp militaire. Autrefois centre d'estivage et de souk, son nom signifie en arabe « source d'argent », en référence aux sources thermales exploitées pendant l'époque romaine. 75 % de la superficie totale de cette région sont occupés par une dense forêt de chêne liège.

Comme l'ensemble des secteurs (*Imadats*) d'Ain Draham, notre zone d'étude, T'bainia[2], se caractérise par un retard de développement conséquent puisqu'elle a servi de zone refuge pendant longtemps pour des populations rurales qui se sont marginalisées par rapport au pouvoir central et au reste du pays. Les raisons de cette marginalisation, en plus des contraintes naturelles et physiques liées à la rudesse du climat et à la présence de relief, sont aussi d'ordre politique. En effet, les dirigeants tunisiens de l'après indépendance, Bourguiba et Ben Ali, tous deux originaires du Sahel, ont maintenu une politique économique de l'État favorable à la capitale Tunis, centre du pouvoir et aux métropoles du Sahel (Monastir, Sousse). Par ailleurs, les habitants du Nord-Ouest ont une longue histoire avec les émeutes et l'opposition au pouvoir et, ce, depuis la colonisation française, qui s'est confrontée depuis sa première intrusion dans le territoire tunisien, du côté de la frontière algérienne, aux tribus révoltées de Kroumir.

La population d'Ain Draham tire son existence d'une agriculture familiale faiblement intensifiée pratiquée dans des conditions édapho-climatiques rudes (fortes pentes, glissements de terrains, chutes de neige) et de revenus extra-agricoles provenant essentiellement des chantiers de conservation de la forêt et des ressources naturelles ou du bâtiment. L'économie est diversifiée, mais les activités restent peu développées (Elloumi, 2006). Que ce soit avec l'activité agricole pratiquée sur des sols menacés en permanence par l'érosion ou avec le travail saisonnier dans les chantiers, les revenus générés demeurent insatisfaisants, ce qui amène les jeunes à migrer à la recherche d'emplois, le plus souvent vers la capitale, Tunis, ou le Sahel en tant qu'ouvriers dans les chantiers de construction pour les hommes et aides ménagères pour les femmes. Outre la migration, les activités extra-agricoles occupent elles aussi une place importante dans le quotidien de la population forestière d'Ain Draham. Ainsi, distillation et extraction des essences des Plantes Aromatiques et Médicinales (PAM), récolte de pignons et de champignons, artisanat du liège et du

---

2 – T'bainia est un secteur de la délégation de Ain Draham, l'une des 264 délégations de la Tunisie. Administrativement, le pays est subdivisé en gouvernorats constitués de délégations elles-mêmes composées de secteurs appelés localement *Imadats*. Le secteur est la plus petite unité administrative en Tunisie. N'ayant pas pu accéder à suffisamment de données sur le territoire de T'bainia, nous allons nous contenter de présenter la délégation dans laquelle il se situe, sachant que l'ensemble de la région est caractérisé par une grande homogénéité géographique et socio-économique.

bois constituent autant d'activités non agricoles concentrées toutes sur la valorisation des ressources de la forêt.

Ce travail vise à mettre la lumière sur la valorisation des PAM, qui dégage aujourd'hui une source de revenus stable pour plusieurs familles du douar T'bainia et notamment pour la gente féminine qui se voit cheminer vers une amélioration de son niveau de vie et, progressivement, vers une autonomie financière. Dans ce contexte, il nous a semblé intéressant de se baser sur l'expérience d'un Groupement Féminin de Développement Agricole (GFDA) nouvellement créé sur ce territoire et de tirer les enseignements que pourrait nous apporter cette expérience en matière d'entreprenariat féminin, de coopération et d'actions communes ainsi que des stratégies de différenciation et de promotion des produits locaux. Notre réflexion est issue des entretiens réalisés auprès des acteurs impliqués dans cette démarche, les femmes du GFDA et les responsables d'une ONG nationale appuyant ces femmes. Aussi, nous avons opté pour une observation participante à travers l'implication dans les activités réalisées autour des PAM.

Le GFDA T'bainia : une crise... une création

L'espace rural de la région d'Ain Draham est caractérisé par la présence de nombreuses institutions publiques dont essentiellement l'Office de DÉveloppement SYlvo-PAstoral du Nord-Ouest (ODESYPANO), l'organisme public le plus impliqué dans les actions et les plans de développement des zones montagneuses de la région. Créé en 1981 et placé sous la tutelle du Ministère de l'Agriculture, l'ODESYPANO intervient dans l'exécution des programmes de développement rural dans son périmètre d'action, selon une approche descendante suivant les directives de l'administration centrale, à l'instar de tous les établissements publics jusqu'aux années 1990. L'adoption, en 1995, de l'approche participative et intégrée modifie le mode d'action de cette institution qui devient axé sur l'organisation de la population dans différentes formes de représentation, chargées par la suite de la réalisation des actions de développement. Les Groupements de Développement Agricole (GDA) constituent, avec d'autres organisations de base[3], les plus importantes formes qui en ont résulté.

Créé par une loi de 1999[4] qui fixe les missions de cette institution et son cadre de fonctionnement, le groupement de développement agricole est une forme d'association rurale à but non lucratif, dotée de la personnalité civile et dont les principales activités tournent autour de la promotion de l'activité agricole en milieu rural (fourniture d'équipement agricole, travaux de conservation des eaux et des sols, formation du capital humain, etc.). Dans la région Nord-Ouest de la Tunisie, le fonctionnement des GDA se base sur un contrat programme réalisé par l'ODESYPANO après concertation avec la population lors de campagnes d'animation et de sensibilisation. La signature du contrat programme donne le coup d'envoi

---

3 – Sociétés Mutuelles de Services Agricoles (SMSA), Sociétés de Mise en Valeur et de Développement Agricole (SMVDA), etc.
4 – Loi n° 99-43 du 10 mai 1999, publiée dans le *Journal Officiel* de la République tunisienne.

de la réalisation d'un Plan de Développement Communautaire (PDC) qui englobe des actions à entreprendre correspondant à un diagnostic participatif réalisé avec les animateurs et conseillers de l'ODESYPANO. C'est dans ce contexte que fût créé, en 2000, le groupement de développement agricole de T'bainia qui devait jouer le rôle de médiateur avec l'administration et d'interlocuteur de la population en vue de mieux négocier ses projets de développement.

Au bout de dix ans de fonctionnement, le GDA de T'bainia connut une crise interne suite à des problèmes de détournement de fonds, de monopolisation de la décision par certains membres et de non-respect du règlement intérieur. Mabrouka, membre du conseil d'administration du GDA et plus tard fondatrice du GFDA Elbaraka nous explique comment la situation a dégénéré au sein du groupement : « À partir de 2010, un manque de transparence commença à s'installer. Tout le monde n'était pas au courant des actions menées et de la circulation des fonds à l'intérieur du GDA. Des binômes se sont formés et certains commencent à travailler leurs propres intérêts et ceux de leurs proches au détriment de la communauté. Cela a créé beaucoup d'accrochages et de tensions entre les membres ; l'ambiance est devenue défavorable au travail collectif et l'irrégularité dans la tenue de l'assemblée générale ne faisait qu'aggraver la situation »[5].

À l'issue de cette crise, Mabrouka et deux autres femmes quittent le GDA T'bainia et se résolvent à créer leur propre GDA féminin. Cette décision était à la fois le résultat de la crise à l'intérieur du GDA, qui aboutira plus tard à sa dissolution[6], mais aussi de la volonté de ces femmes de prendre les choses en main et d'avoir enfin leur propre cadre de travail dans lequel elle pourront s'exprimer, gérer et prendre des décisions librement. La monopolisation et la personnalisation des décisions par certains membres du GDA, couplées à une mise à l'écart et à une non-consultation des femmes, accentuent chez ces dernières le sentiment de discrimination et renforcent leur volonté de changer la donne. Aussi, la création de leur propre GDA était un moyen pour mettre en œuvre leur prédisposition au travail collectif et leur savoir-faire dans la valorisation des produits de la forêt.

Les femmes de T'bainia choisiront *El baraka*[7] comme dénomination pour leur GFDA qui obtiendra, en 2013, le permis d'exercer. La figure 2 résume le cheminement vers la création de cet organisme en mettant en exergue les motifs liés au fonctionnement interne du GDA de T'bainia et ceux en relation avec la condition des femmes de la région.

La création de ce GDA féminin fait donc suite à un enchaînement de crises auxquelles les femmes du territoire de T'bainia ont décidé de faire face. Cette mobilisation se place aujourd'hui au cœur d'une dynamique de développement qui

---

5 – Tous les propos, dans cet article, sont des extraits d'entretiens réalisés en 2013 dans le cadre d'un travail de terrain de thèse portant sur les stratégies locales de développement territorial dans les territoires marginaux.

6 – Facilitée par le déclenchement, fin 2010, de la révolution tunisienne contre le régime en place, qui fut à l'origine de plusieurs remaniements et changements de responsables à la tête de différentes institutions tunisiennes.

7 – En arabe, le terme *El baraka* signifie la chance donnée à l'Homme par une faveur divine. En choisissant ce nom pour leur groupement, les femmes partent confiantes et croient en la réussite de leurs activités.

Fig. 2 – Historique de la création du GFDA *El baraka*

	Du côté du GDA	Du côté des femmes
2000	Création du GDA polyvalent et mixte (H/F) de T'bainia	• Rôle marginal dans la gestion interne et la prise de décision, malgré un fort potentiel productif
2010	• Détournement de fonds • Manque de transparence et de confiance entre membres • Monopolisation et personnalisation des décisions par certains membres	• Tradition de cohérence et prédisposition au travail collectif • Savoir-faire dans la valorisation des produits de la forêt
2013	Dissolution du GDA de T'bainia	Permis d'exercer accordé au GFDA *El baraka*

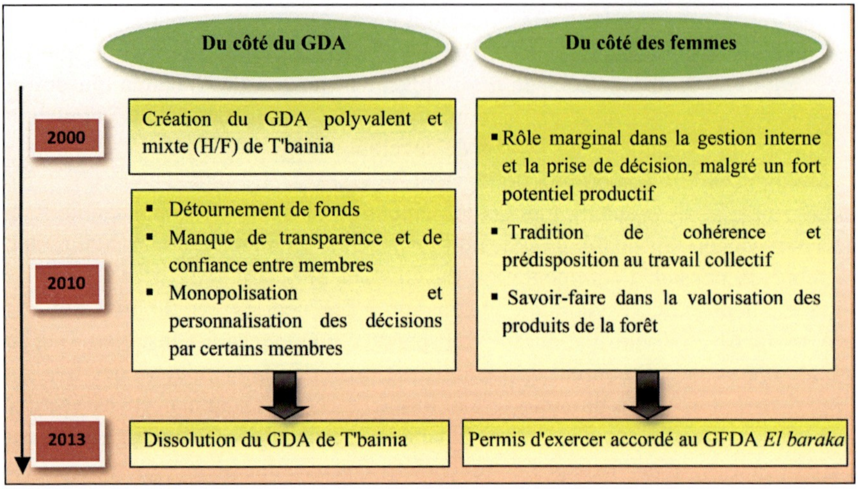

Source : Labiadh (2015).

répond aux besoins des femmes de surmonter un problème collectif, celui de la crise inhérente au GDA, et de satisfaire un besoin commun de prendre leur destin en main par la conception d'un cadre de travail qui leur soit propre. La création du GFDA *Elbaraka* s'inscrit dans la lignée du développement territorial défini d'ailleurs comme étant une dynamique continue d'adaptation aux contraintes et un moyen de sortir de la marginalisation et de l'exclusion qui implique d'emprunter de nouvelles voies tout en innovant dans les approches et les stratégies. En conséquence, « les territoires ne sont plus les cadres où des choses se passent, mais où les choses s'inventent » (Guigou, 2000) et le conflit apparaît, en ce sens, comme un facteur d'adaptation et d'innovation territoriales.

Les femmes laissées-pour-compte d'un environnement de travail exclusivement masculin qui, de plus, connaît des problèmes internes pour assurer la cohésion de ses membres et la réalisation, par conséquent, de ses objectifs de départ, décident d'adopter une logique différente et de faire de l'exclusion un marchepied vers l'invention d'un nouveau cadre d'action. De plus, leur intention de valoriser leur savoir-faire dans la distillation des PAM a trouvé l'appui nécessaire chez une ONG nationale, la fondation ATLAS (Association Tunisienne du Leadership, de l'Auto-développement et de la Solidarité) qui parraine ces femmes depuis 1990. Procédons désormais à l'analyse de cette coopération indispensable dans la création du GFDA *Elbaraka* et dans le développement ultérieur de ses activités.

La Coopération ATLAS-GFDA *El baraka* : mise en commun d'idées et apprentissage mutuel

La création du GFDA *El baraka* n'aurait pas été possible sans l'appui infaillible de la fondation ATLAS qui apporte aide et appui aux femmes de T'bainia depuis sa création dans les années 1990.

Cette ONG a été créée par d'anciens responsables de l'administration dans le but de diffuser la culture de solidarité et de réaliser des projets de développement durable en faisant participer les bénéficiaires à la conception et à la réalisation des projets. Elle draine des moyens considérables et intervient localement dans le territoire d'Ain Draham au niveau des *Imadats*. Ses interventions se font selon une approche participative caractérisée par sa grande proximité avec les communautés bénéficiaires. À T'bainia, l'appui d'ATLAS aux femmes rurales a débuté par l'accompagnement de leurs activités quotidiennes et la mise en place de microprojets pour améliorer leurs sources de revenus et les aider à développer une culture entrepreneuriale (élevage ovin, poulaillers, fours à pain traditionnels, etc.).

En 2012, l'identification par ATLAS des intentions d'investissement par les femmes dans le segment de la distillation fut à l'origine de l'appui apporté à ces dernières pour qu'elles puissent monter leur propre GDA spécialisé dans la distillation des plantes aromatiques et médicinales, et assurer son bon fonctionnement. Cet appui fut apporté en deux phases. La première concernait l'acquisition du permis d'exercer pour le GFDA et les négociations qu'il fallait mener avec les autorités locales et régionales pour obtenir l'autorisation, la deuxième a lieu après l'obtention du permis et concernait l'émancipation de l'activité des femmes et l'amélioration des conditions de travail dans lesquelles elles exercent. Le GFDA *Elbaraka* s'est spécialisé dans la valorisation des PAM, essentiellement le myrte, l'eucalyptus, la lavande et le cyprès à partir desquelles est fabriquée une multitude de produits naturels (eau florale, huiles essentielles, savon naturel et compost par le recyclage des déchets végétaux).

Fig. 3 – Logos affichant les appellations respectives en arabe d'ATLAS (a) et du GFDA *Elbaraka*, porté par une femme adhérente (b)

Sources : page Facebook de l'asociation ATLAS (a) et photo du GFDA (b).

Le GFDA Elbaraka est à présent une unité de distillation à part entière d'une capacité maximale de cinq cents litres, exploitée par les femmes de T'bainia qui récoltent elles-mêmes localement la matière première. Il importe de souligner que le savoir-faire autour des PAM, impulsé par ATLAS, fut rapidement approprié par les femmes qui étaient prédisposées à s'engager dans cette activité contrairement à des territoires voisins où l'Etat et des structures associatives multiplient les efforts pour initier la population à des créneaux prometteurs sans que cela se solde par les résultats et la dynamique escomptés[8]. Le processus de territorialisation à T'bainia est, en effet, né d'un volontarisme des acteurs et d'une grande conscience du potentiel territorial à valoriser.

« J'ai toujours été sensible aux problèmes que rencontrent les femmes de ma région pour gagner leur vie et appuyer les hommes pour subvenir aux besoins de leurs familles. D'autre part, je voulais rendre plus rentables des activités qu'elles pratiquaient tous les jours sans pour autant en tirer profit », nous dit Mabrouka en parlant du manque à gagner qu'elle voulait pallier en s'engageant dans le GFDA.

Depuis 2013, la gouvernance mixte ATLAS/GFDA permet de développer certains aspects que nous proposons de détailler dans les points suivants.

Renforcement de capacités financières et techniques des femmes

La distillation des PAM par les femmes de T'bainia n'est pas très ancienne. Il s'agit d'une activité récente sur le territoire et, contrairement à d'autres savoir-faire objets de conservation et de transmission intergénérationnelle (poterie, élevage, tapisserie), elle remonte à moins d'une vingtaine d'années, date de son introduction sur le territoire par l'association ATLAS. Les responsables de cette fondation avaient constaté, au cours d'une visite en 1990, la richesse de ce territoire en flore forestière, particulièrement en PAM et décidèrent d'initier les femmes à la valorisation de cette ressource. Le travail commença par des sessions de formation sur les vertus médicinales de ces plantes et la façon d'en extraire l'eau florale et les huiles essentielles. Plus tard, en 2000, dans le cadre d'une convention signée avec une organisation italienne, ATLAS a pu fournir deux grands distillateurs aux femmes désireuses de continuer dans cette ligne et qui, jusque-là, œuvraient avec de petits distillateurs pour un marché à échelle géographique restreinte. Avant l'arrivée de cette ONG dans le village de T'bainia, les femmes utilisaient les plantes de la montagne d'une manière traditionnelle et pour un usage domestique. Elles ont vite décelé leurs bienfaits pour la guérison de maladies liées, en particulier, au système respiratoire et aux maux de tête. Une ingénieure agronome de la région rejoint ensuite le GFDA et travaille sur ce volet à travers la préparation de brochures expliquant les vertus de chaque plante et servant de support promotionnel lors des foires et des expositions.

La valorisation des PAM fut d'abord intégrée aux axes du GDA de T'bainia et le conseil administratif donna à Mabrouka la mission de développer ce créneau en rassemblant les femmes autour de ce projet. Toutefois, les restrictions exercées par

---

8 – Dans le délégation Sloul, à quelques kilomètres de T'bainia, l'Office d'artisanat dispense des microcrédits pour appuyer les artisans sculpteurs de bois dans les douars montagneux (achat de matériel, modernisation, commercialisation, participation aux foires...). Mais une fois encaissé, l'argent est utilisé pour les besoins familiaux (mariage, construction...) ou dans des activités traditionnellement présentes sur le territoire (achat de vaches ou de chèvres pour la vente du lait, arboriculture à production tardive...) et qui ont montré leurs limites en raison, surtout, de la saturation du marché.

les hommes et le cadre de travail du GDA, peu favorable aux activités féminines, ont empêché l'épanouissement de cette activité. Ce blocage amena les femmes à chercher appui auprès de leur association marraine, qui les accompagna alors dans la création de leur GFDA regroupant aujourd'hui quarante-cinq femmes. Ces dernières bénéficient d'ores et déjà d'ateliers de formation touchant différents domaines dans les techniques de distillation, de fabrication de savon, de compostage mais aussi dans la gestion financière, le marketing et la promotion.

« Le déchet des plantes peut devenir un bon humus pour le jardin de plantes aromatiques et médicinales que nous souhaitons créer prochainement. Il nous permettra, d'autre part, d'épargner l'argent qui, autrefois, servait à son transport vers la déchèterie », nous explique ainsi, avec clairvoyance, la présidente du GFDA.

Le renforcement des capacités des femmes dans le fonctionnement interne du GDA se manifeste aujourd'hui à travers de plus grandes aptitudes à la comptabilité et à la gestion du budget. Bachra, adhérente au GFDA l'exprime ainsi, non sans fierté : « Avant, c'était le client qui dictait le prix d'achat. Nous étions incapables de fixer un prix exact pour nos produits et il nous arrivait même de vendre à perte. Désormais, et suite aux formations que nous avons suivies en gestion financière, nous sommes capables de calculer toutes nos dépenses, la quantité de notre travail et de déterminer par la suite nos prix de vente à des valeurs rentables ».

Ouverture sur l'environnement extérieur : promotion et commercialisation

L'appui apporté par ATLAS permet non seulement une assise financière suffisante pour développer l'activité des femmes, mais aussi une meilleure visibilité de leur savoir-faire à travers la participation à des manifestations susceptibles de faire connaître le groupement et de garantir ainsi un meilleur écoulement des produits. En effet, ATLAS privilégie l'ouverture commerciale qui commence par la publicité dans les foires et salons pendant lesquels les femmes mettent en scène leur savoir-faire, vendent des quantités importantes de leur production et trouvent de nouveaux clients.

À travers ces rencontres, l'image véhiculée par le GFDA est celle d'un groupe de femmes battantes et courageuses qui n'hésitent pas à raconter l'histoire de leur succès et à apporter des réponses aux questions des visiteurs, que ce soit sur la technique de distillation des PAM ou sur les vertus de leurs produits pour différentes maladies. Par ailleurs, de telles manifestations, le plus souvent organisées à Tunis, font émerger ce produit comme spécifique au territoire de T'bainia et ce, contrairement à d'autres produits (notamment le tapis) qui manquent de promotion et voient, par conséquent, leurs périmètres de valorisation se confiner à des cercles de plus en plus petits.

Outre sa coopération avec ATLAS, le GFDA *Elbaraka* entretient des échanges avec des GDA homologues qui permettent, comme nous l'a expliqué un membre d'ATLAS, de collaborer dans la fabrication de certaines huiles essentielles, comme celle du myrte, dont la production nécessite des quantités importantes de matière première. Le partenariat inter-GDA est une idée de la présidente du GFDA à laquelle ATLAS avait répondu favorablement. La mise en commun de productions entre GDA permet, en plus, d'affronter les coûts élevés de production (transport de la matière première, eau, gaz pour les alambics) et de cibler une plus large clientèle. Aussi, la sortie des circuits courts[9] des villages et douars alentours et l'exploration de marchés plus éloignés assurent une meilleure rémunération en permettant le détournement de la concurrence des productions des zones voisines qui sont le plus souvent identiques et vendues à des prix dérisoires.

Valorisation du savoir-faire productif : différenciation et labellisation

Dans un objectif de protection de l'origine des produits et de garantie de leur qualité pour une clientèle de plus en plus soucieuse du lieu de provenance de ce qu'elle consomme et des processus de fabrication, ATLAS a mis en place une marque collective pour limiter la zone de production et certifier la spécificité et l'originalité des produits fabriqués par les femmes du GFDA.

Dans la logique territoriale de développement, le processus de spécification des ressources (Colletis et Pecqueur, 1993) est indispensable dans l'ancrage territorial des activités et des produits. Il protège de la concurrence et permet aux acteurs de jouer la carte de la qualité des produits relative à la matière première, aux caractéristiques intrinsèques mais surtout aux savoir-faire associés. Ce processus est particulièrement intéressant pour les zones difficiles longtemps jugées comme peu efficaces économiquement et exposées, jour après jour, au risque de marginalisation et d'exclusion des grands jeux de l'économie marchande. En effet, la prise en compte des facteurs locaux dans les dynamiques économiques permet à des territoires comme celui de T'bainia d'avoir un meilleur positionnement sur le marché en misant sur la différenciation des produits. Ce processus remplace le déficit de productivité et crée, avec le temps, une rente territoriale « à rechercher à la fois du côté de l'offre (exploitation d'un facteur rare, spécifique, non reproductible comme la fertilité, une ressource naturelle ou un savoir-faire) et, du côté, de la demande, avec l'existence d'une demande rigide pour un bien particulier » (Hirczak *et al.*, 2004). Le cas contraire apparaît dans une économie concurrentielle de masse, la production standardisée impliquant systématiquement une baisse de prix et donc une disparition des rentes (*ibid.*).

Le processus de territorialisation engagé autour des PAM traduit un travail de spécification qui vise à offrir une qualité reconnue aux produits du GFDA et une garantie d'origine. Les produits sont issus d'une ressource – ici les plantes forestières – dont le caractère spécifique est manifeste au travers de leur ancrage géographique, leur adaptation à un climat humide particulier et leurs caractéristiques physico-chimiques. La spécificité liée au facteur humain (savoir-faire ancien, élément de patrimoine, existence d'une tradition locale liée au produit...) est beaucoup moins fondée et rend impossible, du moins actuellement, l'obtention du label AOC ou IP par les produits des PAM selon la législation tunisienne relative aux signes de qualité liés à l'origine. Cette législation exige, en effet, des liens étroits entre le produit à labelliser et son aire de production et particulièrement un savoir-faire pro-

---

9 – Privilégiés dans les zones difficiles faute de moyens propres pour assurer le transport.

Fig. 4 – Savon de plantes de la marque Khroumirie

Source : I. Labiadh.

Fig. 5 – Quelques activités réalisées dans le cadre de la coopération ATLAS/GFDA *Elbaraka*

(a) : Stand GFDA/ATLAS à la foire nationale de l'artisanat de 2013 ; (b) : Atelier de distillation lors du festival de la forêt. Sources : I. Labiadh.

fondément (historiquement) enraciné dans le territoire, qui est difficile à prouver pour les produits du GFDA[10].

Aujourd'hui, les bouteilles d'eau florale, d'huile essentielle ainsi que le savon et les sachets de plantes vendues sans transformation portent tous la marque collective Khroumirie qui fait référence à la fois à la région du Nord-ouest tunisien et aux descendants des tribus Kroumirs habitant ses montagnes. Cette marque renforce l'identité et le sentiment d'appartenance chez les habitants et traduit, en même temps, l'ancrage territorial du produit.

Le GFDA *Elbaraka* s'est spécialisé dans la distillation de douze plantes issues de la forêt et se distingue dans ce registre des autres GDA spécialisés uniquement dans la distillation d'une ou deux plantes. Par ailleurs, il est le seul, à l'échelle nationale, à valoriser le myrte, plante qui donne son nom au festival national de myrte d'Ain Draham qui a fêté, en 2014, son vingt-cinquième anniversaire.

Conclusion : institutionnalisation d'une démarche collective, mobilisation et révision de l'action publique

La création du GDA *Elbaraka* et le démarrage de ses activités ont exigé des négociations et des écrits aux délégués d'Ain Draham et au gouverneur de Jendouba pour les sensibiliser à la nécessité d'obtenir l'autorisation d'exercer. La gouvernance mixte formée par l'articulation entre une ONG nationale et une forme de représentation de la population a permis, dans ce cadre, d'apporter plus de légitimité au groupe et de faire, en quelque sorte, pression sur les autorités locales et nationale pour qu'elles reconnaissent le droit des femmes de T'bainia d'avoir un GDA exclusivement pour elles.

La proximité organisationnelle installée depuis les années 1990 entre ATLAS et les femmes de ce territoire a fini par avoir le GDA comme cadre d'action officiel permettant d'agir avec plus de marges de manœuvre et de prendre part aux activités et manifestations organisées par l'État ou initiées par la société civile (foires, festivals, journées d'études, formations…).

Par ailleurs, l'équipe ATLAS/GFDA mène des négociations continues avec les autorités publiques afin d'améliorer les conditions de travail de ses adhérentes et pour un cadre de vie favorable à l'ensemble de la communauté, en harmonie avec son environnement naturel de proximité. Ces négociations portent essentiellement sur deux points :

• Réviser la loi interdisant les activités commerciales pour les GDA qui se trouvent aujourd'hui coincés par des textes qui limitent leurs champs d'action et contrarient le bon déroulement de leurs activités. À titre d'exemple, la loi 2004-24 du 15 mars 2004, relative au fonctionnement des GDA, interdit à ces organisations d'exercer toute activité à caractère commercial, contrairement aux Sociétés Mutuelles de Services Agricoles (SMSA). Cette

---

10 – Il importe de préciser que la première loi relative aux indications de provenance et Appellations d'Origine Contrôlées en Tunisie date de 1999. Actuellement, deux produits agricoles sont labellisés AOC : le vin et les figues de la délégation de Jebba à Beja.

loi prive les GDA d'une importante marge d'autonomie financière qu'ils auraient pu avoir s'ils étaient autorisés à effectuer des gains.
• Assouplir le code forestier actuellement appliqué et surveillé par la Direction générale des forêts afin de le rendre plus favorable à l'exploitation des PAM par la population locale, en revoyant les modalités et les règles d'accès à la ressource. Une telle mesure permettrait de défendre les droits de la population locale face aux grands producteurs des PAM (principalement tunisois et sfaxiens) qui exploitent irrationnellement cette ressource et externalisent une grande partie de sa valeur ajoutée en la transformant et commercialisant en dehors du territoire. La proposition faite est d'attribuer 20 % de la ressource forestière à la population locale qui tire son existence de cette unique ressource. La procédure en vigueur d'octroi de permis d'exploitation des lots de la forêt, se faisant par adjudication aux enchères au niveau national, donne l'avantage aux grands investisseurs par rapport à la population d'Ain Draham. Il a alors été proposé d'accorder le marché de gré à gré en réservant 20 % de la totalité des lots forestiers à la population locale.

Ces propositions devraient permettre aux familles forestières de bénéficier en toute légalité de l'exploitation des PAM tout en préservant l'équilibre de la forêt. Par ailleurs, compte tenu du stade très avancé des négociations, on peut dire sans aucun doute que les choses vont bon train, surtout grâce à la révision de la constitution et des lois suite au processus de transition démocratique en cours depuis 2011 en Tunisie.

Références bibliographiques

Allal A., 2011 – *Révoltes des marges et des marginalisés en Tunisie. De 2008 à la fuite de Ben Ali, Douzième rencontre des recherches méditerranéennes*, Florence, 6-9 avril 2011.
Campagne P., Pecqueur B., 2009 – *Zones difficiles, territoires de développement ?*, communication au colloque international « Sociétés en transition et développement local en Zones difficiles », « DELZOD » IRA de Médenine.
Chassany J.-P., 1994 – Émergence et adaptation de formes de développement local : analyse de quelques expériences observées en moyenne montagne, *Cahier Options méditerranéennes*, vol.3, p. 87-95.
Colletis G., Pecqueur B., 1993 – Intégration et quasi-intégration des firmes : vers de nouvelles rencontres productives, *Revue d'économie régionale et urbaine*, n° 3, p. 489-507.
Elloumi M., 1996 – *Politiques agricoles et stratégies paysannes au Maghreb et en méditerranée occidentale*, Tunis, ALIF, IRMC (recherche sur le Maghreb contemporain). 519 p.
Elloumi M., 2006 – Les politiques de développement rural en Tunisie : Acquis et perspectives, *Options Méditerranéennes*, série A, n° 71, p. 55-65.
Guigou J.-L., 2000 – *Aménager la France de 2020. Mettre les territoires en mouvement*, Paris, La Documentation française, 88 p.
Hirczak M., Pecqueur B., Mollard A., 2004 – Le panier de biens et de services de qualité : vers un modèle de développement territorial durable, *Montagnes Méditerranéennes*, n° 20, p. 35-41.

ODNO (Office de Développement du Nord-Ouest), 2012 – *La région de Jendouba : Opportunités d'investissement à saisir*, Les journées de partenariat Tuniso-Algérien, 6, 7 et 8 février 2012, 32 p.

Peyrache-Gadeau V., 2007 – Modes de développement et vulnérabilités : quels enjeux pour l'économie territoriale ?, *Les dynamiques territoriales débats et enjeux entre les différentes approches pluridisciplinaire*, communication au XLIIIe colloque de l'ASRDLF, Grenoble-Chambéry, 11, 12, 13 juillet 2007.

Roux B., Guerraoui D., 1997 – *Les zones défavorisées méditerranéennes*, Paris et Montréal, l'Harmattan (Coll. Histoire et perspectives méditerranéennes), Casablanca, Les Editions Toufkal, 362 p.

Sahli Z., 2000 – Développement rural, développement durable et gestion locale des ressources et des activités. Cas des zones rurales défavorisées de Montagne en Algérie, in Réseau Agricultures Familiales Comparées RAFAC, *Milieu rural, agriculture familiale : Itinéraires méditerranéens*, Montpellier, CIHEAM-IAMM, p. 137-171.

Valorisation des savoir-faire productifs
Presses Universitaires Blaise Pascal, CERAMAC 36, 2017, p. 131-150

Chapitre 10

La laine entre ressource territoriale et enjeux de gouvernance : du Pays de Saugues à la Provence

Wool, between territorial resource and governance issues: from the Pays de Saugues *to Provence*

Jean-Baptiste GRISON*, Laurent RIEUTORT*

Résumé : L'objet de cet article est d'analyser les processus de valorisation économique, sociale et culturelle de la ressource lainière à travers deux exemples français : le Pays de Saugues en Auvergne et *La Routo* en Provence, où des savoir-faire anciens ont été réactivés récemment dans le cadre d'actions coordonnées de développement territorial. Dans le Pays de Saugues, la mise en place d'une recherche-action a été l'élément facilitateur d'une mise en réseau d'acteurs diversifiés autour d'un projet de développement centré sur la réactivation et la mise en valeur de la ressource. En Provence, le projet de *La Routo* est né d'une coopération transfrontalière autour d'un itinéraire de transhumance aménagé en sentier de randonnée, pensé comme un vecteur d'animation des territoires traversés. Dans les deux cas, il apparaît que l'organisation d'une gouvernance partagée et cohérente d'un réseau d'acteurs multiples est un élément clé de la réussite des projets. En outre, les acteurs de l'Économie Sociale et Solidaire (ESS) jouent un rôle important dans une perspective d'innovation sociale.

Abstract: This article analyzes processes of economic, social and cultural valorization of the wool resource. Two French examples are particularly studied: the Pays de Saugues in Auvergne and La Routo in Provence, where ancient know-how has been reactivated recently, through coordinated territorial development actions. In the Pays de Saugues, *the implementation of an action-research was the facilitating element for the networking of diverse stakeholders around a development project about the reactivation and development of wool resource. In Provence,* La Routo *project is the result of a cross-border cooperation around a traditional transhumance itinerary developed as a hiking route, conceived as a vector of animation for the surrounding territories. In both cases, the organization of a shared and coherent governance network of multiple stakeholders is a key element for the success of the*

---

*Université Clermont Auvergne, AgroParisTech, INRA, Irstea, VetAgro Sup, Territoires, F-63000 Clermont-Ferrand, France.

projects. Moreover, social and solidarity economy (SSE) stakeholders play an important role in a social innovation perspective.

À partir d'une expérience de recherche-action conduite autour de la valorisation économique, sociale et culturelle de la laine en Pays de Saugues (Haute-Loire), cet article envisage les processus d'émergence des « ressources territoriales » associées aux savoir-faire pastoraux souvent jugés « traditionnels » et marginalisés dans la course à la compétitivité. Cette relecture des dynamiques de projets de développement des territoires est envisagée sur deux terrains (Auvergne et Provence-Alpes-Côte d'Azur) et sous l'angle de l'activation, voire de la spécification de ressources et notamment de la laine.

Quelles sont les conditions d'identification puis de valorisation de cette ressource locale ? Quelles innovations et processus de patrimonialisation sont mis en œuvre et contribuent au renouvellement de la ressource et à la mise en place de nouveaux réseaux d'acteurs ? Quelles sont les conséquences de ces processus collectifs en matière de gouvernance ? L'objectif de cette communication est d'analyser ces logiques de valorisation et de spécification et donc de saisir les jeux d'acteurs et les configurations sociales, spatiales et économiques à l'origine de cette innovation. Pour répondre à ce questionnement, une méthode qualitative (entretiens de terrain) et participante (sur le terrain sauguain) a été mise en place. Dans un premier temps, nous présenterons notre cadre théorique et l'originalité de la ressource lainière, puis nous analyserons les processus de patrimonialisation et de renouveau dans les deux projets du Pôle laine à Saugues et de la *Routo*, entre Provence et Piémont italien. La conclusion permettra de tirer quelques enseignements de cette comparaison.

La valorisation des ressources territoriales

Ressources territoriales et développement local

Notre approche théorique est fondée sur la notion de « ressource territoriale », vision issue des nouvelles formes de compétitivité des territoires basées entre autres sur la révélation et l'activation de ressources spécifiques dans le cadre d'activités ancrées territorialement (Pecqueur, 2006). Cette conception s'appuie sur les travaux qui ont montré que la force d'un territoire résidait dans sa capacité à être compétitif grâce à une différenciation de son offre de produits et services, mais surtout du fait d'une spécification de son tissu productif (Gumuchian et Pecqueur 2007) et d'une appropriation collective d'activités fortement ancrées dans le territoire considéré. Pour Federica Corrado (2004), « la ressource territoriale représente la découverte et l'actualisation d'une valeur latente du territoire par une partie d'une société humaine qui la reconnaît et l'interprète comme telle, à l'intérieur d'un projet de développement local ». Dans cette perspective, le rôle des acteurs est central : ils doivent non seulement percevoir puis s'approprier la ressource, mais aussi se coordonner de sorte à ce qu'ils l'intègrent dans la dynamique de développement local. En définitive, toute recherche sur le développement territorial doit alors envisager la capacité des acteurs locaux à se mobiliser et à s'organiser collectivement pour activer des ressources spécifiques, dans une perspective de construction ou de renforcement de la cohésion du territoire Ce processus vertueux passe donc par la mobilisation des acteurs du territoire et par trois phases :

• La révélation et l'identification : la ressource latente est découverte, plus ou moins intentionnellement, ce qui conduit à son exploitation.

• L'activation est plus ou moins consciente et plus ou moins maîtrisée et collective, par exemple pour protéger la ressource, ou pour développer les effets démultiplicateurs du produit/service.

• La démarche d'identification puis d'activation peut permettre aux acteurs de spécifier la ressource ; pour Duquenne et Woillez (2009) cette dernière « passe par une démarche d'appropriation collective permettant un ancrage profond de la ressource dans le territoire vécu, participant ainsi de l'identité territoriale. Ce phénomène d'appropriation collective constitue le lien essentiel entre la spécification des ressources et l'identification du territoire : plus le territoire est identifiable, plus cela renforce le niveau de spécification des ressources et, par là même, contribue à l'émergence, à terme, du territoire. D'où l'importance d'aborder l'identification, l'évaluation et la valorisation des ressources spécifiques dans une perspective de construction d'un projet intégré de territoire ».

Fig. 1 – Le processus de valorisation de la ressource territoriale

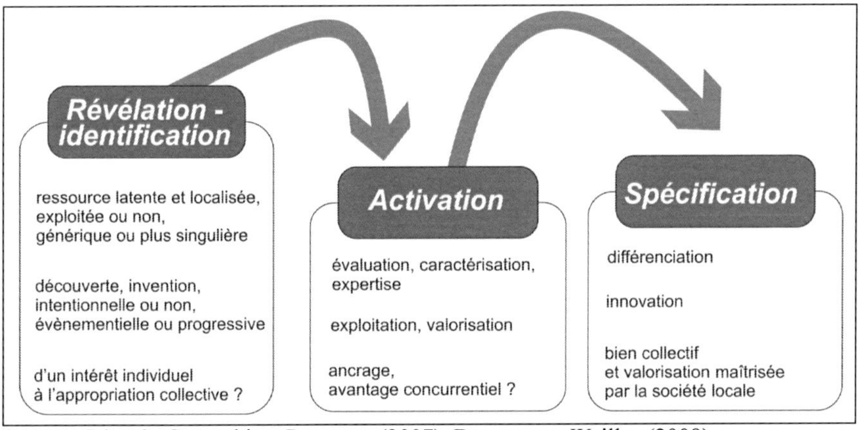

Source : D'après Gumuchian, Pecqueur (2007), Duquesnne, Woillez (2009).

Par ailleurs, la demande pour les produits et services dits « spécifiques » permet aux producteurs et aux transformateurs de modifier leur positionnement dans la concurrence et de dégager des rentes plus ou moins significatives. Celles-ci tendent à être d'autant plus importantes que les produits et services sont complémentaires (c'est l'idée du « panier de biens et de services ») et achetés simultanément par les consommateurs (Angeon et al., 2008 ; Hirczak et al., 2008). Depuis les recherches pionnières sur les Baronnies (Mollard, 2001), on sait qu'un cercle vertueux s'installe dans lequel les qualifications se renforcent les unes les autres, tandis que l'image d'un territoire de qualité contribue à la « survalorisation » économique de ses productions. On considère que le consommateur/visiteur est sensible, dans ses décisions d'achat, à l'effort collectif d'une construction identitaire de qualité sur un territoire, même si celle-ci suppose une coordination favorable entre les acteurs privés (entreprises) et publics (collectivités locales). L'activation de plusieurs composantes (produits bruts et élaborés, objets ou savoir-faire associés, patrimoine culinaire, productions artisanales, accueil de loisirs ou touristique, paysages culturels...) et la combinaison entre ces ressources intégrant des dimensions symboliques, sont donc à l'origine d'un cercle vertueux de patrimonialisation, de valorisation économique et de territorialisation de la ressource. L'ensemble intègre généralement « un jeu de miroirs » (Duquenne, Woillez, 2009) entre des regards d'acteurs exogène (par exemple des chercheurs, des consommateurs ou des migrants ayant quitté le territoire rural pour des études ou une vie professionnelle) et endogène. La reconnaissance de la singularité d'une ressource nécessite souvent le recours à un regard extérieur, à une médiation qui permettra de rendre perceptible par tous cette singularité.

Les enjeux de coordination des acteurs

Dans le processus de valorisation des ressources territoriales, la mise en place d'une gouvernance partagée est un des enjeux centraux. Celle-ci peut être définie comme un dispositif partenarial de prise de décision et d'intervention ; elle aura pour fonction de gérer l'action coordonnée des acteurs locaux dans ce processus de valorisation de la ressource (Angeon et Caron 2009 ; Woillez, 2014), tout en régissant les intérêts individuels et collectifs qui convergent autour de celle-ci, et éventuellement en arbitrant les conflits qui pourraient émerger (Darly 2008). En l'absence d'une telle approche, on connaît les risques de gouvernances trop hiérarchisées et standardisées : dissolution des responsabilités et désengagement des pionniers, effets de blocage...

La construction d'un processus vertueux suppose de passer à un dispositif partenarial horizontal, qui associe l'ensemble des personnes concernées au processus de prise de décision, suivant un principe de coresponsabilité (de responsabilité réciproque entre les parties prenantes). Dans sa thèse, M. Woillez (2014) envisage cette gouvernance partagée « en ce sens qu'elle associe l'ensemble des personnes concernées [...], ces dernières pouvant être identifiées et caractérisées à la fois suivant leurs points de vue et positions quant à la thématique et aux enjeux du concernement et suivant leurs relations à l'espace de concernement – lequel peut être plus étendu ou plus restreint que le territoire ». Une telle démarche suppose de définir l'ensemble des personnes pouvant être impliquées (avec un enjeu d'échelle évident), mais aussi d'assurer l'animation et la médiation du collectif des personnes concernées avant d'envisager l'accompagnement de la gouvernance émergente et de la formaliser en termes de procédures pérennes. Une autre question est celle de l'échelle géographique : cet espace de concernement peut être défini de façon flexible et pertinente en fonction de l'emprise spatiale nécessaire à la conduite d'un projet spécifique (Rieutort, 2007).

Une ressource oubliée : la laine

Rappelons d'abord que la principale particularité de la laine, en tant que ressource textile agricole et à la différence du coton, du lin ou de la soie, est d'être un sous-produit de l'élevage ovin, lequel est avant tout considéré, en Europe, comme un élevage à vocation alimentaire depuis la deuxième moitié du XIXe siècle. En conséquence, la majeure partie de la laine n'est pas produite pour elle-même, mais dépend des choix de la filière laitière ou viande. Cela signifie notamment que, au fil du vingtième siècle, la qualité de la laine a eu tendance à se détériorer au profit de la viande, et le poids moyen des toisons a globalement diminué. L'image de la laine en a donc largement souffert auprès des éleveurs : c'est désormais à leurs yeux un sous-produit, voire un déchet. Or, la tonte annuelle des moutons est indispensable à la bonne conduite d'un troupeau, si bien que toute exploitation agricole ovine a une production lainière. Cependant, l'évolution des cours de la laine est telle que la vente du produit engendre des gains très aléatoires. Ces dernières années, en France, elle ne rembourse que rarement le prix de la tonte, alors que, jusque dans les années 1980, elle permettait un léger bénéfice. Une des autres raisons pour lesquelles l'attention portée aux qualités lainières a diminué au fil du vingtième siècle est la très forte diversification des ressources de l'industrie textile. D'une part, au premier rang des fibres naturelles, le coton s'est démocratisé au cours du XIXe siècle, au point de devenir, au début du vingtième siècle, une fibre textile universelle. D'autre part, les matériaux synthétiques ont considérablement concurrencé la laine à partir de l'entre-deux-guerres. Ces matériaux synthétiques sont peu à peu devenus largement majoritaires dans la plupart des filatures produisant des « pelotes de laine » et autres écheveaux. Par ailleurs, dans la période plus récente (fin du XXe – début du XXIe siècle), la montée en puissance de la concurrence des pays du Sud et la très forte délocalisation des activités textiles ont amplifié le mouvement européen de recentrage sur des industries de pointe, en particulier dans le secteur des « textiles techniques ». Évidemment, ces derniers consomment peu de laine et une grande part de matériaux synthétiques. Tous ces facteurs ont largement contribué à la perte de valeur de la ressource lainière, et à son retrait progressif des filières textiles en Europe. Même si elle n'a jamais totalement disparu, elle est aujourd'hui un composant marginal parmi le panel des différentes matières utilisées.

La production française de laine est restée à peu près stable des années 1960 à la fin des années 1990, entre trente et trente-cinq mille tonnes. Elle s'est amenuisée entre 1998 et 2006, et avoisine les vingt à vingt-deux mille tonnes depuis quelques années. Les importations, quant à elles, se sont effondrées, principalement, là aussi, à partir des années 1990. Le tonnage des importations, en 1961, s'élevait à 178 050 tonnes[1]. En 2008, il est descendu à 4 805 tonnes, l'essentiel de la chute s'étant effectué entre les années 1990 et le milieu des années 2000, ce qui traduit, notamment, le déclin des industries de transformation textile, faisant ainsi ressortir le phénomène connu de désindustrialisation du pays, bien plus marqué que dans les États voisins. Le volume des exportations a suivi une courbe intermédiaire. Depuis 2006, le volume de laine importée est inférieur au volume des exportations, ce qui

---

1 – Source : FAO.

permet d'affirmer que, aujourd'hui, contrairement à une idée reçue, la majeure partie de la laine travaillée en France provient des troupeaux nationaux.

La chute de l'importation de laine en suint est clairement à relier à la disparition des derniers lavages de laine industriels en France, dans les années 1990 et 2000. Dans les années 2000, la société lainière du Bascaud, basée à Saint-Amans-Valtoret près de Mazamet, lavait une part significative de la production lainière française (plusieurs milliers de tonnes, soit la laine de plusieurs millions de brebis). Elle fut la dernière à stopper l'activité industrielle de lavage, en 2010. Les quelques lavages artisanaux qui subsistent sont très loin de pouvoir assurer le traitement de la production brute nationale. Parmi les derniers lavages artisanaux, on citera ceux du Bourbonnais à Souvigny et l'entreprise Laurent Laine à Saugues, qui est la seule à pratiquer le lavage à façon, pour des quantités incomparablement plus faibles que celles des anciens lavages industriels (environ 70 tonnes par an). Reste enfin, pour l'aval de la filière, deux pôles régionaux de production textile spécialisés dans la bonneterie, à savoir les régions troyenne et roannaise. Ces deux secteurs conservent encore un nombre significatif de PME travaillant dans le domaine de la confection et faisant intervenir la laine (mais presque toujours de manière secondaire, voire marginale) dans leur production. Malgré des baisses d'effectifs considérables, ces entreprises parviennent encore à maintenir une activité de fabrication française. Mais, avec le recul global de l'emploi textile, la taille des entreprises travaillant la laine s'est aussi considérablement réduite, et presque toutes relèvent du secteur artisanal. En l'état actuel, aucune structure en France ne semble à même de prendre en charge la totalité des étapes de la transformation de la laine, depuis la tonte et la récupération de la toison, jusqu'au produit fini. Le lavage et le filage, en particulier, sont très souvent délégués par les artisans (au moins l'une ou l'autre de ces deux activités), sachant que les établissements pratiquant à façon ces activités sont désormais très peu nombreux. Les machines assurant le cardage et le peignage semblent être un peu plus courantes.

Par conséquent, notamment en Europe où ces mutations ont été particulièrement sensibles, le développement de valorisations secondaires de la laine, moins exigeantes en qualité que les utilisations textiles traditionnelles, permet aujourd'hui de rechercher une plus-value pour les toisons de moins bonne qualité. On pense notamment aux articles de literie, au feutre[2] et, plus récemment, à l'isolant ou à l'utilisation de la laine dans les paillages de jardinerie. Du côté des éleveurs, quelques expériences agritouristiques ont vu le jour avec vente directe de produits de transformation lainière (textiles, couettes, créations en feutre, etc.), fermes pédagogiques ou de découverte (avec activités d'initiation à la transformation de la laine de type filage à l'ancienne, feutrage), voire ouverture de gîtes d'accueil mettant en œuvre la laine, dans la literie, la décoration et, le cas échéant, l'isolation.

---

2 – Quelques PME continuent à employer la laine dans des filières de production industrielle de feutre (Mulhouse, Saint-Junien), d'autres diffusent du feutre ou des produits en feutre dans une logique clairement artisanale (Le Feutre SA à Mouzon, branche feutre rescapée de l'évolution du groupe Sommer vers l'équipement automobile synthétique, Les Ateliers de la Bruyère à Saugues…). Un des intérêts du feutre, outre l'absence de la contrainte du filage, est de se satisfaire de laines plus courtes, majoritaires en Europe. Il est aussi de plus en plus mobilisé par des artistes qui réalisent des objets et vêtements innovants et esthétiques.

Quelques gîtes ruraux du Limousin se sont même lancés dans une démarche de certification (label « cocon laine ») mis en place par l'association LAINAMAC (Laines et fibres textiles naturelles du Massif central) et Gîtes de France Creuse en 2011-2012. Le déclin et la fermeture de nombreuses entreprises ont aussi engendré le développement, assez fréquent, d'une revalorisation des anciennes infrastructures productives à des fins touristiques. Nous avons recensé entre dix et quinze anciennes entreprises lainières qui ouvrent leurs portes au public, en maintenant ou non un fonctionnement productif. Ce mouvement s'inscrit clairement dans une démarche générale de patrimonialisation de l'industrie, qui commence à se structurer au niveau national, notamment par le biais du réseau RéMut (Réseau des Musées et collections techniques), animé par le musée des arts et métiers et auquel appartiennent plusieurs structures touristiques relatives à la laine.

La laine en Pays de Saugues : vers l'activation d'une ressource territoriale

Le « Pays de Saugues » en Margeride de Haute-Loire appartient à la catégorie des campagnes vieillies à faible densité, encore très agricoles et éloignées des aires urbaines. La modeste croissance des activités résidentielles et touristiques (en lien notamment avec l'essor de la randonnée liée à la présence du chemin de Saint-Jacques-de-Compostelle) se révèle « insuffisante pour assurer la croissance totale de l'emploi » (Hilal et al., 2012). Les géographes et agronomes (INRA, 1983) ont ainsi longtemps étudié ce territoire à l'aune de la tradition paysanne enracinée, des mentalités conservatrices, des paysages agropastoraux montagnards ou de l'élevage difficilement spécialisé dans la viande (ovine ou bovine). Aujourd'hui, le pays reste marqué par l'isolement, le déclin démographique – malgré quelques apports migratoires – et une étonnante stabilité, que certains qualifient plus subjectivement d'immobilisme et de frein au développement.

Le projet du « pôle laine »

La laine des ovins du pays est toutefois incluse dans une récente dynamique de développement local. Les acteurs tentent de valoriser et de spécifier cette ressource autour d'un projet coordonné par une association relevant de l'économie sociale et solidaire. Le choix de s'appuyer sur la filière laine répond au constat de l'existence, à travers ce matériau, d'une ressource « dormante » à l'échelle du territoire, déjà identifiée comme telle dans les années 2000 par un rapport produit par des étudiants ingénieurs de Lyon. Elle s'appuie sur l'existence d'un patrimoine matériel et immatériel peu connu au-delà de quelques cercles locaux d'initiés, sur le travail de rares artisans (dont l'atelier de lavage déjà évoqué) et sur le maintien, bien qu'en voie d'érosion, d'une filière agricole ovine locale comptant encore plusieurs dizaines d'exploitations. Compte-tenu de cet environnement, les enjeux prioritaires sont de s'appuyer sur la ressource laine pour créer une dynamique nouvelle de regain d'activité économique, mais aussi pour répondre à une demande sociale, en lien avec le portage de l'opération par une association d'insertion (les Ateliers de la

Bruyère) qui travaille le feutre. Ainsi, les créations d'emploi visées s'orientent plus spécifiquement en direction des activités d'insertion, notamment pour répondre à une demande du public féminin.

L'aménagement d'un nouveau local pour les Ateliers de la Bruyère en 2014 a été la première étape décisive du projet. Réhabilité et isolé de façon expérimentale avec de la laine, l'ancien bâtiment de l'usine Borde (conserverie de champignons), propriété de la municipalité, accueille désormais l'outil de production des Ateliers de la Bruyère ainsi que le local de vente ouvert au public avec un système d'exposition. Même si le projet en est à ses débuts, plusieurs actions sont également en cours de réalisation en lien avec le bâtiment (mise en place d'un espace muséographique, répondant à la demande de valorisation touristique et culturelle du patrimoine lainier, jusque-là manquante dans le Pays de Saugues) ou avec les entreprises locales (production d'isolant, feutrage à façon, relance d'une activité de bonneterie). Des partenariats opérationnels ont également été lancés en direction des éleveurs (participation au tri de la laine au moment des chantiers de tonte).

Un système d'acteurs qui se renouvèle pour valoriser une ressource territoriale

Il est intéressant de constater que l'insertion de la laine dans l'économie locale, ainsi que le comportement et l'organisation de ses acteurs, ont sensiblement évolué au fil des décennies.

- À partir de la fin des années 1950, le système autarcique s'était renversé au profit de l'émergence de petites entreprises entièrement tournées vers l'extérieur, perdant presque entièrement leur ancrage territorial, tant pour les approvisionnements que pour les débouchés. Les éleveurs ovins produisaient une matière première destinée principalement à l'exportation et les filatures locales avaient reconverti leur activité, la filature Bouard vers le fil haut de gamme, provenant surtout de l'hémisphère sud, l'entreprise Laurent vers les articles de literie à partir de 1980. La bonneterie Page produisait des pulls haut de gamme mais avec des fils de provenance essentiellement étrangère, avant sa fermeture définitive en 2011. Bien insérées dans des filières nationales ou internationales, ces entreprises n'avaient que peu de relations entre elles ou avec les autres acteurs, à commencer par les éleveurs dont la laine ne correspondait pas à leurs critères de qualité. Ce système déterritorialisé de la fin du XXe siècle s'est effacé, à son tour, en l'espace d'une quinzaine d'années, avec la cessation d'activité pour cause de départ en retraite de leurs responsables de la filature Bouard en 1998 et de la bonneterie Page en 2011.
- Depuis les années 2000, on assiste à un retour vers des productions mettant plus en valeur le territoire et recherchant une meilleure connexion entre acteurs locaux, même si les débouchés restent nationaux. Ainsi, les deux transformateurs de laine existant (Laurent Laine et les Ateliers de la Bruyère), travaillent presque exclusivement de la laine française et sont très impliqués dans les collectes locales. Les tarifs de rachat de la laine aux éleveurs par l'entreprise Laurent ont conduit une bonne part des exploitants

agricoles du Pays de Saugues (environ la moitié) à choisir de lui vendre la laine, plutôt qu'à des négociants qui l'expédieraient à l'étranger. Les autres vendent leurs toisons à une entreprise du secteur de l'économie sociale, la SCOP Ardelaine, située dans le département voisin de l'Ardèche ; elle est également orientée vers des productions locales et pratique elle aussi des tarifs de rachat intéressants[3].

C'est dans ce contexte de « reterritorialisation » qu'intervient la mise en place du Pôle laine, d'autant plus que les points d'ancrage territoriaux sont diversifiés ; certaines activités relevant des systèmes révolus appartiennent aujourd'hui au champ patrimonial et culturel et peuvent être valorisées à ce titre.

L'enjeu de la gouvernance partagée

La dynamique de révélation de la ressource et d'innovation sociale a donc été principalement portée par une association d'insertion (Les Ateliers de la Bruyère[4]), étayée conjointement par des acteurs locaux et de nouveaux arrivants. Cette confrontation de perceptions extérieures et intérieures a favorisé le processus d'appropriation par les acteurs locaux de la ressource, à travers la prise de conscience de son existence et de sa valeur potentielle. L'appropriation s'est progressivement étendue aux autres acteurs locaux, sous l'effet de l'émulation et des proximités sociales de sorte que tacitement, la ressource acquiert aujourd'hui un statut de bien collectif. Le développement de cette activité a eu de grandes répercussions sur l'association et sur le territoire, parce qu'il a permis, d'une part, de retisser localement des liens entre les acteurs de la filière laine (la matière première provient des élevages locaux, elle est triée, lavée et cardée à Saugues par les établissements Laurent Laine) ; et, d'autre part, de favoriser l'ouverture au monde par la mise en place de nouvelles collaborations, de proximité ou plus lointaines. Par exemple,

---

3 – Pour comprendre l'importance de l'enjeu pour les éleveurs, il faut préciser que la laine est, dans le contexte européen, particulièrement dépréciée, si bien que la tonte est le plus souvent déficitaire : en 2013, son coût (facturé par les tondeurs) s'établissait, en Haute-Loire, entre 1 € 55 et 1 € 70 par brebis, tandis que le tarif de rachat de la laine en suint était d'environ 1 € par kg, soit, dans le cas d'un élevage ovin de 500 mères à la toison moyenne d'un kilogramme, une perte de quelques centaines d'euros.

4 – L'association Les Ateliers de la Bruyère a été créée en 1992 sous l'impulsion du service social local de la Mutualité Sociale Agricole, afin « de favoriser la promotion des personnes en développant des actions de formations et d'insertion », c'est-à-dire de redonner accès au monde du travail à des personnes en difficultés, anciens bénéficiaires du Revenu Minimum d'Insertion, travailleurs handicapés ou chômeurs de longue durée. Au fil des années, un certain nombre d'initiatives ont été conduites par l'association, animée d'une double préoccupation : « favoriser l'insertion des personnes éloignées de l'activité économique et mener des actions concrètes utiles au territoire et à ses habitants ». En 1998, elle a été agréée « Atelier Chantier d'Insertion par l'activité économique » (ACI). L'association salarie actuellement douze personnes en Contrat d'Accompagnement dans l'Emploi, encadrées par deux techniciens, une accompagnatrice socioprofessionnelle et un directeur. Diverses activités ont été testées (réfection de jouets en bois, maraîchage biologique, création et entretien de l'espace rural, travaux de repassage...) avant de développer depuis dix ans une production artisanale de feutre de laine, et des animations « feutrage » pour les scolaires, les vacanciers.

un partenariat a été engagé avec l'Institut Français de Mécanique Avancée, une école d'ingénieurs de Clermont-Ferrand, pour la conception et la création d'une machine à feutrer expérimentale afin de produire des nappes de grande dimension (cette action a reçu un prix d'initiative régionale en 2011). L'adhésion au réseau « l'Atelier » a également joué un rôle important pour la prise de conscience de la valeur patrimoniale de la laine[5].

L'innovation sociale autour de la filière laine dans le Pays de Saugues a donc permis l'émergence de jeux d'acteurs renouvelés, *via* des processus complexes de négociation et de coordination, d'action collective et de mise en réseau. Autour des deux entreprises (Ateliers de la Bruyère et Laurent Laine) sont progressivement venus se greffer de nombreux acteurs locaux (commune et communauté de communes, « Pays » et association de préfiguration du PNR « Sources et gorges de l'Allier ») et régionaux dans le cadre d'un projet expérimental mobilisant les mondes de l'élevage, de l'artisanat, de la culture, du tourisme, de l'action sociale et de la recherche. Il y a donc bien une logique de co-construction, mais qui n'est pas linéaire et évolue sous forme d'itérations : partant du noyau de départ des acteurs, une première réflexion est engagée, conduisant à la mise en place d'actions et d'objectifs et engendrant l'intégration progressive de nouveaux acteurs et de nouvelles réflexions dans le processus. C'est ainsi que, après quelques mois de travail, le réseau d'acteurs touchés par le Pôle laine a dépassé la centaine, y compris des référents départementaux et régionaux situés hors du territoire, ce qui traduit la montée en puissance du projet et la possibilité de mettre en œuvre des collaborations qui ont une dimension d'innovation sociale.

Pour autant, des enjeux de gouvernance se sont vite posés. Dans la première phase, les géographes de l'Université Blaise-Pascal ont été associés au projet et aux entreprises locales via une recherche-action soutenue par le Conseil Régional d'Auvergne au titre de son premier appel à projets « recherche-action dans le champ de l'innovation sociale » en 2012. Ce contexte a donc été favorable à une démarche résolument collaborative, dont la vocation opérationnelle était libérée des contraintes temporelles de la politique locale, en laissant la place à une réflexion de fond sur les apports de la collaboration, tant pour les chercheurs que pour les acteurs. La mobilisation de la recherche-action pour soutenir un projet de développement est le propre de la plupart des groupes innovants. Cette mobilisation a pour objet d'apporter un soutien aux acteurs sur deux aspects essentiels (Vallerand, 1994) : l'expertise d'aspects techniques ou économiques et la recherche d'une caution institutionnelle. Dans le cas des Ateliers de la Bruyère, l'objectif de départ était de développer des collaborations techniques et commerciales, de manière à entraîner, dans une même dynamique, l'ensemble des acteurs de la filière

---

5 – Il s'agit d'un réseau alternatif créé dans les années 1980 qui regroupe, à l'échelle européenne, outre des artisans de l'industrie textile, des agriculteurs ovins, des tondeurs, des artistes, des experts, des acteurs du monde culturel (musées, animateurs). Les combats essentiels de ce réseau sont, au-delà de la volonté globale de rendre à la laine ses lettres de noblesse, la requalification des statuts de la laine en suint (qui, en tant que sous-produit, est trop souvent considérée comme un déchet, y compris d'un point de vue juridique), ainsi que la revalorisation de la production lainière française.

laine (éleveurs, bonneterie, filature, acteurs culturels et touristiques...). Un partenariat avait déjà été engagé avec l'entreprise Laurent Laine (investissement dans des machines, mutualisation des lieux de vente). En parallèle, l'association cherchait aussi à s'assurer le concours des collectivités territoriales. Dans ces conditions, la mobilisation et la mise en réseau d'acteurs de statuts différents était le but principal de la recherche-action en profitant de la capacité de médiation des chercheurs, l'expertise résidant dans la réflexion autour des liens qui permettraient de configurer un « pôle laine » intégrant une palette d'activités la plus large possible, susceptible d'en faire un projet de développement global. Comme on l'a vu, la recherche-action a permis d'explorer, avec les acteurs, de nombreuses pistes de développement.

Dans un deuxième temps, deux autres types d'acteurs sont intervenus. Il s'agit, en premier lieu, de MACEO, association qui regroupe notamment les chambres consulaires du Massif central et qui accompagne les territoires dans leur développement économique par la mise en place de projets innovants. Le projet du Pôle laine de Saugues a donc suscité l'intérêt de la structure, notamment par sa dimension d'écologie industrielle. Ce concept repose sur deux principes essentiels : d'une part, la présence sur un territoire le plus réduit possible de toutes les étapes de la filière, dans un but évident de réduction des frais de transports (et de leurs émissions polluantes associées) ; d'autre part, la réutilisation des sous-produits d'une production pour une autre filière présente sur le territoire. La volonté des collectivités territoriales de redynamiser un territoire en difficulté économique fait partie des motivations de valorisation de ce type de démarche (Buclet, 2011). Le cas de la laine rentre évidemment dans ce cadre, si on la considère comme un sous-produit des exploitations ovines. Le recentrage des activités sauguaines de la filière lainière sur des productions adaptées aux toisons régionales va clairement dans ce sens. En second lieu, l'association de préfiguration du futur Parc Naturel Régional des Sources et Gorges de l'Allier, dont le périmètre englobe le pays de Saugues, s'est intéressée, avec les différentes collectivités (commune, communauté de communes, Pays) à la démarche de valorisation d'une ressource spécifique et a inscrit le Pôle laine dans son projet de charte.

Ces évolutions ont donc multiplié les acteurs et posé la question du maintien d'une gouvernance spécifique pour le Pôle laine. Le risque étant grand de voir apparaître une gouvernance « hiérarchique », portée notamment par les collectivités territoriales ou des structures de développement. La crainte des acteurs de la filière laine était de sentir dans ce « pilotage institutionnalisé » une perte de proximité, un changement d'échelle géographique (au profit d'un plus vaste et hypothétique territoire de projet) et des effets de blocage... Souhaitant conserver un dispositif partenarial horizontal à l'échelle du territoire de concernement (le pays de Saugues), ces acteurs ont décidé, en mai 2015, de la création d'une association « Pôle laine » regroupant l'ensemble des personnes concernées au processus de prise de décision, avec différents collèges (producteurs-éleveurs, transformateurs artisanaux, promoteurs et collectivités avec la Communauté de Communes du Pays de Saugues et la commune de Saugues).

Le projet de *La Routo* entre Provence et Piémont italien : vers une spécification par combinaison entre ressources

Un second projet a attiré notre attention car il tente de valoriser le pastoralisme et la ressource lainière dans un contexte transfrontalier et de « territoire-réseau ». Il s'agit de la démarche intitulée *La Routo* lancée depuis 2011 et visant à valoriser le patrimoine pastoral dans une démarche intégrée de développement territorial des métiers, des produits, des ressources associées à la transhumance entre Provence et Piémont italien. Cette approche multifonctionnelle s'appuie sur un vecteur clé, le chemin de transhumance (« la draille ») et la randonnée.

Un projet de coopération transfrontalier et multifonctionnel

Le contexte territorial se raisonne évidemment à une autre échelle que celui du Pays de Saugues, puisque cet itinéraire de transhumance court des plaines provençales fortement urbanisées aux hautes montagnes des Alpes du Sud et du Piémont italien touchées par les flux touristiques (Figure 2). Pour autant, comme en Gévaudan, ces espaces sont marqués par un important patrimoine pastoral avec un bassin de production ovin qui résiste et des pratiques toujours vivaces (transhumance y compris à pieds pour des déplacements de proximité dans le Var, les Alpes-Maritimes ou les Alpes de Haute-Provence) malgré les difficultés (prix de marché de la viande, « retour du loup », concurrences foncières urbaines et périurbaines, déprise dans certaines hautes vallées). Ce patrimoine est d'ores et déjà fortement mis en scène par diverses fêtes, musées et accueils agritouristiques. La ressource pastorale est donc incontestablement un « bien collectif ». Mais cela ne doit pas cacher que, d'une part, la laine reste un sous-produit et, d'autre part, que le projet vise à l'activation de plusieurs composantes autour d'une route et la combinaison entre ces ressources pour mieux les spécifier.

À l'origine du projet, en 2001, on trouve les recherches de Patrick Fabre (ingénieur agronome et animateur de la Maison de la Transhumance) et de Guillaume Lebaudy (chercheur en anthropologie) qui, avec l'appui de collègues italiens[6], montrent à la fois les origines piémontaises de bon nombre de bergers provençaux et le déplacement historique des troupeaux transhumants des Bouches-du-Rhône vers le Piémont via le col de Larche (estives de la *Stura di Demonte*) en utilisant les drailles et « carraires ». Ces flux ont pu concerner jusqu'à cinquante mille à soixante mille brebis et, désormais, seul un troupeau transhume depuis la Crau vers les alpages de la vallée de la Stura.

À partir de cette idée, émerge le projet de mise en œuvre et d'animation d'un itinéraire de randonnée transfrontalier entre Crau et vallée de la Stura, en l'associant à la filière agricole, à la gastronomie, au tourisme, à l'artisanat, au patrimoine culturel et environnemental. Là encore, le partenariat avec les voisins italiens a

---

6 – Voir l'ouvrage de D. Albera et G. Lebaudy, *La Routo. Sur les chemins de la transhumance entre les Alpes et la mer*, Primalpe, Écomusée du Pastoralisme de Pontebernardo, 2001 ; réédition augmentée, Écomusée du Pastoralisme, Maison de la Transhumance, Maison du Berger, 2012.

Fig. 2 – *La Routo*, **valorisation transfrontalière du patrimoine pastoral**

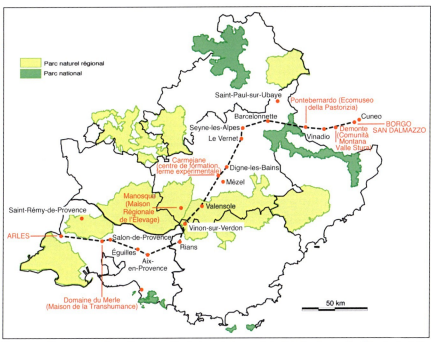

Source : Documentation diverse, site Internet du projet. Réalisation : L. Rieutort et J.-B. Grison, UMR Territoires, 2017.

permis de confronter des perceptions locales et extérieures et a favorisé le processus d'appropriation de la ressource. Dans un premier temps, un travail d'échelle moyenne a été conduit sur l'itinéraire, en s'appuyant sur les GR/PR existants et les hébergements identifiés. La draille retenue, dénommée « carraire des troupeaux d'Arles » ou encore « draye de l'average d'Arles », menait vers la haute Ubaye puis le Piémont. Un examen à une échelle plus fine est en cours, tronçon par tronçon, en mobilisant les travaux des chercheurs et le cadastre napoléonien. On la retrouve encore de manière visible (notamment à l'aide de vues aériennes) dans de nombreux secteurs : plaine de la Crau, vallon des Quatre Termes, plateaux de France et de Valensole, vallées de la Bléone et de la Blanche... Au total, l'itinéraire s'étend sur 420 km et vingt et une étapes, avec des variantes pour se rendre vers les alpages ou vers les gares (Arles et Borgo San Dalmazzo). Il peut être réalisé à pied, à cheval, en VTT ou en voiture sur certains secteurs. Au total, on traverse trois départements (Alpes-de-Haute-Provence, Var, Bouches-du-Rhône) et la Province de Cuneo (Région Piémont), onze communautés de communes ou d'agglomération… ce qui pose déjà la question des multiples acteurs territoriaux concernés…

Plus fondamentalement, l'itinéraire a été finalisé en partenariat avec les différents comités de la Fédération Française de Randonnée Pédestre concernés, et a vocation à être agréé sentier de Grande Randonnée (GR). Il empruntera une partie des sentiers *Lou Viage* dans la vallée de la Stura et devrait intégrer, à terme, le réseau des « Itinéraires Culturels Européens », en partenariat avec les initiatives équivalentes existant

notamment en Espagne (*Canada Soriana Occidental*) et en Italie (*I Cavalieri Del Tratturo*). On envisage également de s'inscrire dans un réseau autour de la grande itinérance réunissant notamment les associations « Grande Traversée des Alpes » et « Sur le chemin de R.L. Stevenson », avec le soutien de la Fédération française de la randonnée. L'itinéraire *La Routo* est associé à des panneaux didactiques, des sentiers d'interprétation, une malle pédagogique et surtout deux centres de ressources :
- L'écomusée du pastoralisme de Pontebernardo en Haute-Stura, ouvert en 2000, avec un espace muséal mais aussi un point de vente de produits en laine, une petite fromagerie, un centre de sélection des béliers de race Sambucana et un point de restauration.
- La Maison de la Transhumance, créée en 1997 et installée au domaine du Merle en 2012 ; elle associe éleveurs/bergers/opérateurs culturels et propose des expositions, des films, des rencontres, autour d'un centre de ressources et d'interprétation des cultures pastorales méditerranéennes.

Ces structures peuvent mobiliser des experts scientifiques ainsi que diverses ressources : archives, ouvrages spécialisés, documents iconographiques, sonores, analogiques et numériques.

À partir de cet axe linéaire, les promoteurs du projet ont choisi de démultiplier les interactions avec les métiers et les produits. Ainsi, ont vu le jour :
- Un réseau agritouristique et gastronomique avec des élevages, des restaurants et hôtels associés autour d'une charte (trois signataires par exemple autour de Salon-de-Provence), des gîtes ruraux et tables d'hôtes et des organisateurs de séjours (loueurs d'ânes par exemple). Une « assiette » et menu de *La Routo* sont proposés à base de produits locaux (viande, fromages, olives, vins, fruits et légumes) et surtout dotés de signes officiels de qualité et d'origine, notamment l'agneau de Sisteron IGP et la marque et produit *Slow Food* pour l'agneau *Sambucana*.
- Une dimension culturelle et festive avec l'association de l'itinéraire à toutes les manifestations : foires ovines, fêtes de la transhumance, journées en alpage, journées portes ouvertes des établissements de formation au métier de berger et d'éleveur mais aussi des musées, écomusées et sites d'exposition proches.
- Une valorisation du patrimoine bâti pastoral (drailles, cabanes, puits…) y compris dans sa dimension archéologique, et du réseau des abbayes de l'ordre de Chalais (Notre Dame de Boscodon, Laverq…), mais aussi des sites naturels protégés (parcs naturels régionaux de Camargue, des Alpilles, du Verdon, parcs nationaux du Mercantour et *Alpi Marittime*, réserves naturelles, Grand Site Sainte-Victoire).
- Une valorisation de l'artisanat, que celui-ci soit lié au métier de berger (sonnailles, bâtons de marche, sacoches en cuir, couteaux) avec une petite entreprise d'Arles, ou associé à la laine en Italie et en France.

Une démarche de spécification de la laine

En Provence-Alpes-Côte-d'Azur, cette valorisation de la laine passe par la spécificité de la race mérinos bien implantée dans les plaines et pourvoyeuse de toisons de grande qualité. En jouant sur la spécification de la ressource grâce à son association à d'autres composantes valorisées dans le projet, l'idée a été de développer des vêtements « techniques » en laine pour la randonnée, notamment en montagne. Les premières tentatives ont démarré en Italie, avec une entreprise de Biella utilisant la laine mérinos et *sambucana*. Mais les produits issus de cette transformation n'offraient pas la qualité requise et les transformateurs avouaient leur absence de tradition pour ce type de tissus. Une deuxième initiative a été lancée avec un industriel allemand de Fribourg (société *Naturfaser* de Michael dal Grande) qui travaille depuis longtemps la laine mérinos ; une collecte de laine a été organisée en Provence sur un noyau de vingt–vingt-cinq éleveurs (dont trois sont situés sur le territoire de la communauté d'agglomération de Salon-de-Provence) et les premiers prototypes (pull, chaussettes, vestes) sont sortis début octobre 2014 grâce à un financement de la Région PACA. Ces vêtements seront valorisés sous la marque déposée « *La Routo* » et la qualification « Laine mérinos d'Arles », et proposés dans de nombreux établissements le long du réseau et de l'itinéraire. Cette diffusion de la gamme à destination du grand public est prévue d'ici deux ans.

On voit donc bien l'originalité d'un projet de territorialisation d'un patrimoine via un itinéraire qui met en réseau les produits et acteurs, dont la laine. Mais cette ressource territoriale, identifiée et valorisée, est ici intégrée dans un processus de spécification du « territoire-réseau », avec une marque « *La Routo* » (déposée à l'INPI). Même si l'impact économique est encore difficile à évaluer, on doit souligner l'innovation dans le renouvellement et la spécification de la ressource laine.

Une combinatoire d'acteurs

Projet innovant, *La Routo* résulte d'un processus collectif impliquant éleveurs, restaurateurs, hébergeurs, formateurs, artisans, environnementalistes et collectivités territoriales. Il a bénéficié d'un programme européen ALCOTRA (Alpes Latines COopération TRansfrontalières) entre 2007 et 2010, doté d'un budget de 600 000 € avec deux chefs de file : la Maison Régionale de l'Élevage PACA (professionnels agricoles) et la *Communità Montana Valle Stura* en Italie. D'autres soutiens financiers ont été apportés par la Région PACA et par un programme LEADER du Pays d'Arles (*La Routo* des Alpilles de juin 2014 à février 2015) porté par le Parc Naturel Régional des Alpilles. La Maison de la transhumance, à l'origine du projet, en assure désormais la continuité pour la partie française, et reçoit pour cela le soutien d'un nombre croissant de collectivités territoriales. La dimension organisationnelle pour l'appropriation des ressources et la diffusion territoriale du projet est donc centrale. Elle met en œuvre, comme pour le Pôle laine de Saugues, un riche réseau d'acteurs parmi lesquels on citera :

• La Maison Régionale de l'Élevage PACA avec les représentants professionnels mais aussi des chercheurs, des experts et l'Institut de l'Élevage.
• La Maison de la Transhumance comme centre de ressources et d'interprétation des cultures pastorales méditerranéennes.
• La *Comunità Montana Valle Stura*.

- La Chambre Régionale d'Agriculture PACA ainsi que les chambres départementales des Alpes de Haute Provence et des Bouches-du-Rhône.
- Les producteurs de l'Organisme de Défense et de gestion de l'IGP Agneau de Sisteron.
- Le Conservatoire Grand Sud des Cuisines.
- Les établissements de formation EPLA Digne-Carmejane et le Centre de formation du Merle (SupAgro).
- Le CERPAM (Centre d'Études et de Réalisations Pastorales Alpes-Méditerranée).
- L'*Ecomuseo della Pastorizia*.
- Le *Consorzio L'Escaroun* et la *Coopérativa Lou Barmaset* qui valorisent la viande des brebis *Sambucana* avec la marque *Agnello Sambucano Garantito* déposée depuis 1992 et valorisée grâce à la constitution d'une démarche *Slow Food* depuis 2001.
- *L'Agenzia Lane Italia*.
- Les Région PACA et *Piemonte*.
- Les Parcs naturels régionaux du Verdon et des Alpilles.
- Les conseils départementaux des Bouches-du-Rhône et des Alpes-de-Haute-Provence.
- La Communauté d'agglomération de Salon (Agglopole Provence).

Cette nébuleuse d'intervenants aux intérêts multiples et parfois divergents, suppose une bonne coordination, dont la construction prend du temps, avec des acteurs intermédiaires et une gouvernance qui permettent de surmonter les réticences et craintes de conflits d'usage. On soulignera notamment la place clé de trois types d'acteurs qui ont facilité la mise en œuvre du projet. D'une part, des chercheurs et experts de la Maison de la transhumance, acteurs « transitionnels », qui ont été à l'origine du projet et continuent de travailler sur les itinéraires. D'autre part, la Maison Régionale de l'Élevage PACA, qui a été chef de file du projet initial (2007-2010) et qui est une association composée des organismes régionaux liés à l'élevage (chambres d'Agriculture, organismes syndicaux spécialisés, coopératives et SICA, associations d'élevage, entreprises privées, organismes techniques professionnels, organismes ayant en charge les démarches de qualité, de valorisation et de promotion des produits, interprofessions lait et viande). Cette organisation partenariale a été un atout pour la mobilisation initiale des acteurs. Enfin, en matière de gouvernance, le rôle de la Maison de la transhumance est central et constitue clairement une innovation organisationnelle à l'échelle du projet. Émanation du monde professionnel, la Maison de la Transhumance anime le projet et sa démarche de communication ; elle a permis sa formalisation culturelle et assuré les concertations nécessaires et les partenariats avec l'Écomusée italien du Pastoralisme. Par sa médiation, elle a largement initié le réseau autour du pastoralisme et de son « espace de concernement » entre la Provence et les Alpes françaises et italiennes. Ce dispositif partenarial horizontal permet une gouvernance élargie de la ressource qui associe, autour d'un centre de ressources, l'ensemble des personnes concernées au processus de prise de décision.

Conclusion : les enseignements de deux projets

Conçus pour valoriser les ressources pastorales et la laine, les deux projets étudiés dans cet article permettent de dégager quelques enseignements même s'ils ne possèdent pas la même temporalité (une quinzaine d'années de travail pour *La Routo* ; moins de cinq ans pour le Pôle laine). Ces initiatives confirment les étapes de la construction d'une ressource territoriale autour de la laine : identification de la ressource oubliée avec un rôle clé d'acteurs aux regards extérieurs (le « jeu de miroirs » évoqué par Duquenne, Woillez, 2009), activation de la ressource avec la volonté de dégager des effets démultiplicateurs en l'associant à d'autres produits, fonctions ou services, autour d'un « pôle » à Saugues et d'une route de transhumance en PACA/Piémont. Cette combinaison entre les métiers et les produits, cette hybridation, crée des interactions positives et permet, dans le Sud-Est, de mieux spécifier la ressource lainière (marque déposée, référence à la laine mérinos identitaire du territoire) même si les modèles économiques restent incertains. Parallèlement à cette construction de la ressource territoriale, les dynamiques d'appropriation collective et de création de nouveaux réseaux d'acteurs permettent un meilleur ancrage de la ressource dans le territoire dans une perspective de construction d'un projet intégré de développement durable. Cette dynamique de territorialisation et de ré-ancrage local permet de passer « de la patrimonialisation du territoire à la territorialisation du patrimoine » (Goussios, 2010).

Parmi les acteurs concernés, les cas étudiés ont montré l'importance des structures relevant de l'économie sociale et solidaire (associations, Ateliers de la Bruyère) que l'on retrouve à plusieurs reprises au sein des structures travaillant la laine, en France ou dans les pays voisins[7]. Dans une dynamique d'innovation sociale, l'ESS semble bien adaptée à la valorisation d'une ressource territoriale qui répond à un besoin, à une aspiration en sortant des pratiques courantes, et en faisant appel à des compétences extérieures, en co-construisant la démarche avec d'autres... On évoquera également le rôle clé d'acteurs « transitionnels », « intermédiaires », chercheurs, experts qui ont permis un accompagnement technique ou scientifique, ou une coordination des actions.

Pour autant, cette multiplicité d'acteurs aboutit rapidement à une nébuleuse qu'il est important d'organiser *via* une gouvernance partagée. Il s'agit bien, par la négociation, par l'intermédiation, d'instaurer une base de confiance entre les parties prenantes de la gouvernance, sur le plan tant éthique que fonctionnel, afin de garantir la qualité et la pérennité du processus de développement. En pays de Saugues, c'est une association multipartenariale qui a vu le jour par-delà les velléités des collectivités territoriales ; et en Provence, la Maison de la Transhumance associe habilement l'ensemble des professionnels et promoteurs du pastoralisme méditerranéen.

---

7 – On citera, évidemment, le rôle de la SCOP Ardelaine, à Saint-Pierreville (Ardèche) qui est aujourd'hui un acteur incontournable de la filière laine française, dont elle est par ailleurs une des plus grosses structures avec une trentaine de salariés au total. Ardelaine collecte pas moins d'une cinquantaine de tonnes de laine en suint chaque année auprès d'éleveurs de la région, dont une part significative de ceux du Pays de Saugues.

Par ailleurs, la notion d'« espace de concernement » adapté à la gouvernance et à l'échelle géographique du projet offre une certaine flexibilité sur le terrain par rapport aux limites spatiales d'intervention (Woillez, 2014). Comme lieu de dialogue et de concertation situé entre le territoire et les acteurs, cet espace de concertation favorise la participation des personnes concernées et permet de dépasser un déficit dans le fonctionnement démocratique (participation active, prise de décision, etc.) et dans le système de représentation-délégation que l'on rencontre souvent lorsque l'on a affaire à des acteurs représentant surtout des institutions. Cette gouvernance, qui s'appuie dans un premier temps sur des « personnes concernées », permet non seulement de mobiliser les personnes ressources mais, en même temps, de mieux saisir la relation qui les lient et de lire les multiples réseaux. On peut alors découvrir les recoupements des réseaux sociaux, révéler les capacités et les rôles polyvalents des personnes, mieux comprendre les conflits cachés et faciliter la voie vers des consensus territoriaux « chemin faisant » avec des ajustements en continu.

Références bibliographiques

Angeon V., Caron A., 2009 – Quel rôle joue la proximité dans l'émergence et la pérennité de modes de gestion durable des ressources naturelles ?, *Natures Sciences Sociétés*, Vol. 17, n° 4, p. 361-372.

Angeon V., Vollet D., 2008 – Spécificité des produits et développement territorial. L'exemple paradoxal du panier de biens en émergence de l'Aubrac , *Revue d'Économie Régionale & Urbaine*, p. 591-615.

Buclet N., 2011 – *Écologie industrielle et territoriale : stratégies locales pour un développement durable,* Presses Universitaires du Septentrion, 310 p.

Corrado F, 2004 –Vers un concept opératoire : la ressource territoriale, *Montagnes Méditerranéennes, dossier : la notion de ressource territoriale,* n° 20, p. 21-24.

Dacheux E., Goujon D., 2014 – *Le délibéralisme : une innovation sociétale qui se base sur les innovations sociales de l'économie solidaire*, Communication au Colloque international du CRISES, 4e édition, « La transformation sociale par l'innovation sociale », Université du Québec à Montréal, 17 p.

Darly S., 2008 – La spatialité des conflits d'usage au sein des zones périurbaines en Île-de-France : analyse empirique d'une modalité peu connue de la gouvernance des territoires, *Norois*, n° 209, p. 127-146.

Duquenne M.-N., Woillez, M., 2009 – *Proposition d'une méthodologie permettant l'identification et le renforcement du niveau et du degré de spécification de la ressource,* XLVIe Colloque de l'ASRDLF, Entre projets locaux de développement et globalisation de l'économie : quels équilibres pour les espaces régionaux ?, Clermont-Ferrand, 12 p.

Gumuchian H., Pecqueur B., 2007 – *La ressource territoriale*, Economica, Anthropos, Paris, 248 p.

Harrisson D., Vincent V., Rollin J., 2008 – Innovation sociale et arrangements efficaces, Hermès n° 50.

Hilal M., Barczak A., Tourneux F.-P., Schaeffer Y., Houdard M., Cremer-Schulte D., 2012 – *Typologie des campagnes françaises et des espaces à enjeux spécifiques (littoral,* *montagne et DOM), Synthèse,* Travaux en ligne n°12, Datar, 80 p. http://www.datar.gouv.fr/travaux-en-ligne

Hirczak M., Moalla M., Mollard A., Pecqueur B., Mbolatiana R. et Vollet D., 2008 – Le modèle du panier de biens : grille d'analyse et observations de terrain, *Economie rurale*, p. 55- 70.

INRA, 1983 – *La Margeride, La Montagne, Les Hommes*, INRA, 786 p.

Mollard A., 2001 – Qualité et développement territorial : une grille d'analyse théorique à partir de la rente, *Économie rurale*, n° 263, p. 16-34.

Pecqueur B., 2006 – Le tournant territorial de l'économie globale, *Revue Espace et Société*, n° 124-125, p. 17-32.

Rieutort L., 2007 – Du territoire identitaire aux nouveaux partenariats ville-campagne : les voies du développement local dans la haute vallée de la Loire, *Norois*, n° 204, p. 11-23.

Sardan J.-P., 1995 – *Anthropologie et développement : Essai en Socio-Anthropologie du changement social*, Éd. Karthala, Paris, 224 p.

Vallerand F., 1994 – The contribution of Action-Research to the organisation of Agrarian systems; preliminary results of experiments underway in *France, Rural and Farming systems analysis: European perpectives,* Eds Dent & McGregor, CAB édit., p. 320-337.

Woillez M., 2014 – *Construction d'une gouvernance partagée pour une gestion durable du tourisme dans les territoires insulaires. Conduite d'une recherche-action dans deux territoires insulaires, en Corse et en Crète*, Thèse de doctorat de l'Université de Corse, 304 p.

Chapitre 11

Essai sur une volonté de couplage du triptyque patrimoine/savoir-faire productif/ tourisme rural au Pays de l'Argane

Essay on a desire to link the triptych heritage / productive know-how / rural tourism in the Pays de l'Argane

Abdellatif LAHMER*

Résumé : Cet article se propose d'étudier l'évolution du rapport au territoire d'un patrimoine naturel endémique, l'arganeraie. La stratégie de rallier le savoir-faire productif et l'objet patrimonial semble déboucher sur un changement de perspective qui nous paraît être un « tournant patrimonial » dans le Pays de l'Argane au Sud du Maroc. Mais la pluralité et la divergence des intérêts à propos de l'usage de l'objet patrimonial demeurent la question épineuse par excellence.

Abstract: This paper intends to study the evolution of the relationship with the land and the sea of an endemic natural heritage: the Arganeraie (Argane forest). The strategy of rallying the productive know-how/expertise and the patrimonial object appears to lead to a change of perspective which seems to us to deserve to be listed as a "patrimonial turning point" in the Argane country in South Morocco. But the plurality and the divergence of interests concerning how to use the patrimonial object remain the thorny issue/question par excellence.

L'idée que le développement est localisé et dépend, à l'aune du postfordisme, de facteurs traditionnellement perçus comme des handicaps dans les territoires ruraux et de montagne, tels que le relief, la déclivité, la rudesse du climat et l'archaïsme de la société rurale, est à l'origine de nombreuses contributions empiriques récentes qui apportent un éclairage nouveau sur les sources de dynamisme et de richesse (Hadjou, 2009). Cette nouvelle perspective suscite une série de questionnements : n'est-ce pas du patrimoine qu'il s'agit ? Le patrimoine peut-il nous apprendre à percevoir et concevoir autrement le territoire, inciter à le saisir à l'aide de nouveaux codes de

---

*ESICAD – Montpellier ; CES – Paris 1 Panthéon Sorbonne.

visibilité et de lisibilité, bref, contribuer à le repenser ? Si l'on admet que le patrimoine a recouvert une fonction de développement, un statut de ressource territoriale (Landel, Senil, 2009), ne serait-ce pas là l'occasion de considérer que ce processus fait lui-même partie d'une dynamique plus large de construction du territoire ?

L'objectif de cet article est de prendre en compte l'articulation des modes de valorisation de différents objets autour de la construction territoriale. Nous partons de l'hypothèse que le patrimoine valorisé est révélateur de ressources en se combinant à d'autres aménités territoriales.

Nous traitons ce sujet sous l'angle d'une double approche institutionnelle et territoriale de la ressource et cherchons à montrer comment le patrimoine interroge le rapport au territoire et à la ressource dans un schéma de développement local.

Pour mettre en évidence cet axe analytique, nous aborderons, dans un cas concret et observable, les enjeux de valorisation de la ressource arganière dans le Pays de l'Argane, au Maroc. Il s'agit d'évoquer le rebondissement d'un territoire qui, tout en étant dépourvu de ressources industrielles, découvre une nouvelle alternative de développement dans la reconversion du couplage savoir-faire productif/arganeraie. Les acteurs du tourisme rural y voient une opportunité à saisir qui tire sa légitimité de la réalité sociale partagée.

Dynamique du patrimoine et développement territorial

L'objet patrimonial, un statut de ressources

La question générale qui sous-tend, à notre sens, l'appropriation du patrimoine par la science économique est de comprendre ce qui fait qu'un élément de nature devient, dans un contexte spatiotemporel donné, une ressource productive.

Un premier élément de réponse très original nous est fourni par Zimmermann (1951) : « *The word does not refer to a thing or a substance, but to a function which a thing or a substance may perform or to an operation in which it may take part, namely, the function or operation of attaining a given end such as satisfying a want* »[1]). Ce point, amplement souligné par les géographes, est, à notre sens, essentiel dans la mesure où il met l'accent sur l'idée que la matière n'est pas intéressante en elle-même mais que c'est la pratique et la connaissance que les hommes ont de sa réalité (Raffestin, 1980) qui comptent. C'est aussi le processus et non l'existence matérielle préalable qui révèle et crée la ressource patrimoniale. Il y a là, d'un point de vue anthropocentrique, un véritable enjeu à expliciter la ressource précisément en ce qu'elle constitue une « relation fonctionnelle » (De Gregori, 1987).

Cette approche systémique est proche parente de la lignée des travaux du GREMI (Groupe de Recherche Européen sur les Milieux Innovateurs), en particulier

---

1 – « Le mot [ressource] ne se réfère pas à une chose ou à une substance, mais à la fonction qu'une chose ou une substance peut accomplir ou à l'opération dans laquelle elle peut prendre part, à savoir, la fonction ou l'opération d'atteindre une fin donnée qui satisfasse un besoin » (traduction de l'auteur).

ceux de Kebir (2004) qui définit la ressource comme un méta-système mettant en coévolution un objet (savoir-faire technique, monument, paysage, etc.) et un système de production. Aussi, devrions-nous l'affiner en explicitant, dans un premier temps, la capacité de l'homme à faire apparaître et à mobiliser des ressources et des capacités cachées, éparpillées ou mal utilisées (Hirschman, 1958). C'est ainsi que s'annonce l'ébauche du modèle d'analyse, ci-après baptisé « concaténation circulaire », apte selon nous à rendre compte de la ressource en tant que propriété donnée à certains objets par des acteurs locaux à des fins productives. On a affaire à un système opérationnellement clos, qui constitue une combinaison de processus interdépendants (Varela, 1979 [1989]).

Fig. 1 – La ressource très largement créée par l'activité humaine

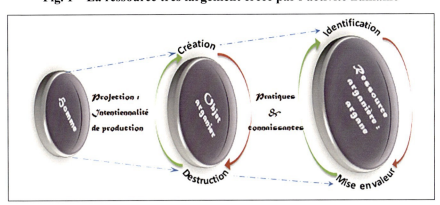

Source : Lahmer, 2015, à partir de Zimmermann (1951) et Kebir (2004).

Dans cette perspective, nous retenons que l'objet patrimonial reflète une dimension temporelle qui s'affirme à différentes étapes de son cycle de vie, ponctué par des processus de création (régénération, chute de neige) et de destruction (sécheresse, défrichement, oubli). La logique prévalant ici est celle du renouvellement. Dans le même ordre d'idée, le système de production, représenté par un collectif d'acteurs, est impliqué dans une logique d'identification (opportunités potentielles) et de mise en œuvre de la ressource dans un contexte productif.

L'extension patrimoniale, une dimension essentielle des ressources territoriales

Associé à d'autres aménités locales, le patrimoine présente des qualités spécifiques qui en font des ressources territoriales (Landel, Senil, 2009). Le patrimoine semble aboutir obligatoirement à une nouvelle « concurrence par la différenciation de l'offre » qui rend pertinent un raisonnement en termes d'« avantages différenciatifs », c'est-à-dire non susceptibles d'être remis en cause par la mobilité des facteurs. « Cette notion est directement liée à celle du territoire puisque c'est lui, de par ses qualités intrinsèques, qui confère aux produits ses spécificités » (Coissard, Pecqueur, 2007). Autrement dit, ces avantages, lorsqu'ils se construisent, sont de nature à conforter la compétitivité du territoire, levant ainsi la contrainte de la concurrence accrue sur les avantages comparatifs.

Ainsi, la dynamique du patrimoine, à savoir la manière dont il évolue à des fins de développement, ne dépend pas uniquement de la façon dont les processus de création, destruction, identification et mise en valeur s'enchaînent et s'affectent mutuellement au sein d'un territoire. Elle s'apparente également à son ancrage territorial affermi par l'émergence de nouvelles initiatives cherchant à s'approprier ses retombées valorisantes. L'on pourra toujours arguer, dans ce cas, que la catégorie du patrimoine introduit une référence à des principes de relations non marchandes (Barrère *et al.*, 2005), au sens où les groupes d'acteurs, aux objectifs divers, se coordonnent dans des contextes parfois très conflictuels.

Fig. 2 – L'association du patrimoine à d'autres aménités territoriales

Source : Lahmer, 2015.

Ce qui précède laisse entrevoir que l'innovation est donc, ici, plutôt de type conceptuel en ce qu'elle consiste à valoriser différemment les ressources qui ne l'étaient pas (ou mal) et à en renouveler la demande dans le temps. Elle est également de type organisationnel, avec un mode de gouvernance engageant la pérennité du patrimoine (Tabaries, 2005).

Au fond, nous pensons que le contenu des principaux axes de l'extension patrimoniale peut être consigné dans la figure 2.

Une innovation sociale qui rallie la ressource endémique et le savoir-faire productif

Dans cette partie, nous chercherons à éclairer empiriquement les notions théoriques avancées plus haut, à partir de l'identification de l'argane et de son évolution dans le Pays d'Argane.

L'identification d'une ressource patrimoniale enracinée dans une tradition séculaire

Le Pays d'Argane s'étend de la région de Marrakech-Tensift-El Haouz au centre du Maroc à la région Souss-Massa-Drâa au Sud-Ouest. Il doit cette qualification à la forte présence de surfaces forestières arganières, l'arganeraie. Avec près de 870 000 ha de surface boisée, il est le plus grand foyer d'*Argania spinosa* du monde. Il borde l'océan Atlantique entre l'embouchure de Wad-Tensift au Nord-ouest d'Essaouira et celle de Wad-Noun à Guelmime, en passant par la plaine de Souss où il s'étire vers l'Est jusqu'à Aoulouz et la province de Taroudant (Fig. 3).

Le tableau 1 synthétise la foisonnante terminologie autour du terme « argane » afin de faciliter le confort de la lecture.

Tab. 1 – Monographie de l'argane

Terme	Description
Arganeraie	Forêt naturelle abritant l'arganier. Elle a obtenu, en décembre 1998, le statut de réserve de biosphère du programme *Man And Biosphere* (MAB) de l'UNESCO.
Arganier	Arbre épineux endémique tel qu'il a été répertorié par Liné L (1737) sous le nom de *Sideroxylon spinosum*. C'est une « relique » de l'aire tertiaire, vu son appartenance à l'ordre des Ébenales et à la famille des sapotacées connue depuis le Crétacé supérieur, lorsque le Maroc et les îles Canaries étaient encore reliés.
Argane	Noix de l'arganier. C'est un fruit oléagineux à la grosseur d'une amande abritant deux ou trois « amandons ». Étant devenue aujourd'hui une appellation confuse par la double prononciation qui lui a été donnée, nous proposons d'appeler « Argane », rejoignant par là l'Association Marocaine de l'Indication Géographique de l'Huile d'Argane.

Source : Lahmer, 2014.

Fig. 3 – Aire de répartition de l'arganier

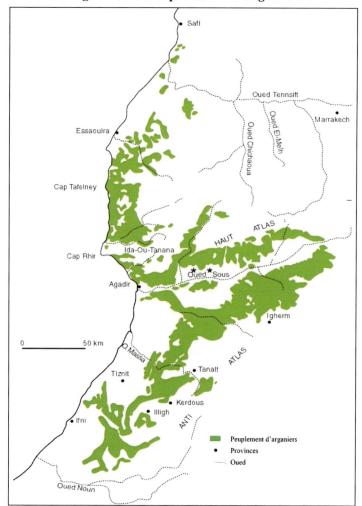

Source : A. Lahmer.

La production d'huile d'argane peut apparaître comme une activité récente. Pourtant, à y regarder de plus près, son identification s'ancre profondément dans les habitudes et les mœurs de la population autochtone. Il faut certainement plonger au cœur de l'histoire de l'arganeraie pour mieux la comprendre.

L'histoire écrite de l'arganier débuta vers le IXe siècle avec les « notes généralistes » rédigées par le médecin et voyageur Ibnou Redouane (Kenny, 2007). Si l'on s'en tient aux écrits de Ibn Al Baytar (1248), illustre figure andalouse de la botanique et de la pharmacologie, Ibnou Redouane fut le premier à avoir décrit sommairement l'arbre, ses fruits et l'usage qu'on en faisait à l'époque : « un fruit qui ressemble à un petit gland, de couleur jaune. Sur un des ses côtés, il porte des dépressions étroites qui ne pénètrent pas jusqu'à l'intérieur. Il ressemble intérieurement à une graine de pin. Il est fourni par un arbre de haute taille du Maghreb extrême. Ce fruit est chaud et resserre le ventre. Son huile est avantageuse contre la surdité chronique et les maux d'oreilles » (Ibn Al Baytar, 1248).

Une autre description, par ailleurs très affinée, nous est fournie par Ibn Al Baytar : « *Al harjâne* fut connu par les berbères du Maghreb extrême [Maroc] par *arjâne* et *Arqâne* pour désigner un arbre fort épineux, lequel produit un fruit de la grosseur des amandes contenant un noyau, ce fruit que les chèvres et les dromadaires ingurgitent, puis en régurgitent le noyau que l'on ramasse, que l'on triture et dont on en extrait une huile à Marrakech et ses environs. Elle est douce comme l'huile d'olive, aux dire de ceux qui en ont déjà goûté... » (Ibn Al Baytar, 1248).

Historiquement, la production d'huile d'argane est une activité essentiellement féminine et rurale. C'est bien sûr à travers le rituel d'extraction de l'huile d'argane par les femmes que s'illustre un mode de production domestique destinée à être consommée ou, pour le mieux, commercialisée au *souk*.

Tout récemment encore, Madame Charrouf[2], chercheuse marocaine en chimie organique à l'université Mohammed V à Rabat, ayant constaté qu'il n'y a pas eu d'études sur l'arganeraie depuis 1923 hormis les tentatives japonaises[3], a initié un premier programme de recherche en collaboration avec des professeurs de l'université Lille 1.

En décembre 1998, l'arganeraie a été désignée « Réserve de biosphère » par l'UNESCO, en application de son programme *Man And Biosphere* (MAB).

De l'usage domestique à la qualification marchande de l'argane

Si Madame Charrouf a joué un rôle audacieux sur le plan de l'identification de la ressource, elle a également eu l'idée ingénieuse de préserver l'arganier grâce à la valorisation du savoir-faire productif des femmes rurales. En 1996, elle a créé, à Tamanar, la première coopérative de production de l'huile d'argane, la coopérative Amal, coopérative très active et qui fait travailler plus de 250 femmes actuellement, avec un chiffre d'affaires qui dépasse largement deux millions de DH[4] (Association Ibn al Baytar, 2012).

Ce modèle essaime, bien que timidement, dans d'autres *douars* (localités). Deux coopératives furent initiées par Madame Charrouf : la coopérative Ajeddigue à Tidzi (province d'Essaouira) en 1997 et la coopérative Tafyoucht à Mesti (province de Tiznit*)*, en 1998, au bout de presque dix ans lutte afin de fédérer autour d'elle des habitants, des chercheurs, des élus, des artistes et des associations. Le soutien – solidaire – qu'elle a eu des ambassades de Grande-Bretagne et du Canada, du Centre de Recherche pour le Développement International (CRDI) d'Ottawa (Canada) et du Comité d'Entraide International (CEI), a permis de fournir les premiers moyens financiers indispensables.

---

2 – Nous préférons ici utiliser la même typographie que celle employée par la population locale.
3 – Dans le cadre du programme de volontariat lancé par les autorités japonaises en 1955 qui couvre, entre autres, la recherche scientifique sur l'huile d'olive et l'arganier.
4 – Soit environ 184 000 € (1 DH = 0,092 €).

Une autre initiative, en relation avec la conservation et la valorisation de l'arganeraie, s'est traduite, en 1995, par l'établissement d'un important partenariat entre la Direction Régionale des Eaux et Forêts et l'agence allemande de coopération technique GTZ. Ce partenariat s'est soldé par un Projet de Conservation et de Développement de l'Arganeraie (PCDA) qui s'est adressé principalement à l'Union des Coopératives Féminines d'Argane (UCFA), fédérée, depuis juin 1999, autour de treize coopératives. L'UCFA a eu un rôle d'encadrement et de développement du mode d'extraction artisanale.

Pour optimiser l'extraction de l'huile d'argane et, par la même occasion, améliorer les revenus des femmes rurales, un partenariat de mise à disposition des techniques modernes s'est mis en place avec l'ONG Oxfam-Québec qui a piloté l'encadrement de l'Association des Coopératives Féminines d'Argan (ACFA : 30 coopératives).

Tirant prétexte du développement de ce projet, l'association Ait Baamrane pour le développement à Sidi Ifni, en partenariat avec la commission européenne et l'ONG Oxfam-Québec, a créé, en 1998, la coopérative Tafyoucht.

C'est Madame Charrouf qui a vraisemblablement illustré le mieux cet intérêt croissant pour l'arganeraie et qui a impulsé les changements que nous observons aujourd'hui. Son rôle de catalyseur, d'aiguillon, est donc très grand. En effet, outre la réalisation de ces « belles œuvres », elle eut également l'audace de créer, en 1999, l'Association Ibn al Baytar (*dahir* [décret] n° 1-58-376 du 15 novembre 1958). Il s'agit d'une organisation non gouvernementale qui s'est occupée du lancement de deux nouvelles coopératives en 2003 : la coopérative Taitmatine à Tiout, province de Taroudant et la coopérative Targan't à Ait Baha, province de Chtouka Ait Baha. La même année, et à l'initiative de l'association, quatre coopératives ont fédéré en GIE Targanine pour mieux se faire entendre. La forte présence de l'Association Ibn al Baytar et sa prégnance dans la formation lui ont permis de gagner la confiance des communautés locales, ce qui a contribué à faire émerger, en 2004, trente coopératives de concassage.

Cette action a été soutenue par un don de l'Union Européenne pour un montant de 240 000 €. La première étape du projet consiste à alphabétiser les femmes bénéficiaires. Pour cela, une convention a été signée entre le Centre national pour le développement et l'alphabétisation et l'Association Ibn al Baytar.

Les travaux de l'association ont donné un nouvel élan à la ressource sous la forme d'un programme collectif de recherches fondamentales et appliquées (encadrement de thèses, recherche en laboratoire) afin de recouvrir les aspects botaniques (principes actifs), scientifiques (certification), sociologiques (valorisation de travail féminin) et économiques (optimiser la production) de l'arganeraie. C'est à l'université Mohammed V de Rabat que Madame Charrouf a initié son projet : « Avec la création de l'Association Ibn al Baytar, c'est une école pour la filière de l'argane qui s'ouvre », affirme-t-elle.

Les financements croisés, déclenchés par l'association, sont venus de l'État, des collectivités locales et de l'Union européenne pour un montant de douze millions d'euros dans le programme MEDA II en février 2002 (Charrouf, 2003).

L'éventail des différentes opérations a permis d'organiser un important partenariat dans le cadre du programme européen MEDA : l'Unité de Projet Arga-

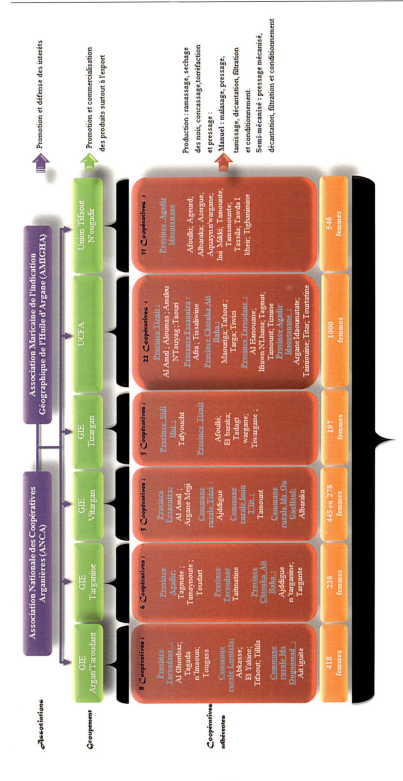

Fig. 4 – Organisation de la filière des coopératives arganières

Source : Lahmer, 2014.

nier dédié à la recherche sur l'arganeraie, l'arganier et ses sous-produits (RARGA PROD 2), à l'accompagnement financier et technique et à la réforme des structures économiques et sociales (coopératives, GIE, UCFA). *Agropolis International* (Montpellier) a joué le rôle de porteur de projet et de gestionnaire pour le compte des équipes scientifiques impliquées, le gestionnaire local marocain étant l'Agence de Développement Social (ADS). Ce programme européen, qui continue actuellement d'être activement développé, s'est forgé autour de deux thèmes principaux :
- La valorisation de l'huile d'argane et des coproduits issus du fruit de l'arganier, en étroite collaboration avec le CIRAD et l'INRA.
- La réhabilitation du système agroforestier afin de développer des modes de gestion durable pour les agroécosystèmes à base d'arganiers, en collaboration avec l'IAV d'Agadir, le CIRAD, les administrations forestières et les coopératives.

À côté de l'aspect innovateur, la mise en œuvre de l'argane est façonnée par une organisation du système productif, stimulée par une capacité d'adaptation de ses différentes catégories d'usagers, à travers un processus d'élaboration de règles d'usage des ressources du territoire qui renforcent leurs relations structurées. Par-là, on s'accorde à dire que les différents organes ont énormément évolué, en progressant chacun de son côté, mais en ouvrant à chaque fois de nouvelles opportunités d'évolution à l'ensemble de l'organisation.

Les grandes lignes de la structure de la filière arganière sont décrites et reconstituées dans la figure 4.

L'innovation institutionnelle majeure est, en définitive, la création, le 26 janvier 2008, à l'initiative du Conseil régional Souss-Massa-Drâa, de l'Association Marocaine de l'Indication Géographique de l'Huile d'Argane (AMIGHA), fédérant le Conseil régional Souss-Massa-Drâa et la filière arganière. Cette nouvelle institution, ayant constaté qu'il n'y avait ni protection ni valorisation institutionnelle des produits de l'argane, s'est très vite préoccupée de l'élaboration d'une IGP Argane.

La gestion des dissensions de différents niveaux sur la nature et l'étendue de la requalification du savoir-faire productif

Le heurt majeur de la première phase s'est joué entre les tenants de la valorisation du savoir-faire ancestral et les « chefs de famille » quand il s'est agi de refuser que les femmes adhèrent aux coopératives. Il n'est pas surprenant qu'une telle initiative rencontre des obstacles dans la mesure où l'adhésion à une coopérative était « sinon une tare, du moins une honte pour les coopératrices », témoigne F.I., adhérente de la coopérative Ajeddigue. Il s'agit là d'une différence de conception avant d'être un combat pour la constitution de coopératives. Car, ici, la tradition est très vivante et atteste une certaine forme de « dissonance cognitive » des « chefs de famille » quant au travail des femmes, qui était encore présente jusqu'à une époque récente. Cette contrainte aurait pu remettre en cause le projet dans son ensemble.

Au début, nous a dit A. Hafida, adhérente de la coopérative Ajeddigue, « l'opportunité offerte en faveur de la création des coopératives a été saisie par quelques femmes seulement, veuves ou divorcées et soumises à la précarité pour la plupart […] Prenons simplement notre exemple. La coopérative Ajeddigue a été fondée par seize femmes dont dix veuves et six femmes âgées [...]. Ici, les femmes ne pouvaient même pas aller à l'école pendant leur jeune âge et encore moins sortir travailler ! ».

Dubitatifs au départ, les hommes s'étaient laissés convaincre par le succès des premières réalisations, d'une part, et par la bonne volonté des femmes qui ont appris à surmonter les préjugés et les partis pris les plus enracinés, d'autre part. L'incidence sur le bassin de l'emploi local, l'importance des revenus substantiels générés par la nouvelle activité des femmes ont joué pleinement. « Qui l'eût cru, alors que ceux qu'on suppliait afin d'autoriser leurs femmes, filles et sœurs de rejoindre les coopératives, aujourd'hui ce sont eux qui demandent, de leur propre gré, qu'elles y soient intégrées », ajoute A. Hafida. Les mentalités ayant évolué, les femmes gagnent enfin la légitimité du travail salarié. Il n'est certainement pas faux de dire qu'il y a là une manière particulièrement originale de rompre avec la tradition dont on aurait du mal à sonder les mystères par les simples outils du dialogue social.

Même si les femmes étaient minoritaires, l'important, pour elles, était de pouvoir en être, de participer à la dynamique organisationnelle du nouveau cadre créatif et d'en tirer des revenus leur assurant une vie décente. Elles ont eu l'opportunité de découvrir des aptitudes non révélées et d'y trouver une source de dignité et d'épanouissement. Tout cela fait prévaloir un sentiment de grande fierté.

Mais, là aussi, un sujet ardu est apparu : comment faire venir les mères coopératrices qui avaient la charge de s'occuper de leurs enfants ? Des crèches viennent d'être créées pour accueillir gratuitement les enfants de moins de six ans. Les femmes des coopératives Taitmatine, Ajeddigue et Tamounte-Imintlit ont investi dans les équipements et les fournitures. La commune a pris en charge l'éducatrice qui s'occupe au quotidien des enfants et mène les activités d'éveil.

Il ne semble donc pas exagéré de parler ici d'une innovation sociale qui mêle l'activité maternelle et l'activité professionnelle des femmes rurales.

L'extension du processus de patrimonialisation par les aménités touristiques rurales

Le pari lancé, il y a quelques décennies, au sein de la filière arganière a été vraisemblablement réussi, du moins en termes de notoriété et d'image d'un territoire que l'on nomme désormais le Pays de l'Argane. Conscients de l'attrait que ce territoire représente pour le tourisme rural du fait de sa culture, de ses produits locaux, de son cadre paysager, les acteurs locaux y voient un enjeu de développement économique et social.

Une volonté de mise en tourisme territorialisée

Le Pays de l'Argane a, en outre, vocation à être le porte-drapeau du tourisme rural. On n'en est qu'au début, mais une chose est sûre, l'émergence du tourisme rural amorce une nouvelle dynamique territoriale, dont les impacts pourraient influencer largement le Pays de l'Argane.

L'identification de la destination par le biais de la création du « Pays d'Attractivité Touristique Arganier », l'un des huit grands pays thématiques de la stratégie nationale de développement du tourisme rural apparu en 2003, en témoigne. Ce territoire, qui abrite les parties d'Ida Outanane, Chtouka Aït Baha, Taroudant, Tiznit et l'arrière d'Essaouira, se dote d'une labellisation basée sur une identité bien affirmée et une mise en valeur des produits du terroir. L'ampleur du travail a permis de déclencher la contribution du ministère du Tourisme, du ministère de l'Agriculture, de la région Souss-Massa-Drâa, des provinces concernées, du Centre régional d'Investissement, du Conseil régional du Tourisme, des Chambres d'Agriculture et des communes locales.

Cette composition administrative mosaïque s'est accompagnée du réaménagement ainsi que de la création des gîtes afin d'améliorer la capacité d'accueil, de l'infrastructure routière, de l'installation d'une signalétique adaptée à la découverte de la richesse touristique et de l'installation de nouvelles entités administratives au sein de la délégation du tourisme, à savoir la « Direction du PAT » et la « Maison du Pays ». L'ensemble de ces actions a fait jaillir des initiatives multiples qui se sont étendues à l'ensemble du territoire. C'est le cas notamment des activités d'hébergement, de restauration, des points de vente de produits locaux, de l'organisation des randonnées thématisées (circuit de l'arganier par exemple), de l'organisation de spectacles dans certains *douars* et de l'insertion de la thématique du patrimoine, qu'il soit matériel ou immatériel (Berriane et Aderghal, 2012).

Si le Pays d'Accueil Touristique (PAT) apparaît comme un nouveau concept de développement basé sur les aménités locales, il n'en demeure pas moins qu'il est quelque peu imposé de façon « descendante » par les services externes du ministère du Tourisme. C'est le cas notamment d'Ida Outanane. Par ailleurs, dans l'arrière-pays immédiat d'Essaouira, ce sont les petits porteurs de projets d'hébergement qui restent le principal moteur de la mise en tourisme de la région. Bien que non planifiées, ces petites initiatives cumulées fournissent un peu plus de 1 743 lits, non compris les campings ou la location chez l'habitant, soit un peu moins de la moitié de la capacité hôtelière actuelle en lits de la ville d'Essaouira (Berriane et Aderghal, 2012).

À Taroudannt et dans certaines parties des provinces de Tata, d'El Haouz, de Tiznit, de Chtouka Ait Baha, l'association « Migrations et développement » a été prise en charge par l'Agence de Développement Social. Le projet a permis de créer un réseau de vingt auberges pour une capacité de 564 lits. Deux bureaux d'orientation touristique ont été mis en place, précisément à Tiliouine (riche en safran) et à Tiznit (ADS, 2008). Tout n'est pas gagné pour autant, l'initiative est essentiellement portée par les Marocains résidant à l'étranger.

Des stratégies touristiques apparemment parachutées sur le territoire !

Tout à fait conscients du dynamisme du tourisme rural, les professionnels du tourisme ont donné une nouvelle impulsion en intégrant les produits du terroir, en l'occurrence l'argane, dans leur offre. Les exemples ne manquent pas : visites organisées de l'arganeraie avec le spectacle des chèvres broutant paisiblement le feuillage et les noix… à plus de trois mètres de hauteur dans l'arganier ; ou bien encore visites guidées des coopératives faisant figure à la fois de musée vivant et de promotion de la condition féminine (Simenel, Michon, 2009). « L'hôtel Atlass Kasba envoie ses clients vers notre établissement » affirme Hanane, secrétaire des UCFA Tifaout N'ougadir.

Un des traits marquants des coopératives est leur authenticité et cela plaît aux touristes. « Pour moi, la visite de la coopérative a donc une importance sociale évidente : je découvre les gestes majestueux des femmes impliquées péniblement dans la production […] Je retrouve à qui l'argent est versé et à quoi il sert. Enfin, je m'en remets à mes propres yeux afin de vérifier la qualité », témoigne A.L., touriste française interviewée à la coopérative Taitmatine.

Par ailleurs, les coopératives adhèrent à ces préoccupations : « l'objectif étant pour nous de montrer aux visiteurs que nos locaux répondent à une réglementation de traçabilité, gage de qualité certifiée et constante », affirme A. Hafida.

Un autre trait caractéristique réside dans la convivialité. Sur place, on propose aux touristes de déguster de nombreux produits du « coin » : huile d'argane, miel d'arganier, *Amlou* (pâte à tartiner locale), etc., avec accompagnement de thé et de pain fait maison. « C'est un agréable moment, d'autant plus qu'il y a des échanges intéressants au sujet de l'Argane et du savoir-faire féminin », témoigne une touriste interviewée à la coopérative Kaouki à Douar Ait Yassine (à 12 km d'Essaouira).

Des guides touristiques font de la promotion pour amener les touristes vers les coopératives moyennant un *bakchich*. Une telle pratique présente le risque pernicieux de banalisation des valeurs symboliques des coopératives. Il est clair que les visites guidées doivent être préparées et ne sauraient se faire du jour au lendemain. Les guides doivent être dotés d'une bonne culture générale, d'un sens pédagogique, savoir captiver leur public, etc. « Je suis furieuse quant à l'attitude des guides touristiques [...] Ils sont cupides. Ils profitent de la situation. Oh ! Ils exigent une part de 50 % sur les paniers vendus [...] C'est trop ! », nout dit A. Hafida.

Des auberges, comme celle du Marabout à Sidi Kaouki, organisent des séances de massages à l'huile d'argane, sur place, dans leurs propres instituts de beauté. Elles font découvrir les bienfaits des soins corporels et la volupté du Hammam traditionnel.

Assurément, les produits arganiers sont directement liés à la gastronomie locale. On les trouve sur les devantures des restaurants ou dans les structures d'accueil, comme la Maison d'hôtes *Tighanimine* (10 km d'Agadir), qui propose une cuisine de goût et de saveur élaborée à base de produits du terroir.

Afin de se faire une place sur le marché, les professionnels ont su se faire connaître grâce à l'opportunité qu'offre Internet ou à travers les supports classiques comme les affiches ou les *flyers* qui mettent en avant la structure d'accueil et les services afférents (thèmes du séjour, activités…).

Conclusion

Au terme de cette étude, notre analyse s'est axée sur l'éclairage des notions théoriques avancées dans la première partie, à partir de l'étude de cas menée au Pays de l'Argane au Maroc. Nous avons cherché à magnifier la nature des ressources construites et, dans cette perspective, les enjeux de ces ressources dans l'avènement d'une dynamique de développement territorial.

Nous arrivons à des résultats qui présentent un certain intérêt, ne serait-ce que parce que le Pays de l'Argane, qui peut désormais s'enorgueillir d'être un territoire d'argane, montre avec éclat ce que les acteurs sont en train de réaliser d'une manière plus modeste et plus discrète. Cette prouesse a pour le moins trois principales implications.

Premièrement, un nouveau corps de production s'est développé en filigrane avec une économie non libérale, mais tournée vers les valeurs de la liberté. En effet, seule la création des coopératives (innovation sociale) était capable de desserrer l'étau autour de l'arganeraie et du savoir-faire ancestral. Deuxièmement, ce nouveau contexte favorable a induit l'émergence d'une nouvelle stratégie ambitionnant de rallier ces ressources vulnérables à d'autres aménités locales. La valorisation des unes devrait renforcer l'attractivité des autres et vice versa. L'on a vu ainsi surgir une dynamique d'acteurs en matière de tourisme rural s'articulant autour de projets destinés à mettre en valeur le territoire. Troisièmement, la logique d'apprentissage que l'on cherche à se construire est celle qui allie progrès et tradition, celle qui évoque la capacité de toute une population arc-boutée sur ses racines historiques et qui, au début, avec des outils en pierre et maintenant avec des techniques et des savoir-faire développés, est parvenue à créer de la valeur ajoutée selon une démarche qualité étonnante.

Cependant, il semble que l'on ne puisse pas parler d'une transformation socio-organisationnelle du territoire. L'ironie est que les actions locales semblent n'avoir plus aucune cohérence entre elles. En d'autres termes, la variété sectorielle au sein du territoire et la pluralité des intérêts qui en découlent risqueraient d'occulter toutes chances de pérennité de la ressource patrimoniale. La menace est déstabilisante.

Il y a là, manifestement, une autre hypothèse très séduisante qui demande à être approfondie : la nature de la concurrence souhaitée est essentiellement une « concurrence des territoires » par leurs « avantages différenciatifs » (Coissard, Pecqueur, 2007). C'est en tout cas la piste que nous souhaitons emprunter, puis affiner afin que l'on puisse aborder le développement local selon qu'il est problème d'« avantages différenciatifs coordonnés ». Et l'on trouve forcément, dans cette perspective, une stratégie qui fait prévaloir une « gouvernance intersectorielle » perçue alors comme une innovation organisationnelle qui prend en compte l'impératif de coordination des actions individuelles engageant le sort commun, celui de la pérennité du territoire (Despiney et Tabaries, 2008).

Tout ceci donne à penser que le type de développement visé est un développement moins immédiat et plus durable, moins quantitatif que qualitatif, au moyen d'innovations moins fondées sur les capacités technologiques du territoire que sur ses capacités socio-organisationnelles.

Références bibliographiques

Agence de Développement Social, 2008 – *Projet tourisme rural solidaire du sud Maroc, Séminaire de Clôture du programme Tourisme*, Résumé du rapport final, 25 juin, 11 p.

Association Ibn Al Baytar, 2012 – *Pour la sauvegarde de l'arganier et la promotion du développement durable local*, publication en ligne : www.association-ibnalbaytar.com

Barrère C., Barthélemy D., Nieddu M., Vivien F.-D., 2005 – Au-delà du capital, le patrimoine ?, *in* Barrère C., Barthélemy D., Nieddu M., Vivien F.-D. (éds.), *Réinventer le patrimoine. De la culture à l'économie : une nouvelle pensée du patrimoine ?*, Paris, l'Harmattan, Collection Gestion de la culture et du secteur non lucratif, p. 7-21.

Berriane M., Aderghal M et al., 2012 – *Tourisme rural, gouvernance territoriale et développement local en zones de montagnes*, publications de l'ONDH, 110 pages.

Charrouf Z., 2003 – *Valorisation de l'Arganier (Maroc), Rapport d'activité*, Faculté des Sciences, Université Mohammed V, Rabat, Maroc.

Coissard S., Pecqueur B., 2007 – Des avantages comparatifs aux avantages différenciatifs, une approche par le territoire, XLIIIe Colloque de l'ASRDLF, *Les dynamiques territoriales : débats et enjeux des différentes approches disciplinaires*, Grenoble et Chambéry, 11-13 juillet, 16 p.

De Gregori T., 1987 – Resources Are Not, They Become: An Institutional Theory, *Journal of economic issues*, vol. XXI, n° 3, p. 1241-1263.

Despiney B. et Tabaries M., 2008 – Ressources patrimoniales et nouvelle gouvernance territoriale : le rôle des milieux innovateurs, *Annales de l'Académie polonaise des Sciences*, Paris, numéro spécial « L'agriculture française et l'agriculture polonaise dans l'Europe de 2007 : expériences partagées et intérêts communs », Paris, 230 p., p. 186-210.

Hadjou L., 2009 – Les deux piliers de la construction territoriale : coordination des acteurs et ressources territoriales », Revue *Développement durable et territoires*, http://developpementdurable.revues.org/8208 ; DOI : 10.4000/developpementdurable.8208, 19 p.

Hirschman A.-O., 1958 – *Stratégie du développement économique,* traduction française, 1964, Paris, les Editions Ouvrières, collection Economie et Humanisme, 246 p.

Ibn Al Baytar, 1248 – *Kitab Al-jami'limufradat al-adwiya wal-agdia (Le traité des simples),* Traduction de Lucien Leclerc. Repr. Ed. 1883, Paris, Institut du Monde Arabe, 3 vol. (478 p., 492 p. et 486 p.).

Kebir L., 2004 – *Ressource et développement : une approche institutionnelle et territoriale,* Thèse de sciences économiques, Université de Neuchâtel.

Kenny L., 2007 – Histoire de l'arganier, *in* Kenny L (éds.), *Atlas de l'arganier et de l'arganeraie,* Institut agronomique et vétérinaire Hassan II, p. 11-38.

Landel P.-A., Senil N., 2009 – Patrimoine et territoire, les nouvelles ressources du développement, *Revue Développement Durable*, dossier n° 12, 16 p.

Raffestin C., 1980 – *Pour une géographie du pouvoir*, Paris, LITEC, 249 p.

Simenel R., Michon G., 2009 – Secret des femmes, secret de la nature : l'huile d'argan ou la fabrication du mythe moderne des produits de terroir au sud, *Actes du Colloque : « localiser les produits : une voie durable au service de la diversité naturelle et culturelle des Suds ? »*, Paris, 9-11 juin, 6 p.

Tabaries M., 2005 – Les apports du GREMI à l'analyse territoriale de l'innovation ou 20 ans de recherche sur les milieux innovateurs », *cahiers de la MSE,* n° 18, 22 p.

Varela F., 1979 – *Autonomie et connaissance,* Traduction Dumouchel P. et Bourgine P., Paris, Seuil, 1989, 247 p.

Zimmermann E. W., 1951 – *World resources and Industries*, New York, Harper & Bros, 832 p.

Chapitre 12

D'un produit typique à un projet territorial : analyse de dix ans de processus de changement local dans le Casentino (Ar)

From typical product to territorial project: analysis of ten years of process of local change in Casentino (Ar)

Marina MARENGO* et Andrea ROSSI**

Résumé : Cet article s'intéresse à la valorisation coordonnée des savoir-faire associés aux productions alimentaires et artisanales du Casentino, haute vallée de l'Arno en Toscane. La mise en œuvre progressive d'une démarche de patrimonialisation a pu être développée au fil d'une décennie dans le cadre d'un partenariat constructif entre les acteurs du territoire et des chercheurs universitaires de la Région Toscane. À partir de la redynamisation des écomusées de la vallée, la démarche a généré une revalorisation des micro-territoires et de leurs spécificités. L'évolution récente de l'intercommunalité a cependant remis en question les processus en cours et demande, aujourd'hui, une nouvelle réflexion des acteurs locaux et des universitaires sur les modalités de mise en valeurs des ressources matérielles et immatérielles du Casentino, à partir des expériences précédentes.

Abstract: This contribution studies the coordinated valorization of local know-how about food and craft productions in Casentino (the upper valley of the river Arno in Tuscany). An heritage production processes was allowed by a reflection on ten years of collaboration between regional academics and local stakeholders. Departing from the revitalization of the Casentino network of eco-museums, a processes of valorization of the micro-territories and their typical productions has been generated. However, the recent evolution of intermunicipal cooperation has upset the ongoing processes and demands for a new reflection of the local and academic stakeholders on the methods of valorization of material and immaterial resources of the Casentino, from the previous experiments.

---

*Dipt. Scienze della formazione, scienze umane e della comunicazione interculturale Università di Siena.
**Unione dei Comuni Montani del Casentino, coordinamento EcoMuseo del Casentino.

Cette contribution est une réflexion sur dix ans de collaboration entre acteurs universitaires et acteurs du territoire dans le Casentino (haute vallée du fleuve Arno dans la province d'Arezzo et en Toscane), accompagnée de la parole des habitants de la vallée. Il s'agit d'une collaboration débutée par quatre projets de recherche universitaires (deux financés par le Ministère de la Recherche et l'Université italiens et deux par la Région Toscane). Plus précisément, les recherches étaient centrées sur la valorisation et la promotion du développement rural local et sur l'éducation à l'environnement (*Educazione ambientale*)[1]. Les objectifs des projets étaient centrés sur la redynamisation relationnelle du réseau d'écomusées du Casentino, ainsi que sur l'activation de processus de patrimonialisation des productions locales (matérielles et immatérielles). Suite à ces choix spécifiques, dans cette vallée de la province d'Arezzo, se sont réaffirmés des processus de valorisation et resémantisation des micro-territoires et de leurs productions typiques, alimentaires et artisanales. Ces processus ont été accompagnés par la mise en valeur des particularités culturelles et territoriales locales par un ensemble de parcours et d'initiatives participatives et solidaires[2]. De ces activités de mise en valeur patrimoniale et touristique sont nés plusieurs réseaux de producteurs agriculteurs–éleveurs–consommateurs, d'accueil paysan, de refuges dans le Parc National des Forêts du Casentino, d'itinéraires touristiques œno-gastronomiques, ainsi que des activités culturelles ponctuelles ou structurelles organisées par la *Comunità Montana del Casentino*.

Objectifs et contenus des recherches

L'ensemble des recherches a été centré sur l'étude des modalités d'implication d'un réseau local de musées, l'Écomusée du Casentino, dans la valorisation de produits alimentaires de qualité locaux (agriculture biologique, agriculture intégrée, agriculture traditionnelle, etc.), de savoir-faire artisanaux en voie de disparition,

---

1– PRIN 2004-2005 – Le binôme culture / agriculture de qualité dans la définition d'un projet de développement rural local : le cas de l'Ecomusée du Casentino (Ar). PRIN 2005-2006 – *La tutela dei prodotti tipici e dell'agricoltura di qualità in Italia. Ricerche per l'"Atlante Geografico delle Produzioni di Qualità: l'Italia da Mangiare". Il caso della provincia di Arezzo*. Projet Infea 2004-2005 (Informazione ed educazione ambientale) – Regione Toscana-Provincia di Arezzo, *Il cambiamento glocale : una sfida per la società aretina. La conoscenza, valorizzazione e tutela delle risorse radicate nel territorio quale strumento per (ri)definire una società locale*. Projet Infea 2005-2006 (Informazione ed educazione ambientale) – Regione Toscana-Provincia di Arezzo, *Il cambiamento glocale: una sfida per la società aretina. Dall'individuazione delle competenze radicate alla micro-progettazione partecipata nel territorio*.
2 – Par exemple, la *Mappa della Comunità di Raggiolo* (*Parish Map*) a été construite de manière participative avec la collaboration des habitants de la Commune de Raggiolo, à partir d'une association, *La Brigata di Raggiolo*, et d'un petit financement de la Province d'Arezzo (*Circolo di Studio*). Le même type de parcours participatif a été utilisé par les *Mappe di Comunità* de la *Valle del Solano* et de la *Vallesanta*.

de patrimoines matériels et immatériels présents mais pas toujours connus de la vallée. L'objectif scientifique et applicatif de ce parcours d'expérimentation « patrimoniale » a été partagé avec les acteurs territoriaux, décideurs, entrepreneurs, artisans, agriculteurs-éleveurs et les habitants, de manière individuelle ou réunis en associations ou autre type d'initiative collective.

Nous avons parcouru le sillon creusé par F. Sotte, qui écrit : « […] le signe le plus évident de l'émersion d'une ruralité « post-industrielle » ne consiste pas dans la (re)découverte des valeurs anciennes mais dans une « remise à jour » de la ruralité elle-même. À la ségrégation dualiste des zones rurales, ainsi qu'à l'abandon des campagnes, s'oppose de nos jours la définition d'une nouvelle culture du territoire. Il ne s'agit pas que d'une redécouverte de son patrimoine, ses traditions, son paysage. Il s'agit aussi, et surtout, d'une nécessité économique. Face à l'ouverture des marchés, à l'intégration de régions géographiques aux caractéristiques socio-économiques les plus disparates, aux opportunités offertes par les nouvelles technologies – pour résumer le tout : à la globalisation –, les systèmes locaux se trouvent face à une nouvelle, et le plus souvent imprévue, phase évolutive. Cette situation impose, d'un côté, une plus forte spécialisation afin d'être compétitifs dans les secteurs les plus technologiques et évolués et, de l'autre côté, elle demande un maximum d'effort dans la différenciation et la diversification locales pour que la flexibilité et la capacité d'adaptation aux changements puissent permettre de saisir les occasions favorables et éviter les « trappes » qui se présentent dans un scénario international de plus en plus compétitif » (Sotte, 1998).

Le Casentino, une étude de cas privilégiée

Les caractéristiques et les spécificités de l'Écomusée du Casentino

Il s'agit, tout comme spécifié sur le site de l'Écomusée, d'un « système muséal diffus dans la vallée, réalisé afin de pouvoir raconter ses nombreuses spécificités dans l'espace et le temps. Une identité reconnaissable dans les routes et les ponts, les *pievi* (bourgs) et les monastères, mais aussi dans les hommes et dans leurs histoires présentes et du passé » (www.ecomuseo.casentino.toscana.it/).

Le contenu du concept d'Écomusée appliqué à cette vallée permet d'aller encore plus loin dans l'explicitation du projet et de ses objectifs : « Les gens du Casentino et la mémoire de leurs ancêtres nous permettent de comprendre que dans cette vallée la présence de l'homme n'a pas eu d'effets destructeurs sur l'environnement : il a cherché à s'y intégrer de manière harmonieuse. Le récit de cette longue histoire est l'Écomusée : une structure muséale, traditionnelle d'un côté, avec ses archives, documents, images et témoignages, mais novatrice de l'autre côté, car dotée de laboratoires didactiques et d'itinéraires « sur le terrain » qui offrent l'opportunité de découvrir de manière directe des paysages suggestifs et des lieux historiques qui justifient la présence des musées » (www.ecomuseo.casentino.toscana.it/). La volonté spécifique de récupération et valorisation des ressources, des techniques ainsi que des compétences enracinées constitue la base

Fig. 1 – Localisation du Casentino

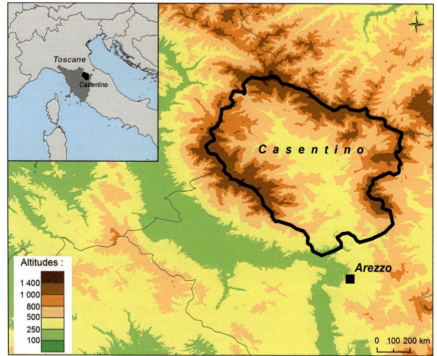

Source : SRTM 90. E. Langlois, UMR Territoires, 2017.

d'un processus qui ne peut être défini autrement que de manière systémique. Ce système concerne bien sûr le réseau muséal, mais aussi l'ensemble des acteurs publics et privés qui vivent et interagissent dans la vallée. La composante endogène est donc fondatrice du système rural local. Cependant, nous nous trouvons face à un système ouvert, à même d'être relié aux réalités appartenant à d'autres niveaux de l'échelle territoriale, ainsi qu'en condition de recevoir et de métaboliser les *input* exogènes, matériels et immatériels.

Les quelques passages du règlement de l'Écomusée qui suivent, nous permettent de souligner et de confirmer l'importance de l'approche systémique et durable de ce réseau muséal :
> • « L'Écomusée stimule des occasions de confrontation entre les visiteurs allochtones et les habitants : ces derniers jouent en réalité un rôle central dans la conservation, le renouvellement et la véhiculation de l'identité et des valeurs du territoire.
> • L'Écomusée se veut une occasion ainsi qu'un outil concret d'expérimentation pour les projets « participés » de développement des communautés locales, à partir de la sauvegarde du patrimoine territorial dans ses composantes environnementales, historico-culturelles, productives, ethnographiques.

• L'Écomusée est très sensible aux thèmes de la rencontre sociale et du dialogue intergénérationnel ; il tend à la définition de parcours voués à la récupération des connaissances techniques et des capacités manuelles traditionnelles ainsi que d'un rapport correct entre utilisation et renouvellement des ressources » (cf. : le site).

Les synergies avec les autres projets locaux : le cas de la « Route des Saveurs du Casentino »

En plus du réseau de musées capillaire dans la vallée, la *Comunità Montana* – soutenue par l'administration provinciale, la Chambre de Commerce de la Province d'Arezzo et le *Consortium Casentino Sviluppo e Turismo* – a créé une initiative dénommée « La Route des Saveurs du Casentino ». Au cours des années 1990, en Toscane, grâce à la législation régionale, les zones rurales ont eu l'opportunité de créer des parcours vinicoles (les routes du vin), en valorisant ainsi les aires de production d'un point de vue touristique et œnologique. Cependant, la législation ne prévoyait pas des itinéraires réticulaires plus articulés, à même d'offrir des circuits touristico-dégustatifs complets. En 2003, la nouvelle législation (LR n. 43/2003) a dépassé ces limites en permettant à tous les territoires de la Région intéressés de créer des itinéraires touristiques et œno-gastronomiques pour l'ensemble des produits agricoles, de l'huile jusqu'au miel, en passant par les produits biologiques, les DOP, IGP et les productions traditionnelles. L'association « La Route des Saveurs du Casentino » est née à la suite de cette nouvelle législation. L'expérience est aujourd'hui terminée mais les « traces » de cette expérience sont bien là.

La Route des Saveurs du Casentino, qui possédait un statut d'association, avait su saisir l'opportunité de création de l'un des circuits réticulaires toscans le plus complexe, organisé dans un territoire de moyenne montagne à la recherche de nouvelles opportunités de développement local, bien que, tout au début, « La Route des Saveurs du Casentino » se qualifiait déjà par des productions agricoles d'excellence (jambon du Casentino, viande de Chianina, pomme de terre de Cetica, châtaignes, fromages, etc.). En jouant sur le couplage Écomusée (dont une partie des lieux est consacrée à la civilisation paysanne) et « Route des Saveurs », la volonté de redéfinir l'identité territoriale a commencé à se transformer en une réalité complexe mais efficace, à même de valoriser, d'un point de vue économique et culturel, des productions et des compétences enracinées dans l'ensemble de la vallée.

Les opinions et les propositions des acteurs locaux sur l'Écomusée du Casentino

Si du point de vue de la création du réseau et de la participation des acteurs publics et privés collectifs, le processus d'enracinement et d'appropriation de la part des habitants est très avancé, certains acteurs ne sont pas encore complètement convaincus des fonctions que l'Écomusée exerce ou pourrait exercer. D'un côté, il existe une méfiance face au « musée », encore perçu en tant que « boîte à objet » et très peu comme nœud/lieux de proposition et de réalisation de nouvelles idées et initiatives : « Le réseau des musées est bien sûr un réseau qui promeut et donne la possibilité de connaître les débouchés, de faire connaître les qualités de l'agriculture de notre territoire, les choses particulières (MLL). Mais la méfiance fait surface : « J'ai une résistance personnelle face aux musées parce que je sens qu'il s'agit de boîtes fermées. Si une boîte n'est pas stimulée, elle risque de rester là et c'est tout […] Tu entres dans le musée et tu risques de perdre ce qu'il y a à l'extérieur […] Selon moi les choses doivent toujours venir du bas, des gens, des exigences et le musée ne sert pas dans ce sens-là. Un musée ne doit pas être une chose fermée, aseptique, voilà. Elle me sert pour voir. Si je dois contextualiser une chose, je dois le faire dans son environnement, je ne peux pas me renfermer à l'intérieur. Je dois voir comment elle fonctionne ou du moins savoir comment elle fonctionne dans mon territoire. Si on me montre un épi di blé, je peux dire, « joli ». Si on me le montre dans les champs, il est fantastique » (MLL). Il y a toutefois quelques « graines » de conviction qui germent : « […] bon, selon moi, les musées pourraient être les moteurs, une sorte de caisse d'expansion, quelque chose qui, de l'intérieur, peut sortir, donner des opportunités » (MLL).

Dans d'autres cas, le réseau de l'Écomusée est vu comme une sorte de vitrine pour l'extérieur, surtout pour le tourisme : « Oui, je vois qu'il y a une petite information sur l'Écomusée. Le problème est que les lieux ne sont pas si facilement atteignables par le grand public, parce qu'il n'y a que les touristes ou les personnes intéressées et qui ont envie de valoriser ce territoire de n'importe quelle manière » (EP). Parfois, il n'y a même pas encore une perception définie du réseau et de son fonctionnement : « Le problème le plus grand, comme toujours, reste celui de mettre en réseau les différents musées parce que chaque musée tout seul n'y arrive pas. Le problème est qu'il faut de l'argent et encore de l'argent. Mais, selon moi, il y a déjà eu un bon effort de publicité. Mais relier les différents musées est la seule solution valable » (EP).

Cependant, les mentalités sont en train de changer au niveau local, tout comme le regard posé non seulement sur le réseau écomuséal mais aussi sur l'ensemble du système Casentino : « Le projet devrait être un projet intégré […] ce réseau muséal est bien centré sur ça. Créer un environnement qui est à même d'intégrer le musée et les autres activités est fondamental. Ça sert à créer et produire des richesses, aussi économiques. Mais surtout des richesses dans la récupération des traditions, des rapports sociaux, etc. […] Il ne faut pas l'interpréter que du point de vue économique, même s'il s'agit du levier indispensable pour convaincre les administrations et avancer avec le projet. Je crois que le réseau et le système auront des retombées importantes du point de vue économique mais aussi social et culturel » (AM).

Un argument délicat, mais central dans la réflexion sur les opportunités de développement local dans laquelle l'Écomusée est engagé, consiste dans l'analyse des possibilités de partenariat public-privé. Dans la vallée, dans le bas Casentino en particulier, il existe des mécènes intéressés pour investir dans le territoire. La question qui se pose, et qui reste ouverte, concerne la place réservée à ce type de partenariat mais, et surtout, le rôle joué par l'acteur privé qui choisit d'investir dans le territoire : « Je suis favorable à ce type de partenariat parce que les administrations publiques ont toujours besoin de l'intervention d'un privé quand elles n'y arrivent pas de manière autonome. Les sponsorisations sont donc très utiles dans le champ culturel mais aussi dans le social. Certains partenariats ne sont pas seulement soutenus mais aussi recherchés. Il faut admettre que, dans notre zone, nous avons un peu exagéré, dans le rôle du partenariat je veux dire. Il ne s'agit pas du personnage car je sais que XXX [entrepreneur local] a un vrai intérêt pour son territoire. Il a acheté un château et donné à la commune les locaux pour y transférer l'ensemble des écomusées de la zone et créer un pôle culturel unique [...] Il faut dire qu'une limite doit exister ou en tout cas être définie. Je comprends qu'il peut y avoir des doutes [...] mais pour ce qui concerne l'administration communale je peux dire qu'il y a un rapport de respect réciproque et de collaboration. Il faut aussi dire que s'il n'y avait pas de telles personnes, tout serait bien pire et tomberait en ruines. Le château YYY, par exemple. Depuis que XXX l'a acheté on en parle. Avant, on ne savait même pas qu'il existait. L'illumination a été suffisante pour que tout le monde le retrouve. Et nous avons récupéré la « porte du Casentino » [...] Voilà on créé les conditions pour que le territoire même puisse avoir, de son intérieur, un point de vue différent » (VB).

Conclusions

De la parole des acteurs locaux nous pouvons comprendre que, autour du réseau écomuséal et de son projet, est né un débat. Des dynamiques ont émergé ainsi qu'un processus local de redéfinition des vocations économiques, des spécificités sociales et culturelles, des capacités à se projeter soit à un niveau de micro-territoire soit au niveau de la vallée toute entière ont débuté.

Malgré les limites d'un projet d'écomusée décidé et défini au début sans la participation active de la population locale, les signes – malgré les méfiances encore assez répandues – d'un changement de mentalité de la vallée toute entière sont assez clairs. L'élément le plus intéressant, encore à creuser à la suite du projet de recherche, reste toutefois la tendance au couplage privé-public, à la volonté de certains des acteurs privés – parfois citoyens tout court – à « mettre les mains à la pâte », à ne pas laisser tomber les opportunités de sensibilisation et de valorisation : elles peuvent permettre à une vallée de moyenne montagne comme le Casentino de faire son entrée dans la « seconde modernité » équipée de tous les outils, compétences et créativité indispensables.

Une donnée actuelle, la suppression des communautés de montagnes en Italie, remplacées par des Unions des Communes, a donné vie à l'*Unione dei Comuni del Casentino* qui, cependant, ne recouvre pas l'ensemble de la vallée. Ce dernier événement a remis en question les processus en cours et demande, aujourd'hui, une nouvelle réflexion des acteurs locaux et des universitaires sur les modalités de mise en valeurs des ressources matérielles et immatérielles du Casentino, à partir des expériences précédentes.

Une dernière nouvelle ouvre cependant sur d'autres perspectives – de haut niveau enfin : malgré les changements survenus dans la vallée ces dernières années, le travail des communes, des fonctionnaires et des volontaires a enfin été reconnu par la Région Toscane. L'Écomusée vient d'être inséré parmi les Projets d'intérêt régional, c'est-à-dire les « excellences » toscanes, avec sa décision n° 4856 du 31 octobre 2014[3].

Références bibliographiques

Agnoletti M., 2002 – *Il paesaggio agro-forestale toscano. Strumenti per l'analisi, la gestione e la conservazione*, Firenze, ARSIA.

Biagianti I., 1983 – *Migrazioni dalla montagna toscana alla Maremma nel Novecento*, in AA. VV., *Campagne maremmane tra '800 e '900*, Firenze, Centro 2P, p. 165-194.

Biagianti I., 1989 – Risorse naturali e artigianato nell'Appennino centrale, secoli XVIII-XIX, *in* Quaderni di "Proposte e ricerche", n. 4: *La montagna appenninica in età moderna. Risorse economiche e scambi commerciali*, Ada Antonietti (éd.), Ostra Vetere (AN), Tecnostampa, p. 135-166.

Biagianti I., 2002 – Il Casentino ottocentesco fra letteratura, guide e inchieste, *in* M.L. Meoni (éd.), *Culture e mutamento sociale. Per Carla Bianco: studi e testimonianze*, Montepulciano, Le Balze, p. 405-422.

Biagianti I., 2004a – *Boschi e pascoli nella montagna toscana tra Sette e Novecento, in* Calefati A., Sori E. (éds.), *Economie nel tempo: persistenze e cambiamenti negli Appennini*, Milano, Franco Angeli, p. 153-170.

Biagianti I., 2005a – *Contrabbando e polvere da sparo in un comune del Casentino. Chitignano da feudo degli Ubertini a paese del contrabbando (Prefazione a)* Luigi FOGNANI, *Fra nobili e contrabbandieri. Un burrascoso borgo appenninico: Comune di Chitignano*, Città di Castello, Litosystem, p. 7-18.

Biagianti I., 2005b – Il bosco nell'economia del Casentino, *Carlo Siemoni. Selvicoltore granducale (1805-1878)*, Atti del Convegno di studi (Poppi, 11-12 ottobre 2003), Pratovecchio, Grafiche Cianferoni, p. 44-54.

Biagianti I., Farini R., Lisi R.A., Marengo M., Mugnai S., Nappini E., Rossi A., Segantini L., 2012 – *Guida ai prodotti agroalimentari del Casentino. Itinerari fra cultura e tradizioni locali*, Arezzo, Badiali, p. 72 (première édition 2007).

Blanc M., 1997 – La ruralité: diversité, des approches, *Économie Rurale*, n. 242, p. 5-12.

Bovone L., Mora E. (éds.), 2003 – *Saperi e mestieri dell'industria culturale*, Milano, Angeli.

Dematteis G., 1994 – Possibilità e limiti dello sviluppo locale, *Sviluppo locale*, n.1, p. 10-30.

Falcioni P., 1995 – *Toscana*, Roma, S. G. E.

Grillotti di Giacomo M. G., 2000 – Reorganization of Agricultural Spaces, New Rurality and Policies of Intervention in Italy in the Third Millennium, *in* Moretti L. (éds.), *New Rurality in Italy in Relation to the Structural Funds Policies of the European Union*, Genova, Brigati, p. 9-11.

Esposti R.. Sotte F. (éds.), 2002 – *La dimensione rurale dello sviluppo locale. Esperienze e casi di studio*, Milano, Angeli,.

---

3 – Loi régionale n° 21 du 25 février 2010 : *"Testo unico elle disposizioni in materia di beni, istituti e attività culturali"*. Riconoscimento della qualifica di museo di rilevanza regionale – anno 2014 – data certificazione 31/10/2014.

Marengo M., 2005 – L'azione riflessiva e partecipativa: la sfida "sul campo" dei ricercatori e degli operatori sociali in ambito locale, *in* Tinacci mossello M., Capineri C., Randelli F. (eds.), *Conoscere il mondo: Vespucci e la modernità*, Firenze, Società di Studi Geografici Collana «Le Memorie», p. 497-510.

Marengo M. (éds.), 2006a – *La dimensione locale. Esperienze multidisciplinari di ricerca e questioni metodologiche*, Roma, Aracne.

Marengo M., 2006b – Il ruolo del ricercatore nella (ri)progettazione degli spazi locali, in Marengo M. (éds.), *La dimensione locale. Esperienze multidisciplinari di ricerca e questioni metodologiche*, Roma, Aracne, p. 35-52.

Marengo M., 2007 – Le binôme culture/agriculture de qualité: le cas de l'Ecomusée du Casentino (AR), *in* Bryant C., Grillotti M.G. (éds.), *Proceedings of the International Colloquium "Quality Agriculture: historical Heritage and environmental Resources for the integrated Development of Territories"*, Genova, Brigati, p. 635-643.

Marengo M., 2009a – "Visioni territoriali": la progettazione del territorio nei discorsi degli attori locali. Il caso dei comuni di Subbiano e Capolona (Ar), *in* C. Copeta (éd.), *Cartografie Immagini Metafore*, Ravenna, Longo Editore, p. 93-106.

Marengo M., 2009b – Il ruolo dei nuovi politici nella concezione, progettazione e realizzazione e gestione strategica degli ambiti locali, *in* Persi P. (éd.), *Territori contesi. Campi del sapere, identità locali, istituzioni, progettualità paesaggistica*, Urbino, Istituto Interfacoltà di Geografia, p. 101-106.

Marengo M., Lacrimini P. (éds.), 2006 – *Il cambiamento glocale: una sfida per la società aretina. La conoscenza, valorizzazione e tutela delle risorse radicate nel territorio quale strumento per (ri)definire una società locale*, Roma, Aracne.

Marengo M., Lisi R.A., 2011 – "Teoria e pratica "partecipativa": le nuove sfide professionali in geografia e nelle scienze sociali, *Geotema- "Geografia e ricerca empirica"*, n° 41, p. 66-71.

Marengo M., 2013 – Le trasformazioni del territorio et Approccio metodologico, Testi *in La memoria corre sul fiume, Ricordi e storie lungo gli antichi sentieri vicino l'Arno. Libroguida per riscoprire il turismo locale e i patrimoni meravigliosi del nostro territorio*, Projet EA (Education à l'environnement) 2011, Région Toscane-Province d'Arezzo, C.E.A.A. d'Arezzo.

Primi A., 2003 – Ecomuseo: memoria e identità culturale, in CUSIMANO G. (éds.), Ciclopi e sirene. Geografie del contatto culturale, *Annali della Facoltà di Lettere e Filosofia dell'Università di Palermo-La Memoria*, n° 13, p. 411-421.

Rossi A., 2005 – *L'Ecomuseo del Casentino*, in *Ecomuseo, il territorio che racconta*, Atti del primo convegno regionale sugli Ecomusei del Friuli Venezia Giulia, Udine, EcoMuseo delle Acque del Gemonese, p. 86-88.

Rossi A., 2006 – Nella terra di Janus. Spazi, storie e segni per riscoprire e creare nuovi sensi di appartenenza in basso Casentino, *in* Marengo M., Lacrimini P. (éds.), *Il cambiamento glocale: una sfida per la società aretina. La conoscenza, valorizzazione e tutela delle risorse radicate nel territorio quale strumento per (ri)definire una società locale*, Roma, Aracne, p. 113-120.

Rossi A., 2006 – Il Casentino, l'Ecomuseo della Vallata. Il paesaggio come strumento di comunicazione, partecipazione e di propagazione diretta di attività economiche, scientifiche e culturali, *in* RURAL MED II – *I Paesaggi della Ruralità Contemporanea*, Interreg III Medocc, Atelier dei Paesaggi Mediterranei, Pisa, p. 85-88.

Rossi A., 2007 – *L'Ecomuseo del Casentino*, in D. Muscò (éd.). *L'ecomuseo tra valori del territorio e patrimonio ambientale*, Siena, CESVOT, p.50-71.

Rossi A., 2012 – Patrimonio, comunità, auto-rappresentazione. Riflessioni dentro e fuori l'ecomuseo, *in* M. Magistrali, *E' quella d'anno se la conoscete. Ritualità popolari itineranti in Casentino,* Poppi, Unione dei Comuni Montani del Casentino, p. 9-13.

Rossi A., 2011 – La pratica partecipativa negli ecomusei italiani. Aspetti, strumenti e potenzialità, *in* S. Vesco (éd.), *Gli Ecomusei. La cultura locale come strumento di sviluppo*, Pisa, Felici, p.105-123.

Rossi A., 2012 – Da Nord a Sud della Valle. In viaggio alla scoperta dei protagonisti, delle iniziative e della progettualità dell'Ecomuseo del Casentino, *in* L. Rombai, R. Stopani (eds.), *Il Casentino*, Territorio, storia e viaggi, Firenze, Polistampa, p. 340-350.

Sotte F., 1998 – Verso una politica agricola e rurale comune per l'Europa (CARPE). Quale riforma della PAC attraverso e dopo Agenda 2000, *Rivista di Economia agraria*, n° 1-2.

Conclusion

L'ancrage territorial des savoir-faire productifs

Jean-Baptiste GRISON*, Laurent RIEUTORT*

La douzaine d'exemples que cet ouvrage nous a permis d'aborder nous apporte de nombreux enseignements.

En tant que ressource immatérielle, le savoir-faire productif s'inscrit dans un processus territorial dans lequel les différents chapitres permettent de distinguer plusieurs phases, de l'identification à l'activation et au projet de territoire. Parallèlement à ce thème de la « ressource territoriale » et parfois de façon combinée, un modèle fondé sur la mise en relation, le lien social et le réseau est également mis en valeur dans la valorisation des savoir-faire productifs. En effet, avec les combinaisons d'acteurs qu'elle suppose, la valorisation démultiplie le nombre de parties prenantes : à partir d'idées, l'opération est lancée par un ou plusieurs « porteurs de projet », responsables opérationnels, qui trouveront (ou pas) des concepteurs, promoteurs ou facilitateurs, ainsi que des acteurs intermédiaires (experts, évaluateurs, chercheurs)… le tout dans un territoire qui, avec ses caractéristiques sociales, acceptera ou refusera l'initiative. Le développement d'un territoire sur le temps long est donc non seulement lié à la valorisation de ses ressources mais aussi à l'émergence de démarches collectives, donc aux acteurs qui y participent et à la nature des relations entretenues. On peut alors retrouver une combinaison de facteurs favorables à cette mise en réseau : l'existence d'un groupe d'acteurs engagés dans le collectif, le partage de normes et de valeurs, et l'ancrage territorial de l'initiative au travers de la mobilisation de ressources locales.

Ainsi, il apparaît que la valorisation des savoir-faire productifs obéit à un certain nombre de leviers, dont dépend sa capacité à produire des dynamiques collectives.

Des ressources à révéler

La nature patrimoniale des savoir-faire productifs n'est pas toujours une évidence. Dans les exemples que nous avons observés, la prise de conscience et le début du processus de mise en valeur patrimoniale se sont produits, généralement, à la suite d'une période de fragilité accrue de l'activité : fort déclin (voire dispa-

---

*Université Clermont Auvergne, AgroParisTech, INRA, Irstea, VetAgro Sup, Territoires, F-63000 Clermont-Ferrand, France.

rition), « délocalisation » ou glissement des aires géographiques, évolution des modes de production. Dans les cas abordés en première partie de cet ouvrage, la conscience patrimoniale des savoir-faire abordés ne semble pas encore généralisée, le travail d'identification et de communication sur les savoir-faire productifs n'a pas encore provoqué de processus formalisé de valorisation. On pourrait aussi opposer les démarches de « relance », souvent associées à des mouvements de revendication culturelle et identitaire et celles de « requalification » jouant sur de nouveaux attributs (y compris économiques ou environnementaux) ne s'inscrivant pas de la même façon dans l'espace.

Par ailleurs, les savoir-faire productifs que nous avons observés font partie du patrimoine immatériel, et sont appelés, dès lors qu'ils sont reconnus, à entrer dans un patrimoine culturel associé au territoire dans lequel ils sont ancrés. Ils constituent donc un capital culturel, potentiel ou déjà révélé. En outre, leur reconnaissance et leur patrimonialisation éventuelle sont révélatrices des pratiques culturelles de la société à laquelle ils appartiennent. Mais l'avenir de certains d'entre eux n'est-il pas aussi dans une forme de détachement de l'aire culturelle traditionnelle ou plutôt dans sa réinscription dans un espace culturel revisité ?

Les relations entre le patrimoine et l'identité des territoires ne sont plus à démontrer. Dans les chapitres de ce livre, différentes notions associées à l'identité sont abordées, ce qui montre que les savoir-faire productifs participent, eux aussi, à la construction des identités locales. M. Kieffer emploie notamment la notion d'« identité productive ». Les notions d'ancienneté et de tradition sont également déterminantes dans la valeur patrimoniale des savoir-faire productifs. En même temps, en tant que « patrimoine vivant », elles sont soumises à des évolutions régulières. L'équilibre entre le maintien de pratiques traditionnelles et l'adaptation aux exigences contemporaines est un défi important. En outre, et même si sa valeur patrimoniale peut être discutable, un savoir-faire contemporain peut aussi être mis en valeur. Dans plusieurs des études de cas présentées, une certaine concurrence de savoir-faire sur un même produit a été analysée : pratiques traditionnelles *vs* méthodes modernes, pratiques artisanales *vs* développement industriel, matériaux locaux *vs* importation... Ces évolutions dans les savoir-faire peuvent fragiliser leur capital identitaire et conduire à accroître, finalement, la valeur patrimoniale des pratiques ayant le plus d'ancienneté.

Les questions de concurrence interrogent également la dimension plus spécifiquement socioéconomique des savoir-faire productifs. Le maintien de ces activités suppose de rester dans un modèle économique viable. Si, dans certains cas (le morbier par exemple), la valeur ajoutée du produit suffit à asseoir sa pérennité, dans d'autres, la valorisation patrimoniale, touristique et, le cas échéant, l'implication de fonds publics sont des conditions indispensables, élargissant encore le champ des acteurs concernés.

Des jeux d'acteurs essentiellement ascendants

Le développement endogène prend une place importante dans les exemples présentés au fil de cet ouvrage. C'est souvent de l'intérieur que les savoir-faire sont révélés comme ressources, dès lors qu'ils sont reconnus comme partie prenante de l'identité de leurs territoires. Le triptyque identité / lieu / communauté (Kieffer) semble pertinent pour comprendre les bases des démarches de valorisation des savoir-faire productifs. Bien plus que l'entrée par le produit fini, celle par les savoir-faire reflète l'organisation et les compétences des producteurs.

À la base des savoir-faire étudiés, il y a souvent une pluralité d'acteurs au sein d'une même filière économique, qui rejoint plus ou moins fidèlement la notion de *cluster* ou de SPL (Système Productif Local). Inévitablement, dans ce type de configuration, les entrepreneurs concernés, qu'ils soient artisans, agriculteurs ou industriels, sont amenés à développer des relations de partenariat. Qu'elles soient formelles ou informelles, ces coopérations répondent à différents niveaux d'ambition. Certaines se cantonnent à des relations de gestion : entraide ponctuelle, mutualisation de matériel par exemple ; d'autres illustrent une volonté de valorisation et de défense de la profession. On pense notamment aux structures syndicales ; d'autres, enfin, prennent des formes plus abouties et mettent en place de véritables stratégies collectives de développement. C'est le cas des créations d'associations qui élargissent la base des acteurs concernés (y compris des citoyens) et qui contribuent à développer de l'emploi (souvent dans le secteur de l'économie sociale et solidaire) ou à développer de nouvelles formes d'activités associées au savoir-faire (visites touristiques par exemple). Les exemples du Pays de Saugues ou, plus modestement, de la poire tapée de Rivarennes illustrent ce type de démarche.

Le propre de ces jeux d'acteurs ascendants est leur capacité à constituer et entraîner un réseau territorialisé. Partant de la filière, il implique généralement assez rapidement des acteurs institutionnels locaux. Les partenaires exogènes sont souvent des financeurs sollicités par les porteurs de projet. Entre le développement d'une filière, la pérennisation de sa viabilité économique, et son articulation avec les dynamiques territoriales, l'idée de la valorisation des savoir-faire productifs est bien d'aboutir à un élargissement de leur « espace de concernement » (Woillez, 2014).

Enfin, dans toutes les démarches de valorisation des savoir-faire productifs, il y a, au départ du jeu d'acteur, la présence d'un leader qui parvient à rassembler une capacité d'initiative et de projet. Il est intéressant de constater que les acteurs leaders ont des statuts très variés, pouvant émaner des artisans ou entrepreneurs (les « détenteurs » du savoir-faire), mais aussi des pouvoirs publics locaux, ou du monde associatif.

L'importance des forces d'initiative et des capacités d'innovation

Les initiatives développées autour de la valorisation des savoir-faire productifs sont de plusieurs ordres. Nous pouvons nommer, tout d'abord, les démarches qui concernent l'identification et la protection du savoir-faire, ce qui passe par un travail sur son image. Les exemples les plus avancés, parmi ceux traités dans cet ouvrage, sont probablement ceux qui concernent les AOP fromagères, pour lesquelles les démarches de valorisation ont abouti à une labellisation des produits (sachant que dans le cas des AOP étudiées, la protection du processus de fabrication en soi est réelle). Le succès de ces démarches de protection des savoir-faire s'explique en partie par l'accroissement des clientèles attentives à la provenance des produits, à la manière dont ils ont été fabriqués et à leur impact environnemental. Il en résulte un relatif engouement pour une « utilisation douce des ressources » (Durrande).

De nombreuses initiatives de valorisation des savoir-faire sont associées à une mise en tourisme de la production. Les visites d'usine, d'atelier, d'exploitation se développent. Mais des formes plus complètes d'implication du visiteur voient aussi le jour, avec des itinéraires, des ateliers participatifs... La valorisation de savoir-faire lors d'évènements festifs, souvent traditionnels, tend à connaître un certain renouveau (fête de la laine en Pays de Saugues, fête des tapis à Ghardaïa...). Le développement de certaines formes d'agritourisme, notamment le « tourisme rural communautaire » décrit par M. Kieffer, est encore un bon exemple d'innovation.

Enfin, l'innovation sociale prend une place importante dans certains projets. Elle contribue, en insérant certaines actions dans les circuits de l'économie sociale et solidaire, à mettre au point de nouveaux modèles économiques (Klein et al., 2016).

La valorisation des savoir-faire, une stratégie d'ancrage territorial

En fonction du jeu des acteurs et des initiatives et innovations observées, la valorisation des savoir-faire productifs peut apparaître comme un véritable levier de développement territorial. En pratique, tout d'abord, les savoir-faire productifs valorisés sont généralement très liés à un territoire. Dans les exemples abordés au fil de cet ouvrage, il est clair que ces territoires peuvent globalement être qualifiés de territoires en situation de fragilité (selon les cas, enclavement, marginalité, déclin démographique, chômage et pauvreté, pression urbaine et menace environnementale). Dans de pareilles configurations, il est légitime que les opportunités de renforcement territorial soient recherchées.

Le vocabulaire propre aux projets de territoire est bien présent dans une partie des chapitres présentés. On parle ainsi de territorialisation, de reterritorialisation, de construction territoriale, de développement territorial durable. Ces différents aspects montrent bien que la valorisation des savoir-faire productifs soulève des enjeux qui peuvent dépasser largement le seul périmètre de la filière dans laquelle ils s'insèrent et les auteurs montrent qu'elle s'accompagne d'un processus de renforcement des liens idéels mais aussi concrets – notamment liés aux projets réalisés collectivement – des acteurs au territoire. Mais ces liens ne sont pas univoques et figés dans le temps. L'ancrage territorial correspond à un processus, dont la compréhension passe par une analyse diachronique. Dans tous les cas, la diversité des cheminements, du fait notamment de la diversité des patrimoines et ressources construits et mobilisés, ainsi que de la diversité des modes de mobilisation ou de valorisation, implique alors une diversité des formes et des degrés de l'ancrage territorial. Cette mutation s'accompagne également du développement de formes d'organisation collective différentes et renvoie à des capacités/modalités de réponse différenciées des groupes professionnels et des collectivités. La synthèse des

chapitres consacrés à la valorisation des savoir-faire productifs confirme l'existence d'un modèle de l'ancrage qui associe :
- le renforcement des liens aux lieux et territoires, via la mobilisation et la création de ressources et la « mise en patrimoine » ;
- l'élaboration de projets de développement (y compris touristiques) créateurs de territorialités ;
- la coordination des acteurs et des nouvelles formes de gouvernance et d'action collective.

Le processus suppose de conforter les relations d'interdépendance/réciprocité entre les acteurs, les ressources et le territoire, mais aussi de maintenir la proximité (organisationnelle et géographique) et l'osmose avec la société locale. Le rôle de certains acteurs transitionnels, de « passeurs » ou médiateurs, est également important à l'instar de nombreuses démarches d'innovation. Le recours des acteurs territoriaux au monde de la recherche, dans une logique de recherche-action permettant d'améliorer les facteurs de succès des démarches engagées, est présent dans la majorité des exemples étudiés. Cette concrétisation de partenariats académiques est aussi un moyen de légitimer les actions, notamment dans une démarche de marketing territorial.

Pour conclure, nous pouvons affirmer que la valorisation des savoir-faire productifs dégage des stratégies de développement territorial relativement nouvelles, dont les potentiels sont réels, bien qu'ils supposent la mobilisation d'acteurs nombreux et variés. La mise en œuvre de ces stratégies repose sur un double mouvement. Il s'agit, d'une part, de renforcer la territorialisation des savoir-faire (voire de les « reterritorialiser »), de manière à les mettre directement en relation avec l'identité locale et, d'autre part, de les mettre en lien avec les dynamiques du territoire, dans le cadre d'un projet de territoire plus large.

Références bibliographiques

Klein J.-L., Camus A., Jette C., Champagne C., Roy M. (Dir.), 2016 – *La transformation sociale par l'innovation sociale,* Presses de l'Université du Québec, 494 p.

Woillez M., 2014 – *Construction d'une gouvernance partagée pour une gestion durable du tourisme dans les territoires insulaires. Conduite d'une recherche-action dans deux territoires insulaires, en Corse et en Crète,* Thèse de doctorat de l'Université de Corse, 304 p.

Table des matières

Introduction générale 7

Première partie – Identifier et préserver les savoir-faire productifs... 11

Chapitre 1
Kahina Cherifi, Samir Arhab, Sonia Bouadi – Le développement de l'artisanat par la valorisation des savoir-faire locaux : la vannerie d'Ain-Meziab en Kabylie 13

Chapitre 2
Nouara Ait-Seddik, Mohamed Dahmani – Système Productif Localisé émergent et savoir-faire ancestral local : l'agglomération de micro-entreprises dans le secteur de la confection traditionnelle de Bouzeguène en Kabylie 25

Chapitre 3
Tahar Jaouachi – Les techniques de conservation des eaux et du sol autour de l'olivier, un savoir-faire productif à valoriser : le cas du cordon littoral Centre-Sud Tunisien 33

Chapitre 4
Kaouther Abderrezek – Tissage et production de tapis dans la région du M'Zab (Ghardaïa, Algérie) : un savoir-faire identitaire, ressource de développement territorial 45

Deuxième partie – Les savoir-faire productifs, une ressource territoriale : des exemples de valorisation 57

Chapitre 5
Agnès Durrande-Moreau – S'appuyer sur un produit agroalimentaire AOP pour innover en tourisme : le cas du fromage de beaufort 59

Chapitre 6
Daniel Ricard – Le fromage de morbier, ou l'exemple réussi de la relocalisation d'une production agroalimentaire 75

Chapitre 7
Georges Bréchat – La poire tapée de Rivarennes : de la tradition à l'économie locale 91

Chapitre 8
Maxime Kieffer, Ana Burgos – Valorisation touristique des activités productives traditionnelles comme stratégie pour le développement rural au Mexique.. 97

Troisième partie – De la ressource au projet de territoire 113

Chapitre 9
Ines Labiadh – Patrimoine des plantes forestières et stratégie de développement territorial. Cas du Groupement Féminin de Développement Agricole GFDA Elbaraka dans le Nord-ouest de la Tunisie 115

Chapitre 10
Jean-Baptiste Grison, Laurent Rieutort – La laine entre ressource territoriale et enjeux de gouvernance : du Pays de Saugues à la Provence 131

Chapitre 11
Abdellatif Lahmer – Essai sur une volonté de couplage du triptyque patrimoine / savoir-faire productif / tourisme rural au Pays de l'Argane (Maroc) 151

Chapitre 12
Marina Marengo, Andrea Rossi – De produit typique à projet territorial : analyse de dix ans de processus de changement local dans le Casentino (Italie)... 167

Conclusion générale 177

Achevé d'imprimer en avril 2017
sur les presses de Print Conseil
5 rue Louis Blériot
ZI du Brézet
63100 Clermont-Ferrand

©CERAMAC
Clermont-Ferrand, 2017
Dépôt légal : avril 2017
ISBN 978-2-84516-637-0
ISSN 1242-7780